# 新國際
# 政治經濟學：
# 比判的觀點

*New International Political Economy:*
*The Critical Perspectives*

曾怡仁、李政鴻、余家哲　著

# 序　言

　　國際政治經濟學（簡稱國政經，IPE）自1970年代開始發展以來，關於研究議題、方法途徑與學科定位等均尚未取得共識，甚且出現所謂跨大西洋分歧（The Trans-Atlantic Divide）的美國學派（American School）與不列顛學派（British School）之間的爭辯。美國學派在該領域的研究被稱為「主流」，其將國政經視為國際關係底下的次學門，採取的是國家中心（物質）本體論與實證主義認識論的研究方法，並且主要是討論國際經濟關係議題，包括國際貿易、國際金融與跨國投資等。至於，反對這種觀點或立場的研究則被統歸為「非主流」，其通常將國政經視為超越國關的獨立學門，並且主張多元的研究方法（實證主義與反思主義可以並存）與研究議題（除國際經濟關係外，尚可包括性別、環保、勞工、人權、種族與後殖民發展等）。

　　然而，所謂的「主流」是如何形成或被認定的？可能是美國的國力與學術的雙重霸權地位，掌握了論述的話語權與傳播機制所使然，其背後關心的可能是美國的國家利益或西方男性資產階級的利益。然而，如果我們僅接受到這樣的觀點，而又不加以反省思考，無意識中就會將其視為價值中立的「真理」，而作為認識或解決國政經問題的參照。正如墨菲（Craig Murphy）和圖茲（Roger Tooze）所提醒的，我們對於國政經的研究必須能夠超越主流的「常識」（common sense），洞悉常識裡所隱藏的意識形態、利益或權力的本質。[1]相對地，「非主流」的稱呼似乎常被視為較不重要或較少人接受的觀點，甚至被認為是在挑戰現有的秩序結構。既然，國政經研究的主流／非主流二分法容易造成誤

---

[1]　Craig Murphy and Roger Tooze,"Getting Beyond the 'Common Sense' of the IPE Orthodoxy," in Craig Murphy and Roger Tooze , eds., *The New International Political Economy*（Boulder, CO: Lynne Rienner, 1991）

解、迷思或讓人望而卻步，本書就沿襲墨菲與圖茲兩位教授的用法，不將書名定為「非主流國際政治經濟學」，而是「新國際政治經濟學」（New International Political Economy）。[2]至少「新」就比較沒有貶抑的意思，或許更能夠引起國政經學習者的注意，而願意接觸認識，甚而產生回響或共鳴。

　　本書所收集的九篇文章均是站在批判美國主流學派立場的相關研究，第一及第二章可視為總體性的討論，分別介紹國政經中的不列顛學派及其核心「批判國際政治經濟學」（Critical IPE）的發展脈絡、主要特徵與可能啟示。其次，從第三至第六章則分別討論馬克思主義、女性主義、新葛蘭西主義與歷史社會學派等國政經不同研究途徑的發展特色與主要研究議題。再次，第七及第八章是從新葛蘭西主義、古典帝國主義、依附論與世界體系論等屬於（新）馬克思主義傳統視角的理論，來分析歐洲的整合經驗，以超出過去我們從（新）功能主義與（自由）政府間主義的習慣思維。最後，第九章是追念已逝不列顛學派創始者史翠菊（Susan Strange）教授的國政經思想。雖然，她不見得是一個理論建構者，但卻是國政經新概念與新議題的提出者，其貢獻是顯著與值得尊敬。如此，本書理論與實務兼具的安排，希望讀者能夠對新國際政治經濟學的發展現況有初步的了解，進而也能更清楚認識國際政經秩序與試著提出問題的可行解決之道。以上各章過去幾年曾陸續刊登於國內期刊，包括第一章（政治學報、第55期）、第二章（問題與研究、第51卷第4期）、第三章（兩岸與國際事務季刊、第2卷第1期）、第四章（世界經濟與政治、總第389期）、第五章（全球政治評論、第27期）、第六章（政治科學論叢、第40期）、第七章（國際政治研究季刊、第5卷第2期）、第八章（世界經濟與政治、總第375期）及第九章（兩岸與國際事務季刊、第3卷第1期）。非常感謝各期刊同意讓我們修訂轉載。

　　本書能夠順利出版要感謝的人很多，難以再此一一列出，然而其中一定要提出感念的，是原中山大學中山學術研究所的張錫模教授。本書其他兩位共同作者李政鴻和余家哲博士均是張教授的得意門生，不料在兩人正準備從事博士論文寫作時，天忌英才張教授不幸過世，政鴻和家哲就轉到我這邊繼續完成論文並順

---

2　Ibid., pp. 5-6.

利畢業。也就是在這段期間我們開始對國政經的批判理論和不列顛學派產生研究興趣，時常聚會討論並獨自或合著發表相關的文章，本書合輯就是部分的研究成果，毫無疑問最該將其獻給我們懷念的張錫模教授。

曾怡仁

於豐原

2014/11/10

目錄
CONTENTS

序言

# 表目錄
## CONTENTS

# 圖目錄
## CONTENTS

# 第一章　批判的國際政治經濟學：發展、途徑與啓示[*]

曾怡仁、李政鴻

## 第一節　前言

　　1970年代開始發展的現代國際政治經濟學（International Political Economy，簡稱IPE），乃是因應國際政經秩序的快速變遷，及反省過去國際關係（International Relation，簡稱IR）和國際經濟學研究相互忽視的缺失，而試圖在國際層次上進行國家、市場與社會互動關係之整合研究。除了美國學者吉爾平（Robert Gilpin）最早提出經濟民族主義、自由主義與馬克思主義等三個不同的意識形態觀點外，近來針對學科定位（IPE是IR底下的次學門或獨立學門）、研究議題（IPE研究對象是否限於國際經濟關係）與方法學途徑（理性主義或反思主義）等面向，學者間開始討論IPE美國學派（American School）和不列顛學派（British School）[1]的研究差異，及思考兩學派間相互融合，或至少彼此借鑑的可行性。對於IPE不列顛學派又有學者以批判的IPE （Critical

---

[*]　本章原刊載於2013年《政治學報》，第55期，頁27-51。本章所發表的《政治學報》由華藝共同編輯出版。

[1]　爲了和國際關係理論的英國學派（English School，亦稱爲國際社會學派）區隔起見，本文將國際政治經濟學中的'British School'譯爲「不列顛學派」而非「英國學派」以免造成混淆。事實上，不列顛學派並非指單一的特定理論，而是理論群的統稱，研究學者也不限於英國籍或在英國學術單位作研究，尚包括加拿大、澳大利亞、以色列和歐陸學者，其研究方法、途徑及發展知識脈絡與主流美國學派不同。值得注意的是，國際關係英國學派之前也曾有名稱上的爭議，到底應稱爲English School 或British School較恰當，近來似乎以English School爲共識。詳請參見Hedley Bull, "Someone at BISA Said That There Was No British School, Nonsense," in Kai Alderson and Andrew Hurrell, eds., *Hedley Bull on International Society* (London: Macmillan Press, 2000), p. 46. Roy Jones, "The English School of International Relations: A Case for Closure," *Review of International Studies*, Vol. 7, No. 1 (1981), pp. 1-13. Hidemi Suganami, "British Institutions, or The English School, 20 Years On," *International Relations*, Vol. 17, No. 3 (2003), pp. 253-272. "The English School in A Nutshell,"*Ritsumeikan Annual Review of International Studies*, Vol. 9 (2010), pp. 15-28.

IPE）稱之，[2]甚且將批判的IPE和新葛蘭西主義（Neo-Gramscianism）直接等同起來。[3]然而，另些學者認為批判的IPE除了新葛蘭西主義外，還包括建構主義（Constructivism）、女性主義（Feminism）和環境主義（Environmentalism）等不同的研究途徑。[4]到底批判的IPE之批判性（critical）是指什麼內涵？批判的IPE和IPE不列顛學派間的關係為何？批判的IPE包括哪些主要的研究途徑，具有何共同的特性？這些正是本章試圖釐清的問題。

　　首先，本章將介紹IPE發展過程中的研究途徑與學派爭議，主要為吉爾平式的三分法（即自由主義、經濟民族主義與馬克思主義），美國學派與不列顛學派的競逐，以及批判的IPE之分類發展等。接著，探討批判的IPE之「批判性」意涵：究竟批判的IPE是指批判現狀，即對既存國際政經秩序提出質疑；或是批判美國主流IR/IPE的論述觀點，特別是其所採取的國家中心本體論與實證主義認識論之立場，並能提出替代性的研究途徑？[5]還是更強調實踐以建構新的世界秩序為目標？對此，本章將分別討論建構主義、女性主義、環境主義及新葛蘭西主義IPE等四種代表性途徑，探求彼此間的共性關聯，裨益於理解批判的IPE之研究特色。最後，則為心得結論，提出批判的IPE對於整個IPE發展的可能貢獻與啟示。

---

[2] Craig N. Murphy & Douglas R. Nelson, "International Political Economy: A Tale of Two Heterodoxies," *British Journal of Politics and International Relations*, Vol. 3, No. 3 (2001), p. 394.

[3] 例如S. Whitworth, *Feminism and International Relations: Toward a Political Economy of Gender in Interstate and Non-Governmental Institutions* (London: Macmillan Press, 1997). G. Waylen, "You Still Don't Understand: Why Troubled Engagements Continue Between Feminists and (Critical) IPE," *Review of International Studies*, Vol. 32, No. 1 (2006), pp. 145-148. P. Griffin, "Refashioning IPE: What and How Gender Analysis Teaches International (Global) Political Economy," *Review of International Political Economy,*" Vol. 14, No. 4 (2007), pp. 723-725.

[4] 例如B. Dunn, *Global Political Economy: A Marxist Critique* (London: Pluto Press, 2009), pp. 48-69; R.C. Miller, *International Political Economy: Contrasting World Views* (London: Routledge, 2008), pp. 48-54; D.N. Balaam & M. Veseth, *Introduction to International Political Economy* (Upper Saddle River, NJ: Pearson Prentice Hall, 2008, 4th ed.), pp. 89-92.

[5] IR/IPE中的本體論通常指「世界是由甚麼構成的？」，這又有兩種含義：一指世界的本質為何？是由物質或理念構成；二指世界的主要構成單元為何？是由國家、階級或個人組成。美國主流IPE的霸權穩定論或新自由制度主義均屬於物質本體且為國家中心的論述；相對而言，Alexander Wendt的社會建構主義（Social Constructivism）則為理念的本體但仍為國家中心觀點。認識論則是指「人與世界的關係為何？」，實證主義認為主體與客體是二元分立的，而後實證主義則強調主體間性（intersubjectivity），或主體與客體是呈現互為建構關係。

## 第二節　國際政治經濟學的分歧發展

### 一、IPE美國學派的特徵

從1970年代開始，主流（美國）的IPE發展首先是強調國際政治與國際經濟的互動關係研究，也就是將傳統IR討論的「高階政治」議題如軍事、外交與安全等，轉向對「低階政治」的國際金融、國際貿易、對外援助與跨國投資等的關注，分析瞭解其中的政治因素作用。此以吉爾平提出的三分法最具代表性，其試圖結合國際關係與政治經濟學研究，將IPE歸爲自由主義、經濟民族主義及馬克思主義等三種不同意識型態的觀點。吉爾平偏好以「意識型態」（ideology）而非「理論」（theory）稱之，乃是認爲三者是建立在對人性的不同假設或追求不同的社會價值上，如此難加以進行經驗的檢證。[6]因而，學者通常會依循不同的假設進行議題研究，例如，經濟自由主義假設個人、家庭、公司或國家的行爲都是理性自利，目的是在市場上追求利益最大化。此種觀點並認爲國家間的貿易和經濟交流將會增強彼此的互賴關係與了解，而有益於國際秩序的和平穩定。[7]經濟民族主義則延續重商主義傳統，強調在無政府的國際體系下國家安全與生存問題的優先性，追求財富僅爲確保前者之手段。[8]而馬克思主義則是將馬克思的階級剝削理論運用於國際層次，批評南北國家間的不平衡發展，以及尋求更爲合理的財富分配關係。[9]

然而，吉爾平對IPE研究的這樣分類，易讓人誤以爲IPE的知識傳統及研究流派具有內在的一致性，實際上其內涵仍相當分歧。例如，馬克思主義IPE內就存在古典帝國主義（Classical Imperialism）、依附論（Dependency Theory）、依附發展論（Dependent Development Theory）與世界體系論（World-

---

[6] Robert Gilpin, *The Political Economy of International Relations* (Princeton, NJ: Princeton University Press, 1987), pp. 25-64.

[7] Ibid., pp. 28-31.

[8] Ibid., pp. 31-33.

[9] Ibid., pp. 38-41.

System Theory）等分支。其次，稱爲「意識形態」好似不同研究流派間難以融合，事實上IPE後來發展的霸權穩定論（Hegemonic Stability Theory）、複合互賴理論（Complex Interdependency Theory）及依附論，都是試圖在不同流派間進行融合的工作。[10]另一方面，吉爾平將IPE定義爲在國際層次上研究國家與市場的互動關係，並且將國家與市場視爲抽象的獨立自主實體，[11]這點也遭受一些學者質疑，如華勒斯坦（Immanuel Wallerstein）就認爲兩者關係應是歷史性地互爲建構。[12]最後，吉爾平及其他主流美國學者基本上都將IPE視爲IR的次學門領域，因而延續其採用國家中心本體論與實證主義認識論的作法，來探討貨幣、貿易、發展（經濟轉型問題）與跨國投資等國際經濟關係議題，這將會偏限IPE的進一步研究發展。

　　1990年代以後一些美國主流的IPE學者不再將國家視爲理性合一的整體，而是打開國際與國內分析層次的隔閡，並將國家拆解爲由逐利的官僚個人或部門組成。同時，也不再將社會視爲鐵板一塊，而是由不同利益團體或生產要素稟賦持有者組成。雖然，主流IPE研究已將國內（政治／社會）因素納入討論，但仍偏向採用理性選擇（rational choice）的實證主義研究方法，此包括社會聯盟理論（Social Coalition Theory）[13]與開放經濟的政治學（Open Economy Politics）[14]等。對此，學者基歐漢（Robert Keohane）粗略將1990年代以前的IPE研究稱爲Old IPE，而之後的發展成果爲New IPE。[15]總之，美國主流IPE採

---

[10] 霸權穩定論是探討國際體系中的霸權國家與世界自由經濟秩序運作間的關係；複合互賴理論則是認爲，權力的取得不僅是來自於軍事力量，也可以經由國家間彼此經貿交流中所產生的敏感性與脆弱性來取得；而依附論則試圖將現實主義重視的軍事物質力量與馬克思主義側重的經濟結構力量結合研究。

[11] Gilpin, *The Political Economy of International Relations*, p. 10.

[12] Immanuel Wallerstein, *The Modern World-System I: Capitalist Agriculture and the Origins of the European World-Economy in the Sixteenth Century* (New York: Academic Press, 1974).

[13] Ronald Rogowski, *Commerce and Coalitions: How Trade Affects Domestic Political Alignments* (Princeton, NJ: Princeton University Press, 1989).

[14] David A. Lake, "Open Economy Politics: A Critical Review," *The Review of International Organization*, Vol. 4, Issue 3 (2009), pp. 219-244.

[15] Robert Keohane, "The Old IPE and New," *Review of International Political Economy*, Vol. 16, No. 1 (2009), pp. 34-46.

取實證主義的認識論，研究議題侷限於國際經濟關係，以及缺乏階級和性別角度的分析，這些特徵一直延續至今並沒有明顯改變。

## 二、IPE不列顛學派的核心－批判的IPE

相較於基歐漢將美國IPE自1990年代以來的理性選擇微觀研究稱為New IPE，事實上早在1991年英國學者墨菲（Craig N. Murph）和圖茲（Roger Tooze）就提出這個名稱，不過卻是不同的指涉用法。他們將受傳統國際關係影響的主流IPE研究稱為「正統的國際政治經濟學」（Orthodox International Political Economy），而將反對吉爾平三分法、質疑國家中心本體論與實證主義認識論，以及主張擴展多元研究議題的IPE視為「新國際政治經濟學」（New International Political Economy, New IPE）。[16]隨著IPE研究議題與研究方法的愈趨多元，另一位加拿大裔學者安德希爾（Geoffrey R.D. Underhill）在2000年的一篇文章中認為，IPE是橫跨不同社會科學領域的交叉學科（inter-discipline），其起源與發展可以視為是一段過去被人為分化的社會科學之重新整合過程。[17]可以說，IPE研究已經超出傳統IR所能涵括的範疇，不僅是IR底下的次學門領域，而應是立基於更廣泛的政治經濟學傳統。愈來愈多學者關注到IPE的這種分歧發展，墨菲和尼爾遜（Douglas R. Nelson）在2001年率先認為，目前已形成兩個針鋒相對的「美國學派」與「不列顛學派」。[18]學者通常稱此為「跨大西洋分歧」（The Transatlantic Divide），不過這種提法似乎不太精確，容易讓人誤以為IPE是英美兩國學者間的爭論。不列顛學派的成員雖然以在英國任教或做研究的學者居多，但並不以此為限，還包括以考克斯

---

[16] Craig N. Murphy & Roger Tooze, *The New International Political Economy* (Boulder, CO: Lynne Rienner, 1991), pp. 5-6.

[17] Geoffrey R.D. Underhill, "State, Market, and Global Political Economy: Genealogy of an (Inter?) Discipline," *International Affairs*, Vol. 76, No. 4 (2000), p. 807.

[18] Murphy & Nelson, "International Political Economy: A Tale of Two Heterodoxies," 2001. 由於美國學派的研究成果主要發表於*International Organization*（IO）期刊上，因而也可稱為IO學派。不列顛學派的研究成果則主要發表在*Review of International Political Economy*和*New Political Economy*這兩本英國期刊。

（Robert W. Cox）與吉爾（Stephen Gill）為首的加拿大約克大學（York University），以及匹吉爾（Kees van der Pijl）與安德希爾任教（過）的荷蘭阿姆斯特丹大學，都是不列顛學派的研究重鎮。不列顛學派是採取類似研究立場的統稱，而非以地理或成員國籍來命名的。因而，正統（orthodoxy）／非正統（heterodoxy）、實證的（positivist）／批判的（critical）或保守主義（conservatism）／激進主義（radicalism）的IPE研究分類，似乎比美國（American）／不列顛（British）學派的劃分更為直接清楚。[19]

到了2008年，美國IPE學者科翰（Benjamin J. Cohen）的專書《國際政治經濟學：學科思想史》（*International Political Economy: An Intellectual History*）就兩學派的爭議進行系統性的綜合討論，即從IPE七大思想家，包括吉爾平（Robert Gilpin）、金德柏格（Charles P. Kindleberger）、克萊斯納（Stephen D. Krasner）、基歐漢（Robert Keohane）、卡贊斯坦（Peter J. Katzenstein）、史翠菊（Susan Strange）與考克斯（Robert Cox）等，針對三大問題（世界秩序、國家能力與分析層次）來比較討論美國學派與不列顛學派間的差異以及未來整合的可能性。科翰的書激起巨大的迴響，2009年*Review of International Political Economy*（RIPE）及*New Political Economy*（NPE）這兩本英國期刊便以專輯形式，分別針對IPE美國學派與不列顛學派進行討論與反思，並質疑科翰以地緣作為學派劃分基準的潛在缺失，可謂將學派間的爭議討論推向最高潮。[20]

---

[19] Craig N. Murphy & Douglas R. Nelson, "Conclusion: Explaining A Thriving Heterodoxy," in J. Abbott & O. Worth, eds., *Critical Perspectives on International Political Economy* (Basing-Stoke, UK: Palgrave Macmillan, 2002), pp. 178-191. Benjamin J. Cohen, *International Political Economy: An Intellectual History* (Princeton, NJ: Princeton University Press, 2008). Craig N. Murphy, "Do the Left-Out Matter?" *New Political Economy*, Vol. 14, No. 3 (2009), p. 362.

[20] 國內研究對此國政經進展的討論並不多，僅在楊道昀〈Thinking Outside the Orthodoxy-建構一個真正全球性的國際政治經濟學〉（2009）、左正東〈國際政治經濟學的典範問題與經濟民族主義的再檢視〉（2011）等兩篇文章中見到跨大西洋辯論的內容。相對地，中國大陸學者更深入討論國政經此種發展趨勢，例如：吉密，〈全球化背景下的國際政治經濟學－分析基礎與研究綱領的擴展〉（2007）；白雲真，〈國際政治經濟學中的跨大西洋分歧〉（2010）；王勇，〈國際政治經濟學美英學派的論戰－學術分野、國家地位與中國議題〉（2011）。另些學者則試圖在理解並掌握國政經知識脈絡下，思索具有中國特色的國政經之

　　如上所述，不列顛學派主要在方法論上反對美國學派的實證主義及國家中心論，且主張研究議題的多元與對既存秩序的批判立場。因此，常在文獻內看到批判觀點（critical perspectives）或是批判的IPE之用法或稱謂，似乎將不列顛學派視爲批判的IPE，以便於清楚識別其與主流IPE間的研究方法差異。[21]然而，亦有學者主張批判的IPE包含所有能夠對我們生活其中的複雜世界提出開放與反思的觀點，不應該將批判的IPE與不列顛學派等同起來，因這會忽略歐陸或第三世界國家學者的IPE批判研究成果。[22]另外，一些女性主義學者傾向於一種狹義的看法，直接將批判的IPE與新葛蘭西主義（Neo-Gramscianism）劃上等號，並抨擊批判的IPE僅注重國家或市場公領域的問題，而忽略對私領域的家庭角色關注，尤其是女性無償勞作與社會再生產活動對資本主義市場或全球化的建構作用。[23]然而，無論學者對於IPE研究的後設分類如何進行，批判的IPE儼然爲不列顛學派的核心，殆無疑問。

　　事實上，想要釐清或耙梳批判的IPE和不列顛學派的關聯並不容易，必須先界定「什麼是批判的IPE？」才能夠回答。早期IPE學者僅簡單採用「批判觀點」（critical perspectives）或者籠統地提到批判的IPE，甚至僅介紹批判的IPE涵括女性主義、環境主義、建構主義及新葛蘭西主義等研究途徑，然而並未系統性說明這些研究途徑的共性關聯，且也未解釋其爲何是具備批判特色。近年來學者試圖對「批判性」（Critical）一詞作更清楚地定義或劃界，這並不僅是學者爲求用語上的方便而創設出來的名詞，而是這些討論都有助於推進批判的

---

發展可能性。例如：鐘飛騰、門洪華，〈中國國際政治經濟學學科的發展歷程〉（2010）；宋國友，〈基於中國的國際政治經濟學研究〉（2011）；李巍，〈IPE在中國的發展與現狀評估〉（2012）。

[21] Murphy & Nelson, "International Political Economy: A Tale of Two Heterodoxies," p. 394.

[22] Bastiaan Van Apeldoorn, Ian Bruff and Magnus Ryner, "The Richness and Diversity of Critical IPE Perspectives: Moving Beyond the Debate on 'British School'," in Nicola Phillips and Catherine Weaver, eds., *International Political Economy: Debating the Past, Present and Future* (Abingdon: Routledge, 2011), p. 215.

[23] Georgina Waylen, "You Still Don't Understand: Why Troubled Engagements Continue Between Feminists and (Critical) IPE," pp. 145-148. Penny Griffin, "Refashioning IPE: What and How Gender Analysis Teaches International (Global) Political Economy," pp. 723-725.

IPE的理論創新與成長，並且可以是運用在實際操作過程的重要知識基礎，希爾德（Stuart Shields）、布魯夫（Ian Bruff）及麥卡尼（Huw Macartney）三位學者在2011年就編著了一本批判國際政治經濟學的專書－*Critical International Political Economy: Dialogue, Debate and Dissensus*。2011年的*Journal of International Relations and Development*以及2012的*International Politics*這兩本期刊也製作專輯，討論什麼是批判的IPE？批判的IPE過去研究的特徵與已有的貢獻是什麼？批判的IPE未來發展的趨向與可能侷限？以及批判的IPE與不列顛學派之間的關係為何？等問題。可以說，繼美國學派與不列顛學派的爭議討論後，對於「什麼是批判的IPE？」在國外學界是一個IPE方興未艾的議題。特別是，主流的IPE似乎對於2007-2008年的國際經濟危機無法預見，爾後也缺乏足夠的反省討論，或許批判的IPE之不同研究途徑對此危機能夠提出不一樣的理解，因其原本就是強調問題導向（problem-driven）的研究，並可共謀可能的解決之道。

## 三、何謂「批判的」（What's "Critical"?）

社會（科學）批判理論延伸自批判哲學，而後者的近代源頭正是來自於康德哲學。這是一個非常龐雜的思想體系，其中康德（Immanuel Kant）的二律背反學說清楚指明了理性知識發展過程中的內在矛盾，即人類知識的累積是先從看出兩個論述或理論間的矛盾出發，然後試圖通過解決這個矛盾而進到更深層面的思考，這個處理矛盾的方法就是一種「批判」（critique），也隱含對純粹或絕對理性的質疑。此外，黑格爾（Georg Wilhelm Friedrich Hegel）認為康德的觀點忽略了人的認知能力是具有歷史侷限性的，主張人的認識活動是在整體生活實踐中進行，應當將認識與實踐結合起來才能建構理論[24]後來馬克思（Karl Marx）屏除了康德與黑格爾哲學中的唯心主義成分，強調其哲學既是一種批判哲學，同時更是一種實踐哲學，並且主張要以人類的解放為目標。簡

---

[24] 黃光國，《社會科學的理路》（台北：心理出版社，2001），頁407。

言之，德國哲學傳統中隱含的反理性主義、歷史主義與解放理念等，均影響著後來社會批判理論的發展。就本章的研究旨趣而言，問題在於從批判哲學到批判理論的轉折過程中，國際政治經濟學者本身又是如何看待「批判」一詞的？

對於持建構主義立場的威特梅爾（Wesley Widmaier）而言，IR/IPE的論述如果將國家或社會行爲者的利益視爲外生給定的（如理性主義／物質主義那樣），而無法認知到該些利益是內生形成於「主體間」（intersubjective）的基礎上，就不能算是具有「批判性」。[25]威特梅爾的說法只是從狹隘的單一立場出發所作的說明，相對地，最爲寬鬆與通常的定義是，只要在方法學上反對美國學派慣用的實證主義及國家中心論之任何IPE研究形式，都可稱爲是具批判性的。這也是對不列顛學派常見的界定，並因此將其與批判的IPE等同起來。然而，這僅是說明critical反對什麼，或不是什麼，而沒有直接針對critical是什麼進行界定。渥斯（Owen Worth）認爲就較爲嚴格意義而言，關於critical的意涵可以回到考克斯的用法，其將IR/IPE研究分爲「問題解決理論」（Problem-Solving Theory）和「批判理論」（Critical Theory）兩大類，前者如主流的霸權穩定論（Hegemonic Stability Theory）和新自由制度主義（Neo-liberal Insti-tutionalism）傾向於支持（自由）國際經濟秩序的穩定價值；而後者則是挑戰現有的世界秩序結構，關心到底是誰從中獲取最大或不當利益，並尋求改變該結構的可能性。換言之，批判理論對於社會的探究不僅需具備批判性（cri-tique），即包括對社會不公平現象的批判（social critique）與對之提出系統性的批判知識（critical knowledge），[26]而且還要以改造（transform）世界，追求全體人類的解放（包括解放思想與解放實踐行動）作爲理論目標。[27]

依上述渥斯的定義，批判的IPE應是包含於範圍更加廣泛而鬆散的不列

---

[25] Wesley Widmaier, "The Keynesian Bases of a Constructivist Theory of the International Political Economy," *Millennium: Journal of International Studies*, Vol. 32, No1 (2003), p. 90.

[26] Jurgen Habermas曾經區分實用性知識（practical knowledge）與批判性知識（critical knowledge），前者通常服務當前結構秩序下的利益，並尋求再製影響力的存在範圍；而後者則是企圖了解權力關係的運作機制，並揭露出其弱點加以改造。

[27] Owen Worth, "Where Did the Critical Go?" *Journal of International Relations and Development*, Vol. 14, No. 3 (2011), p. 362.

顯學派，因後者還包括後現代主義（Post-Modernism）、後結構主義（Post-Structuralism）、新博蘭尼（Neo-Polanyian）、後凱恩斯（Post-Keynesian）及熊彼特式（Schumpeterian）等途徑，這些研究雖然都是反對美國學派的國家中心與實證主義認識論，並提出批判性理解世界的視角，但並沒有明確地尋求改造世界秩序的行動策略（Worth, 2011: 358-360），所以並非上述嚴格定義下的批判的IPE。相對地，新葛蘭西主義、女性主義與環境主義IPE分別對國際經濟秩序中既存的勞工剝削、性別歧視與環境汙染等問題進行批判，並提出反霸權（counter-hegemony）或其他社會運動策略來謀求解決之道，因這些研究途徑同時擁有批判性與改造性解放（transformative emancipation）這兩項特質，所以常被歸為批判的IPE。這也提醒我們，此對批判的IPE所作的的嚴格定義雖然來自於考克斯，而其也是新葛蘭西主義的重要創始者，但批判的IPE之發展不應僅限於新葛蘭西主義而已，必須針對不同議題不斷發掘新的思想淵源和提出新的批判途徑，否則就違反了批判的IPE所堅持開放與反思（open and reflective）之研究精神。[28]

## 第三節　批判的IPE之主要研究途徑

批判的IPE並非單指某一特定理論，而是涵蓋多元化研究途徑或觀點的理論群。根據國外學者所做的歸納，批判的IPE的主要研究途徑通常包括女性主義（Feminist IPE）、環境主義（Environmentlist IPE）、新葛蘭西主義（Neo-Gramcianism）與建構主義（Constructivist IPE）等四種。[29]其中，建構主義雖

---

[28] Bastiaan Van Apeldoorn, Ian Bruff and Magnus Ryner, "The Richness and Diversity of Critical IPE Perspectives," p. 215.

[29] 參見B. Dunn, *Global Political Economy: A Marxist Critique* (London: Pluto Press, 2009), pp. 48-68; T.H. Cohen, *Global Political Economy: Theory and Practice* (5th ed.) (New York: Longman, 2009), pp. 103-129. R.C. Miller, *International Political Economy: Contrasting World Views* (London: Routledge, 2008), pp. 48-54. D.N. Balaam & M. Veseth, *Introduction to International Political Economy* (4th ed.) (Upper Saddle River, NJ: Pearson Prentice Hall, 2008), pp. 89-92.

非上文嚴格意義下的批判的IPE，也沒有如其他三者具特定的研究對象（如性別、環境或階級議題），應屬於較爲廣義的批判的IPE，但其確是近來發展最爲快速且受到矚目的研究途徑，尤其是對於國際經濟危機的研究。另外，批判的IPE發展至今，仍以新葛蘭西主義學術社群最爲成熟，也能被主流的IR/IPE學者所接受而願意與之對話，甚至被視爲等同於批判的IPE，或者被當成非正統IPE中的主流（orthodoxy within the heterodoxy）。[30]因此，本節以下將先依序討論女性主義IPE、環境主義IPE和建構主義IPE的研究內涵，最後再進一步延伸討論新葛蘭西主義。

## 一、女性主義IPE

女性主義強調將性別（gender）議題納入研究，在社會科學不同學門中都可見到其進展。從1980年代後期開始，在所謂的國際關係第四次大辯論裡，[31]女性主義觀點也漸受到重視，並隨著IPE的發展而孕育出女性主義IPE。女性主義IPE並非指單一的系統性理論，而是存在著各式各樣不同觀點與研究方法的理論群，且還不斷地發展當中。女性主義IPE主要研究學者也來自於不同的學門，因此要理解「什麼是女性主義IPE？」並不容易，必須從與其相關的女性主義IR（Feminist IR）及女性主義PE（Feminist Political Economy）的知識系絡中，才能理解女性主義IPE的發展特色，以及其如何運用在對發展研究（development studies）或全球化等IPE議題上。[32]

### 1. 融合女性主義PE及女性主義IR的女性主義IPE

從女性主義PE到女性主義IPE的發展過程，就像是政治經濟學演變到國際

[30] C. Belfrage & O. Worth, "Critical International Political Economy: Renewing Critique and Ontologies," *International Politics*, Vol. 49, Issue 2 (2012), pp. 132.

[31] 國際關係幾次的大辯論（grand debate）包括：兩次大戰期間的理想主義vs.現實主義，二次戰後1950、1960年代的傳統主義vs.科學主義，1970、1980年代的新現實主義vs.新自由制度主義，及1980年代後期開始的實證主義vs.後實證主義。

[32] 有關女性主義IPE的詳細討論可參見，曾怡仁、李政鴻，〈女性主義國際政治經濟學的發展與挑戰〉，《世界經濟與政治》，總第389期（2013），頁93-115。

政治經濟學，將研究範疇從國內拓展至全球層次，試圖在全球化底下建立一個結合市場生產以及社會再生產活動的分析框架。基本上，女性主義IPE延續女性主義PE批判新古典經濟學核心的「理性自利經濟人」假設，指出此是建立在西方文化中的自利／利他、獨立／依賴與理性／感性的二元對立思維，甚且將此與價值判斷相聯繫而成為公／私領域、市場／家庭，尤其是男女性別間的優／劣關係。如此，不僅無法解釋人類行為中所包含的利他性、依賴性和感性等特質，也忽略了婦女在家庭和其他私領域的活動價值。[33]循此，女性主義IPE強調對於國際經濟關係或世界資本主義研究不應僅著重於主流經濟學所定義的市場，還要考量女性的社會再生產（social reproduction）活動對經濟生產的貢獻。

另一方面，女性主義IPE和女性主義IR也呈現交會情況，從西文文獻中常可看到"Feminist IR/IPE"的表示方式，可見兩者間關係密切。女性主義學者從1960年代開始介入IR的研究，第一階段除了批判主流IR理論，尤其是（新）現實主義，所隱含的男性特質外，也提醒應注意占全球一半人口的婦女角色，而不應僅從男性的性別來界定國際關係。[34]第二階段則主張應該從社會性別而非單一性別的角度來理解國際關係，並建構諸如經驗論、立場論與後現代、後殖民等女性主義IR理論。另一方面，女性主義IR與非傳統安全觀或新的和平研究類似，從性別角度重新思考安全的概念，以個人的人身、經濟與生態安全取代過去對國家軍事安全的注重，從直接暴力轉向結構性暴力與文化暴力的研究。隨著冷戰的結束和全球化的進展，女性主義IR和PE學者自然轉向全球治理、社會再生產、國家經濟發展與國際經貿組織的「結構調整方案」（programs of

---

[33] N. Folbrey, *Who Pays for the Kids?: Gender and the Structures of Constraint* (New York: Routledge, 1994).; B. Hopkins, "Feminist Political Economy: Major Contemporary Themes," in P.A. O'Hara, ed., *Encyclopedia of Political Economy*, Vol. 1, (New York: Routledge, 2001), pp. 335-337.; J. Steans, *Gender and International Relations: Issues, Debates and Future Directions* (2nd ed.) (Malden, MA: Polity Press, 2006), p. 79.

[34] G. Youngs, "Feminist International Relations: A Contradiction in Terms? Or: Why Women and Gender are Essential to Understanding the World 'We' Live in," *International Affairs*, Vol. 80, No. 1 (2004), p. 78.

structural adjustment）對婦女所造成的衝擊等議題進行研究。如此，打開傳統「高階政治」與「低階政治」的人爲界線，去除了公／私、國際／國內以及政治／經濟領域的二元劃分，形成了女性主義IPE研究的重要組成部分。

### 2. 反思主流IPE及其實踐

　　女性主義IPE承繼女性主義PE與女性主義IR批判主流知識的傳統，並反省現有主流IPE理論忽視性別因素研究的不足。例如，代表性學者蒂克納（J. Ann Tickner）就直接批判吉爾平的IPE三種研究途徑提法，認爲經濟自由主義的「經濟理性人」或「自由市場機制」都是由白種男性建構的知識霸權，忽視性別不平等及女性無償勞作。其次，經濟民族主義在無政府的國際體系裡主要是關注國家的軍事安全與追求增加國家的財富，而未考量女性更關心的是經濟安全問題，國內性暴力、文化暴力和家庭暴力的威脅，以及國家追求財富積累後在國內不同性別間的不公平分配。最後，女性主義和馬克思主義在知識論上同樣反對普遍抽象的理性概念與存在所謂的客觀知識，但是古典馬克思主義仍較重視市場經濟中的生產力和生產關係研究，並未深入探討女性在社會中所扮演的再生產角色與性別不平等問題。[35]可以說，對女性主義IPE而言，吉爾平三分法的最大問題在於其僅討論國家與市場的互動關係，或者是侷限於公領域而未將家庭／社會私領域納入討論。

　　從近幾年的發展來看，女性主義IPE的研究議題似有超越傳統女性主義IR的趨勢，在實踐上以發展研究和全球化議題爲討論重點。發展研究的重心在於凸顯女性在經濟發展中所扮演的角色，包括農村發展計畫對婦女有怎樣的影響？市場的有償生產與主要由婦女承擔的社會無償再生產活動如何結合？以及國際經貿組織（包括國際貨幣基金會與世界銀行）在第三世界國家推動「結構調整方案」，特別是新自由主義計畫，對婦女造成如何的負面衝擊等？另外，

---

[35] J.A. Tickner, "On the Fringes of the World Economy: A Feminist Perspective," in Murphy & Tooze, *The New International Political Economy*, pp. 195-196, 199, 202.

表1-1　婦女與發展三個模式的理論與實踐

| 女性主義流派 | 自由主義女性主義 | 新馬克思女性主義 | 社會主義女性主義 |
|---|---|---|---|
| 發展模式 | WID | WAD | GAD |
| 理論基礎 | 現代化理論 | 依附理論 | 世界體系理論 |
| 關注的問題 | 婦女如何被排除於社會發展進程 | 婦女與發展進程的關係，國際不平等結構的影響 | 不平等的兩性權力關係及階級、種族、民族等社會關係對女性地位的影響 |
| 解決方案 | 將婦女納入較有效率與效益的發展過程 | 專門針對婦女的小型扶貧項目 | 賦予婦女更多法律上的權利，及改變性別不平等的政治、經濟與社會結構 |
| 行動策略 | 增加婦女的生產力與收入，及照顧家庭的能力 |  | 將性別與全球不平等問題納入發展進程中思考 |

資料來源：（作者彙整自：李英桃，2006：279；Rai, 2002: 72）

女性主義IPE認為全球化的影響對女性來說是利弊參半：有利的一面是，女性在全球範圍內的聯繫增強，不同地區的女性相互瞭解程度加深，世界婦女意識形成，跨國界的婦女運動與婦女組織迅速發展，與女性議題有關的國際會議相繼召開等；不利的一面則是，貧窮問題的女性化、勞動性別分工的同工不同酬、女性移工或幫傭的剝削、跨國性產業的畸形發展，以及婦女沉重的家庭照顧責任等，這些在全球範圍內都有持續惡化的趨勢，加劇了女性的弱勢地位。對於這些發展與全球化問題，女性主義IPE的不同流派有「婦女參與發展」（Women in Development, WID）、「婦女與發展」（Women and Development, WAD）以及「性別與發展」（Gender and Development, GAD）等三種不同的分析模式，分別就關注的問題、政策目標、解決方案與行動策略等面向，提出自己的看法與主張（參見表1-1）。

## 二、環境主義IPE

環境議題隨著科技、全球化發展打破傳統國家疆界，諸如全球氣候變遷、環境污染擴散與資源開採等問題，影響範圍往往擴及到區域和全球層次，致使國家行爲者無法單獨解決，須謀求國家及非國家行爲者的通力合作。換言之，傳統研究將環境議題歸爲國內問題的作法難以滿足現狀的需求，IPE打破國際／國內層次的研究途徑倒能成爲研究全球化下「人與環境」關係的替代途徑。不過，IPE的環境觀點也並未產生一致性理論，根據克萊丕（Jennifer Clapp）與道維格尼（Peter Dauvergne）的歸納，學者們主要採用四種途徑或世界觀（worldviews）來理解全球環境變遷，包括：市場自由主義者（Market Liberals）、制度主義者（Institutionalists）、生態環境主義者（Bioenvironmentalists）和社會綠色主義者（Social Greens）等。大致而言，市場自由主義與制度主義屬於主流IPE的研究途徑，而生態環境主義與社會綠色主義可算是批判的IPE，尤其是最後一種研究途徑強調對社會的批判性，因此最符合批判的IPE所定義的範疇，並以希勒納（Eric Helleiner）的研究爲代表（參見表1-2）。[36]

表1-2　全球環境變遷的四個世界觀

|  | 市場自由主義 | 制度主義 | 生態環境主義 | 社會綠色主義 |
|---|---|---|---|---|
| 全球環境危機 | 現代科學技術克服環境問題 | 全球制度有效率解決環境問題 | 地球生態危機危害人類生存 | 環境危機導致地區及全球層次的社會不正義 |
| 問題產生原因 | 貧窮、經濟成長停滯、市場失靈、政府失靈 | 制度未能有效運作以及全球合作成果不彰 | 人口膨脹、經濟過度成長、消費過度 | 工業生活導致剝削、不平等發展 |
| 全球化衝擊 | 經濟成長改善環境 | 加強合作 | 經濟成長加速自然資源汲取和浪費 | 侵蝕地區共同體的自主性 |
| 解決途徑 | 促進經濟成長、市場機制 | 強勢全球制度將有效管理全球環境 | 新型態全球經濟、減少人口、鼓勵節約 | 地區共同體自主性、生態正義、在地知識系統 |

資料來源：（Clapp & Dauvergne, 2005: 14-15）

---

[36] J. Clapp & P. Dauvergne, *Paths to a Green World: The Political Economy of the Global Environment* (Cambridge, MA: MIT press, 2005).

### 1. 全球環境變遷的四個世界觀

　　全球環境變遷的政治經濟分析途徑試圖理解諸多問題，包括：環境變遷為什麼發生？造成的原因為何？如何解決？也就是說，IPE對環境問題討論面向與社會學者對環境正義（environmental/ecological justice）看法不同，後者著重在人類如何對天然資源、環境利益與風險等進行公平的分配，[37]而IPE則是從宏觀全球化角度思考對在地環境的衝擊，以全球組織、國家、跨國公司、資本、階級等IPE分析主體，重新理解「全球—在地」之間的關係。

　　實際上環境主義IPE的四種分析觀點當中，市場自由主義和制度主義在方法論上採取工具理性的思維，兩者分別認為環境問題可經由健全市場機制，或建立全球合作體制來解決，將汙染所產生的外部性課以重稅，或將自然商品化以污染權的配額買賣方式來維持生態平衡；或增強國際政府、非政府組織在全球環境治理中的功能。相信這些作法能夠獲得成效，最主要是建立在「理性自利」的假設，相信人類科技創新以及強化全球合作機制，將能避免「共有財悲劇」（tragedy of the commons），甚至開創新世代自然資源，使人類能夠永續發展而不會陷入缺乏資源的困境。所以，藉由解除管制及整合全球市場將有助於自由貿易和科技移轉、促進各國經濟成長，並以之所積累的資源來宣導、教育人民、制訂政策，以實踐環境保護的目標。同時，國家藉由課稅、行政罰等手段減少環境破壞程度，以健全市場機制來修補環境。另一方面，制度主義強調全球治理中的環境合作承諾，落實環境規範和對第三世界國家環保援助，目前以世界銀行、聯合國環境規劃署（United Nations Environment Programme, UNEP）及全球環境基金（Global Environment Facility, GEF）等三個國際組織最著名。簡言之，這兩種觀點採用的是主流IPE美國學派的理性假設和實證主義的方法論立場。

　　生態環境主義則是將地球視為一複雜的有機體，具有自我調節的能力，

---

[37] 黃瑞祺、黃之棟，〈環境正義理論的問題點〉，《台灣民主季刊》，第4卷第2期（2007），頁115。

此種將地球類比生命形式的論述形成「蓋婭假說」（Gaia hypothesis）。[38]人類經濟成長過快導致人口增加，提高消費需求，快速消耗自然資源，最後超過環境所能負荷程度。因此，生態環境主義者主張降低經濟和人口成長，才是環境永續發展的唯一途徑。生態環境主義將現代性批判延伸至生態領域，形成深層生態學（Deep ecology）、生態無政府主義（Ecoanarchism）、生態社會主義（Ecosocialism）和生態女性主義（Ecofeminism）等多種不同派別，批判現代性的工業主義、資本主義、工具理性及國家理性等特徵，並長期關注種族、性別及物種階層化議題。社會綠色主義，特別以希勒納的綠色國際政治經濟學（綠色IPE）爲代表，則試圖整合生態環境主義各派別，來回應全球化對地球環境和人類社會的衝擊。[39]

## 2. 綠色IPE─全球思考、在地行動

　　希勒納分別從分析單位、全球結構、特徵及規範計畫等面向，來比較綠色IPE與吉爾平三分法的差異。例如，綠色IPE的分析單位是地方共同體，不同於自由主義的個人、民族主義的國家或馬克思主義的階級。而且，綠色IPE認爲全球結構主要是由工業主義推動構成，人類自從工業革命後即邁入工廠大量生產、科層化組織模式的現代工業社會，不同於自由主義認爲由世界市場、民族主義認爲由國家體系或馬克思主義認爲由資本主義構成全球結構的觀點。再者，綠色IPE關注工業主義所導致的人類生活失衡，尤其是工業化產生的環境污染以及科層化組織管理模式，均導致人類對環境的疏離與無法控制管理，此亦不同於自由主義強調的市場均衡、民族主義強調的國家間衝突或馬克思主義強調的階級剝削問題。最後，綠色IPE期待能夠建構自給自足的地方共同體來

---

[38] 「蓋婭假説」在1970年由Timothy Zell首次提出，1972年James Lovelock和Lynn Margulis加以補充修正。「蓋婭」一詞源自希臘神話的地母名稱，假設將地球視爲一個生物有機體，亦即，地球表面上一切生物、物質構成一個系統，地球上所有進化的生命形式都是生命體的一部份，如同人體的細胞。

[39] E. Laferrière, "International Political Economy and the Environment: A Radical Ecological Perspective," in D. Stevis & V.J. Assetto, eds., *The International Political Economy of the Environment: Critical Perspective* (Boulder, CO: Lynne Rienner, 2000), pp. 199-216.

改進人類社會與環境的失衡狀態，這和自由主義主張自由開放市場、民族主義主張國家積極干預市場，以及馬克思主義主張終結資本主義來改善人類生活不同。因此，綠色IPE主張回歸到類似中世紀地方共同體（local community）的型態，來落實「全球思考、在地行動」（think globally, act locally）。[40]

　　希勒納認爲，環境問題應從社會性來考量，換言之，解決環境汙染並不能如市場自由主義、制度主義所主張，將汙染所產生的外部性課以重稅，或將自然商品化以污染權的配額買賣方式來維持生態平衡，或增強國際非政府組織在全球環境治理中的功能，這些辦法只能在短期內緩解問題，並不能眞正避免人類遭遇生態破壞的生存威脅。而且，這些解決方式不是依賴大有爲的國家政府能力，就是相信市場機能的有效性，而沒有納入社會面向的考量。如果科學家都無法清楚說明，核廢料或地球暖化到底將會對人類永續生存發展造成多大的傷害，那又如何能以課稅或將自然商品化的量化方式，來解決環境汙染問題。工業主義發展、現代國家功能擴大以及全球化市場的擴張，對人類生活所造成的失衡衝擊才是生態危機的根源。過去能夠積極參與政治活動的公民現在已成爲被動的國家臣民，而人們的經濟生活也決定於中央的官僚體系和遠方跨國公司總部的負責人，而已經和自己周遭的社會生活關係無涉。這就如博蘭尼（Karl Polanyi）所說的，現代的國家與市場經濟並沒有鑲嵌於社會並受其約束，如此必會造成對社會與自然的破壞。由於受到博蘭尼和布勞岱爾（Fernand Braudel）的啓發，綠色IPE認爲前工業時代即存在的地方經濟，就能夠避免產生人類跟環境的異化，重新找回經濟發展所喪失的社會價值與社會關係。因此，綠色IPE主張建構類似中世紀歐洲自給自足的地方共同體，發展地方經濟（localised economies），如此才能使人類眞正地掌握自己的命運，徹底解決生態危機，並落實永續發展。[41]

　　綠色IPE的建議並不是要完全排拒資本主義或全球化，而是主張「全球思

---

[40] E. Helleiner, "International Political Economy and the Greens," *New Political Economy*, Vol. 1, Issue 1 (1996), pp. 60-61.

[41] Ibid., p. 64-68.

考，在地行動」，在全球層次底下建立一個簡約、自足、民主且友善的生活環境。希勒納以紐約伊薩卡（Ithaca）所實施的地區貨幣系統（Ithaca Hours）爲例，這種僅能在地區使用的貨幣（1 Ithaca Hour等於10美元）可以成爲在地商品或服務的主要交易工具，並促進在地消費。甚且，可以呼應女性主義者的訴求，鼓勵以在地貨幣來支付女性家事勞作，促使家事勞作經濟化，以結合家庭內社會再生產和市場經濟生產。實際上，這種地區貨幣系統不但能夠凝聚地區認同，更能夠藉此找回社區價值，鼓勵在地特殊產業發展，並降低遭受全球經濟不景氣衝擊的可能風險。[42]

## 三、建構主義IPE

　　基歐漢在擔任國際研究協會（International Studies Association）主席的就職演說中認爲，國際關係已形成理性主義（包括新現實與新自由制度主義）與建構主義兩大研究途徑間的競逐。在1980年代的第四次國際關係大辯論時，建構主義IR也被歸爲後實證主義的批判理論代表。不過，亦有學者認爲社會建構主義（Social Constructivism）將成爲理性主義途徑（rationalist approach）與反思主義途徑（reflectivist approach）（包括後現代、女性主義、形式規範理論、批判理論與歷史社會學等）間的中介橋樑。[43]毫無疑問，建構主義在IR研究中已取得重要的地位，足以和主流理論相抗衡。然而，建構主義在IPE研究中一直處於邊緣地帶，直至二十一世紀才逐漸受到學者的重視，並發展出有別於建構主義IR的研究特色。

### 1. IPE的建構主義轉向

　　建構主義IPE是否和建構主義IR有所不同？建構主義在1980年代後期的IR

---

[42] E. Helleiner, "Think Globally, Transact Locally: Green Political Economy and the Local Currency Movement," *Global Society*, Vol. 14, No. 1 (2000), pp. 45-49.

[43] J. Baylis & S. Smith, *The Globalization of World Politics: An Introduction to International Relations* (New York: Oxford University Press, 1997), p. 168.

社會學轉向中，居於主流地位，不過仍以重新審視傳統的「高階政治」議題爲主，例如戰爭與和平、安全研究、國家利益等，其中尤以美國學者溫特（Alexander Wendt）最爲著名。溫特認爲要理解國際體系（結構）本質，可從理念建構出的三種文化（霍布斯、洛克及康德文化）出發，此類美國主流建構主義理論內容還是以國家爲行爲主體。實際上，建構主義IR亦被運用在區域整合研究，在1999年《歐洲公共政策期刊》（*Journal of European Public Policy*）即以一期專刊討論建構主義IR如何可以將理念（ideas）或認同（identity）用於解釋區域政治經濟的複雜整合過程。然而，儘管歐洲區域整合絕大部分成果顯現在經濟領域，從關稅同盟、自由貿易區、共同市場、單一貨幣到經濟整合、政治整合等，採取建構主義研究者想要釐清的問題是：「歐洲認同」（European Identity）如何被社會建構？國家如何相互建構出歐洲認同並推動整合？整合制度的建構如何影響行爲者？

　　上述建構主義的發展，嚴格說並未刻意區分建構主義IPE/IR，這也反映出學者習慣將IPE視爲IR的次學門，將建構主義作爲一種新的認識論及方法論，應用在不同的議題範疇。一些介紹建構主義IPE的文獻也未清楚說明其與建構主義IR是否存在差異。例如，敦（Bill Dunn）將建構主義IPE的研究分爲三大類，包括：(1)溫特的體系研究，以國家爲中心，對於國內層次的作用較少關注；(2)卡贊斯坦的單位分析（unit analysis），聚焦在國內社會及法制規範的發展研究；(3)魯吉（John Ruggie）的整全途徑（holistic approach），對主權國家觀念採取類似韋伯式的歷史社會學觀點，討論更多變數間的互動。[44]這樣的分類方式完全看不出和建構主義IR有甚麼不同，建構主義IPE似乎就僅是將過去研究高階政治的建構主義IR，運用於研究國際政治經濟議題（ipe）而已。[45]

　　事實上，建構主義所強調的理念作用對於不列顛學派學者並不陌生，包括史翠菊的知識結構與考克斯的理念要素，都是理解世界秩序的重要構成部

---

[44] B. Dunn, *Global Political Economy*, pp. 53-54.
[45] 在西文文獻中IPE與ipe是不同的指涉，前者指國際政治經濟學這門學科，而後者指學科所研究的國際政治經濟議題。

分。史翠菊認爲，全球體系主要是由安全、生產、金融及知識等四個權力結構組成，其中知識結構涉及資訊、技術和信仰理念，尤其是後者對於新科技、技術的接受程度，會直接影響到知識結構的變遷，進而牽連到安全、生產與金融結構的變動。[46]考克斯則根據物質能力（material capability）、制度（institutions）和理念（ideas）間辯證互動所構成的霸權結構（hegemonic structure）或稱歷史結構（historical structure），來分析世界秩序（world order）的眞正驅動力。其中理念可再區分爲主體間意義（inter-subjective meanings）和集體意象（collective images）兩層意義，前者經由行爲者交互主觀建構而成，包括國際慣例、規範及規則等社會共識的形成，而後者指特定團體、階級與集團所獨具的集體意象，譬如社會主義或自由主義意識型態在特定歷史時期成爲主流理念。[47]

　　然而，史翠菊與考克斯是不是符合建構主義IPE所要強調的理念作用與行爲者的能動性，仍有爭論。史翠菊和考克斯兩位學者都視理念爲權力結構的組成部分，此不同於建構主義IR強調結構是由理念所構成，而須考量理念與其他結構因素的辯證關係。史翠菊本人承認，對於後現代和後結構主義專業知識上的侷限，其並未特意突出理念論述如何締造知識權力結構，及對其他三個權力結構的影響。[48]考克斯及新葛蘭西主義學者們則是側重集體意象（collective images），揭露霸權結構背後所隱藏的特定階級（集團）之意識型態。並且，理念的主體間意義（intersubjective meanings）對霸權結構而言，仍舊是人爲操作並且反映物質能力，這有別於建構主義IR/IPE強調行爲者的社會化過程，或行爲主體間的分享理解（shared understandings）所起的作用。

---

[46] Susan Strange, *States and Markets: An Introduction to the International Political Economy* (London: Pinter Press, 1988), pp. 123, 129-131.

[47] Robert Cox and Timothy J. Sinclair, *Approaches to World Order* (Cambridge: Cambridge University Press, 1996), pp. 98-99.

[48] Susan Strange, *States and Markets*, p. 132.

## 2. 能動者中心的建構主義

　　建構主義IR所強調的理念作用、行為者的能動性及歷史發展的偶然性等原則，基本上都為建構主義IPE所接受，並運用於國際經濟關係的討論。然而近來可以發現，一些IPE學者試圖尋找新的學術資源，如從博蘭尼、[49]海耶克（Friedrich Hayek），[50]尤其是凱恩斯（John M. Keynes）[51]等經濟學家的思想中汲取養分，以作為建構主義IPE的基礎，並顯現出有別於IR的特色。事實上，早在1983年魯吉提出「鑲嵌自由主義」（embedded liberalism）的概念時，就已將凱恩斯的思想納入IPE分析。不同於霸權穩定論主張國際自由經濟秩序必須霸權國家願意提供國際公共財，領導自由主義的意識型態，[52]及和其他次強權國家分享利益，才能夠維持運作，[53]魯吉則認為，除了霸權國家——美國的力量支持外，西方主要工業化國家必須經由凱恩斯式的總體經濟管理，如透過貨幣政策、財政政策、外貿政策與公共支出等手段，來維持貨幣流量（capital flow）、充分就業（full employment）和經濟穩定（economic stability）等三個目標間的平衡，並採行社會統合主義（social corporatism）的福利國家體制，來調和國家、勞工與資本家間的利益衝突，及補償因國際自由化而受到衝擊的

---

[49] M. Blyth, *Great Transformation: Economic Ideas and Institutional Change in the Twentieth Century* (Cambridge: Cambridge University Press, 2002). M. Watson, *Foundations of International Political Economy* (New York: Palgrave Macmillan, 2005).

[50] O. Kessler, "Sleeping with the Enemy? On Hayek, Constructivist Thought, and the Current Economic Crisis," *Review of International Studies*, Vol. 38, Issue 2 (2012), pp. 275-299.

[51] Widmaire, "The Keynesian Bases of a Constructivist Theory of the International Political Economy." L. Seabrooke, "The Everyday Social Sources of Economic Crises: From 'Great Frustrations' to 'Great Revelations' in Interwar Britain," *International Studies Quarterly*, Vol. 51, Issue 4 (2007), pp. 791-810. "Varieties of Economic Constructivism in Political Economy: Uncertain Times Call for Disparate Measures," *Review of International Political Economy*, Vol. 14, No. 2 (2007), pp. 371-385. B. Braun, "On the Politics of Economics: New Keynesian Governability and the Practice of Inflation Targeting," Paper presented at the 7th Pan-European Conference on IR: 'Politics in Hard Times,' Stockholm, Sweden. September 9-11, 2010.

[52] 這裡的意識形態是當作說服從屬國家接受霸權領導的工具，而非如建構主義者將其作為定義國家或社會利益的主體間共享信仰。

[53] Robert Gilpin, *War and Change in World Politics* (Cambridge, NY: Cambridge University Press, 1981), pp. 369-375.

國內社會階級或團體，以換取他們對國際自由經濟秩序的支持。[54]可以說，魯吉將原先霸權穩定論的體系層次分析（systemic analysis）與國內的政治結構或社會經濟制度安排相結合，用以解釋二戰後至1970年代早期相對穩定的國際自由經濟秩序。不過，他雖然已將國內面向帶入討論，但仍是著重於勞資間的外生關係，將彼此的經濟利益或階級衝突視爲給定的（given），但卻忽略不同社會力量可能認知到較長期的「共同利益」（common interests），而願意一起協商支持國家的特定經濟政策。[55]類似地，1970年代以後，尤其是1990年代以來的新自由主義全球化，已逐漸取代過去的鑲嵌自由主義，資本跨國流動導致勞資間的政治力量失衡，侵蝕國內的社會契約與福利國家體制。面對此全球化的挑戰，魯吉建議形成一個包括公民社會、國際非政府組織及跨國企業在內的全球公共領域，來共同承擔社會責任，以平衡經濟利益和其他社會目標。[56]總而言之，魯吉在解釋或處理二戰後國際經濟秩序的變遷問題時，主要還是從社會物質力量著手，並未將認知或理念因素作爲研究的本體。[57]

　　不同於上述魯吉的作法，近來凱恩斯主義所強調的解釋（interpretation）作用被重新提起。凱恩斯曾主張，國家的經濟決策並非如（新）古典經濟學所認爲的，乃是基於有效地掌握資訊，而後作理性的成本—效益分析，以回應市場誘因（market incentives）而形成的。事實上，我們無法有效的利用資訊，對於未來的知識是模糊不確定的，因而對市場誘因可以有多種的解釋並賦予不同的意義。[58]這樣的不確定性也說明國家或社會利益並非由外生的物質結構給定

[54] J.G. Ruggie, "International Regimes: Transactions, and Change: Embedded Liberalism in the Postwar Economic Order," in S. Krasner, ed., *International Regimes* (Ithaca, NY: Cornell University Press, 1983), pp. 195-232.

[55] W. Widmaier, "The Keynesian Bases of a Constructivist Theory of the International Political Economy," p. 89.

[56] J.G. Ruggie, "Taking Embedded Liberalism Global: The Corporate Connection," in David Held & M. Koenig-Archibugi, eds., *Taming Globalization: Frontiers of Governance* (Cambridge, UK: Polity Press, 2003), pp. 104-105.

[57] 值得注意的是，魯吉在1998年之後也開始關注社會建構主義觀點。參見J.G. Ruggie, "What Makes the World Hang Together? Neo-Utilitarianism and the Social Constructivist Challenge?" *International Organization*, Vol. 52, No. 4 (1998), pp. 855-885.

[58] W. Widmaier, "The Keynesian Bases of a Constructivist Theory of the International Political

的，而是主體間（intersubjective）經由分享的理解（shared understandings）所定義和判斷。[59]例如，市場參與者可以將通貨緊縮（如商品價格或工資水平下降）視為因成本降低而可以增加供給與活絡經濟成長的機會，或者相反預期此將導致需求減少與經濟衰退。類似地，在國際層面上貨幣貶值可以促進較大的出口競爭力，但另一方面也可能減少了全球的總需求。不同的解讀將會影響對國家或社會利益的界定，以及之後政府所採行的回應政策。[60]

　　不可否認，政治菁英或經濟學者對於市場或經濟危機具有較大的解釋力，所以一開始常見不同菁英或學派間的觀點競逐，不過要能夠將其落實為政策仍須經過一段說服（persuasion）的過程，先是在專家學者內部的「知識網絡」（knowledge network）或「認知共同體」（epistemic communities）中進行，然後對外爭取社會大眾的認可，才能夠取得決策的正當性。[61]當然，針對某些經濟問題的認識與解決，這個過程亦可能反過來由社會大眾發起，繼而說服菁英與決策者支持。[62]無論如何，既然利益是由主體間的共識所定義，而最後的決策也是先經過溝通說服才形成，那麼不同社會力量或國家間就存在分享的共同利益，可以進行合作。顯然地，這樣的建構主義觀點是屬於中層的分析途徑（meso-level analysis），其既不是（新）古典經濟學的微觀（micro）個人研究，也不是宏觀（macro）的體系結構或複雜的社會化過程研究，而是聚焦於關鍵的時間點（critical junctures, turning points），觀察菁英內部及菁英與大眾間，如何針對市場誘因進行解讀，定義利益，相互說服，以至於最終形成決策，此可說是一種能動者中心（agent-centered）的建構主義途徑，有別於溫特

---

Economy," p. 96.

[59] K.R. McNamara, *The Currency of Ideas: Monetary Politics in European Union* (Ithaca, NY: Cornell University Press, 1998), p. 57.

[60] Ibid., p. 97-98.

[61] L. Seabrooke, *The Social Forces of Financial Power: Domestic Legitimacy and International Financial Orders* (Ithaca, NY: Cornell University Press, 2006), pp. 40-42.

[62] L. Seabrooke, "The Everyday Social Sources of Economic Crises: From 'Great Frustrations' to 'Great Revelations' in Interwar Britain," p. 796.

的體系（或結構）建構主義（Systemic Constructivism）。[63]

## 四、新葛蘭西主義—非正統IPE中的主流

不列顛學派當中以考克斯爲核心所建立的新葛蘭西主義發展最爲完整且受到IR/IPE學者相當的重視，在科翰的《國際政治經濟學：學科思想史》一書中，就將Cox歸爲最重要的IPE七大學者之一。不論主流或其他非主流的IPE理論途徑也常與新葛蘭西主義對話，來豐富或凸顯本身的研究內涵，甚至將其和批判IPE直接等同起來，所以稱新葛蘭西主義是IPE非正統中的主流並不爲過。

### 1. 新葛蘭西主義的歷史結構途徑

新葛蘭西主義亦可稱爲新考克斯主義（New Coxianism），原因在於考克斯本人對該研究途徑的非凡貢獻。在義大利社會思想家葛蘭西的知識基礎，特別是其霸權（hegemony）、歷史集團（historical bloc）、及市民社會（civil society）等概念上，考克斯建立了一套理解世界秩序的歷史結構分析途徑，從而影響到他的學生與其他學者，特別是加拿大約克大學（York University）及荷蘭阿姆斯特丹大學，成爲不列顛學派內重要的學術社群。[64]新葛蘭西主義爲何會被認爲具有批判性？或者常與批判的IPE畫上等號？我們若依循上述渥斯對"Critical"的嚴格定義來看，新葛蘭西主義正是具有批判與改造這兩項特質。

首先、在學術立場上，考克斯認爲「理論總是爲某些人及某些目的而存在」（Theory is always for someone and for some purpose），不可能做到所謂的

---

[63] W. Widmaire, W. Blyth & L. Seabrooke, "Exogenous Shocks or Endogenous Constructions? The Meanings of Wars and Crises," *International Studies Quarterly*, Vol. 51, Issue 4 (2007), pp. 752-756.

[64] 嚴格說來，考克斯的思想並不單受葛蘭西的影響，其作品當中直接或間接受到馬克思（Karl Marx）、克羅齊（Benedettto Croce）、馬基維里（Nicolo Machiavelli）、維科（Giambattista Vico）、卡爾（Edward. H. Carr）、柯林烏（R. G. Collingwood）、卡爾敦（Ibn Khaldun）、布勞岱爾（Fernand Braudel）、博蘭尼（Karl Polanyi）和柏克（Edmund Burke）等人影響，因此有學者認爲「新葛蘭西」並不適合。但就考克斯所建立的分析途徑而言，諸如霸權、意識型態、歷史集團等關鍵概念都是直接受到Gramci影響，因此多數學者還是接受新葛蘭西主義或新葛蘭西學派（Neo-Gramscianist school）作爲通稱。

「價值中立」，據此將理論歸為「問題解決理論」以及「批判理論」兩大類。問題解決理論乃指主流IPE以國家中心本體論及實證主義認識論所建構的理論，例如吉爾平的霸權穩定理論與基歐漢的新自由制度論等，都是建立在國際無政府狀態的前提下，假定國家為主要行為者且依據理性自利的邏輯來行動，強調問題如何能夠被解決以恢復穩定的國際秩序。不過，考克斯更偏好另一種著重於歷史研究和詮釋方法的批判理論，藉以理解隱藏在世界秩序背後的本質，反思批判既存的秩序是如何形成的？在該秩序底下究竟對誰有利或造成扭曲的分配？並思索改變當前秩序的可能性以追求更為公平的結構。

其次、在理論建構上，新葛蘭西主義亦迥異於主流IPE，認為理論不一定要能夠做出預測，畢竟人類行為非常複雜，不太可能精確掌握所有變數間的因果關係，而足以針對特定議題提供具體的政策建議。理論家的工作是提出一個能夠洞察世界秩序的分析方法或框架，這必然會涉及到價值判斷的問題，至於政策的風險評估任務則應是交給政治家來承擔。[65]循此，考克斯認為要建立一套完整論述社會、國家及世界三個層次的相互關聯理論並不容易，因有太多的變數牽涉其中，所以必須有所選擇。考克斯本人就以物質能力（material capacities）、制度（institutions）和理念（ideas）等三個因素作為分析基礎，用以解釋社會力量（social forces）、國家形式（state forms）和世界秩序（world orders）之間的辯證關係，且以國家／社會複合體（state/society complex）的概念居中扮演連結角色。歷史結構途徑反對主流IPE的國家／市場二分法，而將博蘭尼「市場鑲嵌在社會」的概念進一步延伸到國家與社會之間的互相滲透關係，形成國家／社會複合體型態。國家、社會與市場三者並非獨立自主的實體，或僅存在單純的外在互動聯繫，而是遠為複雜的內在互為建構關係。同時，因各個歷史時期所展現的國家／社會複合體型態並不相同，進而也影響到世界秩序的變遷。換言之，新葛蘭西主義可算是一種整全的研究途徑（holistic

---

[65] R. Cox, "Social Forces, States and World Order: Beyond International Relations Theory," p. 128-130.

approach），打破了國家、市場和社會，以及國內與國際層次的界線，從而分析世界秩序是否存在著霸權結構？是否爲跨國歷史集團服務？以及思索霸權結構改變的可能性。

最後，在實踐層次上，新葛蘭西主義是否只著重於理解批判，而沒有告訴我們如何實踐？拉森斯（A. Leysens）針對此認爲，主流IPE的問題解決理論與新葛蘭西主義都具有實踐意涵，前者的內容側重在戰術行動，目的在於維持秩序現狀；而新葛蘭西主義則是屬於戰略行動，目標是改變現狀。[66]因此，新葛蘭西主義研究美國霸權或歐洲霸權結構時，除從歷史上解釋跨國／國內歷史集團如何形成，及推動霸權秩序的原因和方法外，同時亦關注全球市民社會（global civil society）的形成，及其是否能夠發展出另一反對霸權的力量（anti-hegemony）；還是成爲跨國歷史集團的扈從，而被納爲霸權結構的一環？新葛蘭西主義雖以生產的社會關係爲分析起點，但實踐上已不純粹是勞工對抗資本家的勞工運動，而是擴至不同的階級、性別、種族和國籍的聯盟關係，形成全球反霸權的新社會運動。此外，考克斯認爲在全球化的過程當中，理念的重要性日益增加，如何建構一套完整的論述來說服他人接受，已經是建立霸權結構或反霸權運動（anti-hegemony movement）成功與否的重要因素，這也反映各階層的有機知識份子（organic intellectuals）將對世界秩序產生關鍵的影響。

## 2. 新葛蘭西主義面臨的挑戰

IPE學術社群常將新葛蘭西主義與批判的IPE畫上等號，或者稱其爲非正統中的主流，可見其學術地位受到相當地肯定，但其本身至少面臨三個主要的挑戰；首先，是其內部出現不同的分支學派。如上所述，新葛蘭西主義反對主流IPE國家／市場二分的簡化因果實證研究，主張必須同時觀察物質能力、理

---

[66] A. Leysens, *The Critical Theory of Robert W. Cox: Fugitive or Guru?* (New York: Palgrave Macmillan, 2010), p. 40.

念與制度，及社會力量、國家形式與世界秩序的兩個三角形間的互動關係。然而，如何能夠清楚說明此多重因果的辯證關係，在研究操作上總需有個分析起點，否則就難以進行，這必然涉及研究者個人的偏好，對此考克斯就以生產的社會關係作為起點。相對而言，在考克斯的基礎上，另一新葛蘭西主義學者吉爾（Stephen Gill）強調國際制度與意識形態等非物質性力量的作用，來探討美國主導的世界秩序特色；匹吉爾（Kees van Pijl）則重視國家形式與跨國階級形成等問題之研究，而畢勒（Andreas Bieler）關注全球化、區域化和國內社會團體的互動關係，兩人都將歐洲整合過程視為重要的研究課題，進而發展出具有自己特色的阿姆斯特丹學派。不過，這些內部的分支學派僅是側重點有程度上的差別，而非主張單一因素的決定論。例如，雖然吉爾強調非物質性力量的作用，但並不是如建構主義者將理念當作研究的本體。當然，內部的分歧發展也不見得就是負面的，至少可以提供我們更為多元與細緻觀察世界秩序的不同角度。

　　其次，新葛蘭西主義主張的反霸權運動並不限於勞工階級對抗資產階級，而是一種跨越階級、性別與種族的新社會運動聯合。問題是，該如何進行聯合？勞工階級在其中扮演何種角色？組織領導的工作該如何分配？運動的目標該如何設定？這些問題可能沒有標準答案，必須隨不同的時空而作調整。但可以確定的是，這必然是個極大的挑戰，尤其在全球化下連國內勞工運動本身的力量都受到極大的衝擊，又該如何期待反霸權的跨國聯盟運動能夠成功地改造世界秩序？此外，考克斯看重有機知識分子的論述角色，但並沒有進一步說明其該如何與市民社會的反霸權力量結合。如果這問題沒有解決，就可能僅是出現眾聲喧嘩，而缺乏具體的行動能力。換言之，新葛蘭西主義想提升理論層次進到實踐階段，正是面臨一個更大的挑戰，如果無法克服就會陷入理想主義空想。

　　最後，到目前為止新葛蘭西主義的研究重點是霸權國家內部的歷史集團或跨國統治階級所形成的世界霸權結構，相對而言對於第三世界國家或弱勢團體的著墨較少。甚且，考克斯認為不能期望第三世界國家的工人階級來改造既存的世界秩序，因其尚未具備作爲反霸權力量基礎所需要的高度自覺與組織能力[67]，這就難免會被批評爲與主流IPE同樣犯了歐洲中心主義的偏見[68]。總之，新葛蘭西主義雖然發展出較爲成熟的學術社群，但若要兼顧理論和實踐，必須在內部鼓勵多元化發展，以及對主流、非主流IPE採取開放對話立場，才不會侷限於非正統中的主流地位。

## 第四節　結論

　　IPE自1970年代開始發展以來，就研究議題、研究方法與學科定位等問題，呈現出不同的理論、途徑與學派間的競逐。尤其是，跨大西洋的美國學派與不列顛學派之爭議受到相當的重視，並持續論辯至今以尋求對話和融合的可能性。近來則有一些學者關注於批判的IPE的研究，試圖對於何謂「批判性」（critical）作較爲清楚的界定，釐清其與IPE不列顛學派間的關係，及討論批判的IPE可進一步探索的議題與發展前景。這類的討論不見得在學界能夠形成共識，但在思辯的過程當中至少有助於掌握批判的IPE在整個學科中的立場位置，也可理解批判的IPE不同研究途徑間的共性與差異，更提供了不同於主流IPE（吉爾平式三分法）認識國際關係的觀點與解決問題的方法（參見表1-3），這也是本文探索批判的IPE的旨趣。

---

[67] Robert Cox, *Production, Power and World Orders: Social Forces in the Making of History* (New York: Cambridge University Press, 1987), p. 390.
[68] 張建新，《激進國際政治經濟學》（上海：上海人民出版社，2011），頁308。

表1-3　吉爾平式三分法與批判的IPE之核心理念比較

| | 分析單位 | 全球結構 | 關鍵動態 | 規範計畫 |
|---|---|---|---|---|
| 自由主義 | 個人 | 世界市場 | 和諧 | 自由市場 |
| 經濟民族主義 | 民族國家 | 國家體系 | 衝突／無政府狀態 | 國家干預 |
| 馬克思主義 | 階級 | 資本主義 | 剝削 | 資本主義終結 |
| 綠色IPE | 地方社區 | 工業主義 | 失衡生活 | 地方行動、全球思考 |
| 女性主義IPE | 性別 | 資本主義 | 性別不平等 | 地區經濟 |
| 建構主義IPE | 觀念 | 國家體系 | 不確定性 | 能動者間合作 |
| 新葛蘭西主義 IPE | 階級 | 全球／世界市場 | 霸權結構 | 反霸權 |

資料來源：（作者彙整自Helleiner, 1996: 69）

　　批判的IPE並非指單一的特定理論，而是包含各式不同視角與方法的理論群，為了能夠進行對話與研究積累，本章主要是採納渥斯的定義，強調從批判與改造（critique and transformation）這兩個基準，來釐清其與不列顛學派的關係，認為批判的IPE是包含於範圍更加廣泛的IPE不列顛學派。同時指出，女性主義、環境主義與新葛蘭西主義等IPE研究途徑均具有批判與解放改造這兩項特質，因而是該定義下之批判的IPE研究途徑。至於建構主義IPE則是著重於對主流IPE的物質主義傾向進行批判，強調理念的作用，但並沒有將自我解放實踐作為理論目標，因而是屬於更為廣義批判的IPE。但由於建構主義IPE近來發展較為快速且受到相對多的關注，所以也將其納入討論。本章這樣的後設分類觀點僅是許多可能的方式之一，不見得就是標準答案，當然也就必須接受批評，而這正是批判的IPE所堅持的精神，以開放反思的態度進行對話，而不必急於作經驗的檢證。

　　從以上的觀察研究可以發現，批判的IPE至少有幾項特色：

　　1.反對吉爾平的IPE研究三分法，因其對於經濟民族主義、自由主義或馬克思主義等三大流派的討論，均側重於國家與市場間的互動關係，並將兩者視為相對獨立的實體，分析到底是經濟影響政治或是政治影響經濟，而沒有將社會面向納入討論。相對地，批判的IPE中的女性主義強調世界經濟秩序不僅是由國家與市場組成，社會再生產活動或家庭的無償家務勞動，也是不可或缺的構成部分。環境主義認為，在環境議題領域裡主要行為者不是國家而是關心環保的各種地方性組織，而地方社區的行動力量與價值觀才是解決環保問題的基礎，並重新理解「全球－在地」關係。新葛蘭西主義則提出國家／社會複合體的概念，認為國家並非獨立自主的實體，而是與社會互為建構，表現為同一歷史過程的兩個面向。至於建構主義主張，國家或市場的利益不是外生給定的，而是由集體認同、社會習慣或菁英的解釋所定義，並據而加以追求。可以說，這些不同的批判途徑都將IPE研究從國家－市場雙邊關係擴展為國家－市場－社會三邊關係的討論。

　　2.反對主流IPE的實證主義認識論。主流的IPE雖然在1990年代以後跳脫體系層次與國家中心的研究方式，將國內社會的利益團體或階級因素納入分析，但主要還是採行實證主義的理性選擇分析模式。相對地，批判途徑則是採用反思主義與歷史主義的認識論，主張國家、市場與社會三者間並不是簡單的去歷史（跨越時空）因果關係，沒有任一因素是具決定性影響力的，而是呈現出遠為複雜的歷史辯證或互為建構關係（參見表1-4）。當然，這種研究方式比較不會失真而淪為「為理論而理論」，但侷限是變數和分析層次都增加了，如此就難以驗證或否證，而可能被批評為「怎麼說怎麼對」。事實上，這是社會科學研究普遍存在的兩難選擇，而不僅是IPE才面臨的研究困境，至於彼此間是否可以融合或怎麼融合，則是另一可以討論的問題。因而，批判的IPE之研究價值不是要取代主流的IPE美國學派，而是希望能夠並呈不同觀點來認識我們的生活世界，與共同尋求解決問題的方法。

　　3.不同於主流IPE，不論是霸權穩定論或新自由制度主義，都是在維護既有國際秩序結構的穩定前提下，來分析或解決國際經濟關係所產生的問題（problem-solving），相對地，批判的IPE中的女性主義、環境主義與新葛蘭西主義均冀望透過社會運動或反霸權運動，來改造目前資本主義的不公平結構，並以解放全體人類為理論目標，創造一個新的世界秩序。因而，不僅是批判的理論，同時也是一種實踐的理論。當然，這些批判理論途徑並沒有列出明

表1-4    主流IPE與批判IPE的方法學比較

| 方法學 | 本體論[69] | 認識論 | 方法論 |
|---|---|---|---|
| 主流IPE[70] | 國家／物質 | 實證主義／理性主義 | 經濟學式研究 |
| 批判IPE | 反對國家中心與物質本體 | 反思主義／歷史主義 | 交叉（跨）學科研究 |

資料來源：（作者自製）

確的行動方案，必須根據不同的時空氛圍來調整實踐策略。正如考克斯所說的，批判性的理解注意的是變化的可能過程，而不是它的最後結果，關心的是發動社會運動的可能性，而不是這樣的運動可能實現的具體成果，求變行動的後果是無法預測的[71]。至於建構主義雖然在方法論上同樣反對主流IPE的國家中心與實證主義的認識論，強調理念、規範、意識形態或認同所起的作用，及行為者的能動性與歷史發展的偶然性等，提出不同於主流IPE認識或解釋社會事實的觀點，但相對而言建構主義並沒有特定的研究對象（如性別、環保或勞工議題），也無重構世界新秩序結構的企圖。

4.如上所述，批判的IPE既然是超越吉爾平式三分法與主流IR/IPE的方法學，而和政治經濟學傳統或批判社會理論（critical social theory）的關係更為密切，因而通常不再單純將IPE視為IR底下的次學門或次研究領域，而是可以發展為一新的獨立自主學門，這明顯和美國學派就IPE的學科定位持不同的立場。此外，由於批判的IPE反對國家中心與重視全球化相關議題的研究，因而也偏好以「全球政治經濟學」（Global Political Economy）來取代「國際政治經濟學」（International Political Economy）作為學科名稱。「全球」並非僅是一個空間的概念，而是牽涉到多元研究方法，包括理性與非理性主義認識論；而研究議題亦超出國際經濟關係，還包括人權、種族、國族、環保、階級等議題。

---

[69] IR/IPE的本體論指涉可參閱注釋5的說明。
[70] 此處的主流IPE是以霸權穩定論和新自由制度主義為代表。
[71] Robert Cox, *Production, Power and World Orders: Social Forces in the Making of History* (New York: Cambridge University Press, 1987), p. 393.

　　5.批判的IPE主要是針對資本主義、世界市場、全球化、經濟發展、社會再生產或金融危機等經濟議題進行研究，這和聚焦於國際體系、國家主權、無政府狀態、區域安全、戰爭與外交政策等「高階政治」的批判IR理論明顯不同。當然，「高階政治」與「低階政治」並非截然的二分，彼此之間必然存在某種程度或不同方式的聯繫關係，但如果細究還是可以看出批判的IPE和批判的IR存在研究重點、研究方法與知識社群的差異，否則就沒有必要發展批判的IPE，統稱爲批判的IR就好了。近來可以發現一些中西文獻號稱以IPE的建構主義途徑來討論區域安全問題，或者以女性主義IPE來研究戰爭或其他國際政治議題，但卻發現通篇文章與IPE並無直接相關，基本上仍是屬於建構主義或女性主義的IR研究，這種情況的出現就是忽略批判的IPE和批判的IR間可能存在的差異。事實上，建構主義IPE目前積極從海耶克、博蘭尼與凱恩斯等經濟學家那裡尋找思想資源，並在方法論上以能動者中心（Agent-Centered）取代溫特的體系建構主義（Systemic Constructivism），且針對國際金融危機問題提出不同於物質主義（包括新現實與新自由制度主義）的解釋觀點，一些學者甚且主張將這類的研究稱爲經濟建構主義（Economic Constructivism），[72]以顯現出有別於過去建構主義IR的研究特色。[73]另一方面，女性主義IPE比女性主義IR更借助於女性主義PE或女性主義經濟學（Feminist Economy）的概念或分析工具，尤其是批判新古典經濟學的「經濟人」假設。同時，側重於全球化資本主義發展的研究，特別是將私領域的無償家務勞動或其他社會再生產活動納入討論，及分析國際貨幣基金會或世界銀行的「結構調整方案」如何對受援國的婦女造成衝擊。這樣的研究使得建構主義IPE與建構主義IR，女性主義IPE與女性主義IR，或者範圍更廣的批判的IPE與批判的IR之間較容易區別，且有劃分上的意義。

---

[72] L. Seabrooke, "Varieties of Economic Constructivism in political Economy," p. 372.

[73] 關於強調理念的本體作用，在比較政治或政治經濟學中則是稱爲論述制度主義（Discursive Institutionalism）或稱爲第四種制度主義（the fourth institutionalism），之前其他三者爲理性選擇制度主義（Rational Choice Institutionalism）、社會學制度主義（Sociological Institutionalism）與歷史制度主義（Historical Institutionalism）。

　　目前批判的IPE除了針對特定議題或事件提出不同於主流IPE的觀點外，還可以看到批判的IPE內不同研究途徑間也在進行對話融合，包括女性主義與新葛蘭西主義、[74]環境主義與女性主義、[75]女性主義與建構主義[76]及建構主義與新葛蘭西主義[77]等，這些研究成果同樣值得我們關注。可以說，批判的IPE研究的內外交錯對話，正一步一步拼湊著更為完整與豐富的IPE知識圖像，不斷地推動IPE這門交叉學科往前發展。

[74] I. Bakker & S. Gill, *Power, Production and Social Reproduction: Human Security in Global Political Economy* (New York: Palgrave Macmillan, 2003).

[75] E. Helleiner, "Think Globally, Transact Locally," pp. 35-51..

[76] B. Locher & E. Prugel, "Feminism and Constructivism: Worlds Apart or Sharing the Middle Ground? *International Studies Quarterly*, Vol. 45 (2001), pp. 111-129.

[77] R.D. Germain, "'Critical'Political Economy, Historical Materialism and Adam Morton," *Politics*, Vol. 27, No. 2 (2007), pp. 127-131.

# 第二章 國際政治經濟學中的不列顛學派：British? Global? And Critical?

曾怡仁

## 第一節 前言

國際政治經濟學（簡稱國政經，International Political Economy, IPE）從1970年代開始，已經過40年的發展，除了有經濟民族主義、自由主義與馬克思主義等三大理論，以及理性主義（Rationalism）與反思主義（Reflectivism）的研究途徑（approach）競逐外，[1]亦有美國學派（American School）與不列顛學派（British School）之間關於國政經的學科定位、研究議題與方法論上的爭辯。如果說1970年代國政經的出現，是爲了改善過去國際關係（International Relations）與國際經濟學（International Economy）研究相互忽視的情況，[2]那麼如今國政經面臨的問題是如何打開美國學派與不列顛學派之間的相互隔閡狀態，並進行兩者間的對話與可能的互補工作，而不再是各吹各的調。2009年《國際政治經濟學評論》（*Review of International Political Economy*）和《新政

---

[1] 一般將國關／國政經理論分爲理性主義與反思主義兩大研究途徑（approaches），前者以新現實主義與新自由主義爲代表，兩者均假設國際社會處於無政府狀態，國家是最重要的行爲者且爲理性合一的整體，會去追求國家利益的極大化。同時，在方法論上採行物質的本體論、實證主義的認識論以及理性選擇的分析方法。相對地，一些採取非實證主義（non-Positivism）認識論，或反對國家中心研究立場，或拒絕行爲主體單純是利益極大化者假設的理論，包括後現代（Post-modernism）、女性主義（Feminism）、規範理論（Normative Theory）、批判理論（Critical Theory）與歷史社會學（Historical Sociology）等，則稱爲反思主義研究途徑。反思主義途徑內的各種理論是因反對一項或某幾項理性主義途徑的假設或方法論而被歸爲同一類，事實上彼此間仍存在著差異。參見John Baylis & Steve Smith, eds., *The Globalization of World Politics: An Introduction to International Relations* (Oxford: Oxford University Press, 1997), pp. 167-169, 172.

[2] Susan Strange, "International Economics and International Relations: A Case of Mutual Neglect," *International Affairs*, Vol. 46, No. 2 (1970), pp. 304-315.

治經濟學》（*New Political Economy*）這兩本英國的國政經主要期刊，就分別做了專輯來介紹及比較兩學派的特色，以及探討相互融合的可能性，多數學者也期許學派間能有更多的跨大西洋溝通交流，不論未來如何發展，無疑這是一個很好的起點。[3]至於美國的國政經代表性期刊《國際組織》（*International Organization*），則尚未提供類似的平台編成特刊。

　　二次戰後至1970年代這段冷戰期間，《國際組織》主要是研究與安全、和平、區域或聯合國功能組織相關的議題為主，雖然當時行為主義研究風潮盛行，但相較於《國際研究季刊》（*International Studies Quarterly*）或《衝突解決》（*Journal of Conflict Resolution*）等其他國際關係的刊物，《國際組織》的文章相對是較少採用量化研究或者形式理論（formal theory），可說是當時美國國關研究中的非正統。不過，自從基歐漢（Robert Keohane）於1970年代接掌了該季刊的主編工作以後，其和哈佛大學的老師及同儕們關注的焦點就轉變為國關（或國政經）研究理論或途徑之間的爭議討論，也稱為「哈佛學派」（Harvard School）。譬如，現實主義、自由主義與馬克思主義，新現實主義與新自由主義，理性主義與反思主義或理性主義與建構主義等之間的論辯；以及從早先1970年代的跨國關係（transnational relations）和相互依賴（interdependence）研究，經1980年代的國際建制（international regime），轉到1990年代以後的國際制度（international institution）與全球治理（global governance）理論，來討論多邊國家間的合作問題，並且每隔一段時間就將討論的成果製成特刊或專書出版。後來國際組織的編輯們，如馬丁（Lisa Martin）等人，更偏好將採用形式理論與量化研究等科學方法的文章引進到該期刊。根據一項統計研究，1980年代前半葉《國際組織》所出版的文章中，不到十分之一是使用形式模型或經濟學研究工具，相對地，到了2000年至2004年這段期間，數量比例急速上升到將近一半。[4]維摩（Ole Waever）就預期這種傾向將導致國政經美國

---

[3]　有關美國學派的專輯討論見*Review of International Political Economy*, Vol. 16, No. 1 (2009). 不列顛學派的專輯討論則見*New Political Economy*, Vol. 14, No. 3 (2009).

[4]　John Ravenhill, "In Search of the Missing Middle," *Review of International Political Economy*,

學派逐漸脫離「非正統」，而以理性選擇理論（Rational Choice Theory）作為未來學科研究發展的主要方法。不過，到目前為止和美國其他主流政治學期刊比較，《國際組織》裡登出的文章中使用形式模型的比例還是相對少的。該期刊於2007年首次由非美國學者組成的編輯團隊，雖不至於宣布理性選擇理論的適用已經過時，但可以肯定的是編輯方向必然會有所調整，或許可以樂觀地預期將和不列顛學派有更多更好的溝通交流。[5]

反觀國內研究情形，一向對於美國學派的觀點較熟悉，近來則漸有學者投入英國學派（English School）國際關係理論（或稱國際社會理論，International Society Theory）的研究，然而對國政經不列顛學派的討論仍相對較少，本文的主要目的即是討論該學派的發展、特色及與美國學派的差異。由於不列顛學派主張國政經應為一門開放的學科（open discipline），呈現出研究議題、理論與途徑的多元發展，因而不可能在本文裡就能討論殆盡。本文僅試圖從三個面向來掌握該學派的輪廓：一、從創立和思想淵源上來看，為何稱為不列顛學派（British School）？這與之前發展的國關英國學派（English School）有何異同？二、一些學者，尤其是不列顛學派學者，偏好以「全球政治經濟學」（Global Political Economy）來取代「國際政治經濟學」（International Political Economy）作為學科名稱，Global和International的差別何在？僅是為了回應全球化的跨國經濟發展而做改變？還是牽涉到研究議題與方法論上的不同？三、不列顛學派亦稱為「批判的國際政治經濟學」（Critical International Political Economy），到底Critical的真意為何？僅是批判當前的國際政治經濟秩序？或是以國政經美國主流學派的假設或方法論作為批判對象？如是，則其和受法蘭克福學派影響的國際關係批判社會理論（Critical Social Theory of International Relations）又有何差異？

---

Vol. 15, No. 1 (2008), p. 26.

[5] John Ravenhill, "In Search of the Missing Middle," p. 26.

# 第二節　「不列顛學派」（British School）的由來

　　最早將不列顛學派與美國學派的國政經研究區分開來討論的是墨菲（Craig N. Murphy）和圖茲（Roger Tooze）這兩位學者，他們在1991年所編《新國際政治經濟學》（*The New International Political Economy, 1991*）一書的導論中，將前者稱爲「新國際政治經濟學」（New International Political Economy），而後者則爲「正統或傳統的國際政治經濟學」（Orthodox International Political Economy）。[6] 之後，陸續有學者將兩個學派的國政經研究做了更爲詳細的比較，包括2000年安德希爾（Geoffrey R. D. Underhill）、2001年墨菲與尼爾森（Douglas R. Nelson）以及2008年科翰（Benjamin J. Cohen）等人的著作，在這些文獻裡都直接使用British School這個名稱作爲學派的標籤，不過都沒有進一步說明爲何稱爲British School？[7]

## 一、從英國學派到不列顛學派

　　國政經不列顛學派（British School）不同於較早發展的國際關係英國學派（English School），但在華文世界經常將兩者同譯爲「英國學派」就容易造成混淆了。English和British不僅從字面上看是有差別，而且從學派的起源來說，將兩者同譯爲「英國」也是有問題的。English School是1959年劍橋大學歷史系巴特菲爾德教授（Herbert Butterfield）等人的提倡，在美國洛克斐勒基金會（The Rokerfeller Foundation）的資助下，一些歷史學者、國關學者、外交官和律師共同組成了「英國國際政治理論委員會」（The British Committee on

---

[6]　Craig N. Murphy and Roger Tooze, "Introduction," in Craig N. Murphy and Roger Tooze, eds., *The New International Political Economy* (London: Lynne Rienner Publishers, 1991), pp. 1-7.

[7]　Geoffrey R.D. Underhill, "States, Markets and Global Political Economy: Genealogy of An (Inter?) Discipline," *International Affairs*, Vol. 76, No. 4 (2000), pp. 805-824. Craig N. Murphy and Douglas R. Nelson, "International Political Economy: A Tale of Two Heterodoxies," *British Journal of Politics and International Relations*, Vol. 3, No. 3 (2001), pp. 393-412. Benjamin J. Cohen, *International Political Economy: An Intellectual History* (Princeton: Princeton University Press, 2008).

the Theory of International Politics），定期展開學術交流活動，並陸續出版研究論文集，此通常被視爲是English School的起源。不過，該學術研究團體最早被冠上English School的名稱，則是首見於瓊斯（Roy Jones）教授在1981年發表於《國際研究評論》（*Review of International Studies*）的文章中。[8]瓊斯認爲，該學派的代表性學者如曼寧（Charles Manning）、懷特（Martin Wight）與布爾（Hedley Bull）等人之共同學術發源地，主要是位於英格蘭的倫敦政經學院（The London School of Economics and Political Science），不過這些學者的研究與十八世紀主要由蘇格蘭人及少數一、二位威爾斯人所共同創建的不列顛（British）自由傳統之政治經濟學研究並無眞正的關聯，因此稱爲English School比British School更爲恰當。[9]如此對瓊斯而言，English似乎是專指英格蘭，而British則指除英格蘭以外還包括蘇格蘭與威爾斯的英國。然而，相較於法蘭克福學派（The Frankfurt School）、哈佛學派（The Harvard School）、哥本哈根學派（The Copenhagen School）、芝加哥學派（The Chicago School）、劍橋學派（The Cambridge School）、佛萊堡學派（The Friburg School）、伯明翰學派（The Birmingham School）和京都學派（The Kyoto School）等，都是以該學派研究者初期主要聚集的大學命名，瓊斯既然提到倫敦政經學院，爲何仍將學派稱爲English School而不是更爲直接的LSE School（倫敦政經學院學派），倒是不清楚的。[10]

　　國際關係英國學派又稱爲「國際社會學派」（International Society School），就較能直接表明學派的研究特色，其認爲國際體系（international system）雖然不存在一個類似國內的中央權威政府，但國與國之間的互動並非如美國主流國關理論所稱是處於一種交相攻伐的自然狀態（the state of na-

---

[8]　Roy Jones, "The English School of International Relations: A Case for Closure," *Review of International Studies*, Vol. 7, No. 1 (1981), pp. 1-13.
[9]　Ibid., pp. 1-2.
[10]　費納莫爾（Martha Finnemore）就認爲「倫敦政經學院學派」比起「英國學派」是更適當的名稱。見Martha Finnemore, *National Interests in International Society* (Ithaca: Cornell University Press, 1996), p. 17.

ture），而是彼此間可以透過權力平衡、外交折衝、國際公法、大國意願與共同的文化價值觀等機制，來形塑與維持一個有秩序的國際社會（international society）。[11]也就是說，英國學派是以「國際社會」來取代美國主流的「國際體系」概念，認為國際間的無政府狀態仍然可以是有秩序的。英國學派傳統上關注的是軍事安全、外交結盟、國家主權、治國方略、國際倫理和國際法等「高階政治」（high politics）的議題，因而主要是以國家為研究對象，對於國際政治經濟問題缺乏足夠的討論。這原因可能是該學派的主要創始者大多沒有受過經濟學的訓練；另一方面該學派發展於冷戰時期，當時國際政治經濟學這門新學科也還沒成立，相形之下對「高階政治」議題的處理就顯得較為急迫。然而，「高階政治」與「低階政治」彼此間是相互滲透影響，尤其是在後冷戰或全球化時代，很難將兩者完全區隔開來。況且，國際經濟關係是國際社會的重要組成部分，隨著前蘇聯及東歐共黨集團國家的瓦解，資本主義市場經濟已成為當今全球性國際社會中的一種重要制度安排。布贊（Barry Buzan）就呼籲歐盟可以作為英國學派的研究對象，是該學派未來的發展重點。[12]在布贊等人的推動下，1999年於不列顛國際研究協會（British International Studies Association）底下成立了「英國學派和歐盟」的研究工作小組。近來已可見一些學者利用「國際社會」與「世界社會」概念來研究歐盟、全球化以及其他與國際政治經濟相關的議題。[13]另一方面，國政經不列顛學派的研究對象亦超出過去美

---

[11] 布爾認為，「國際體系」是指兩個或兩個以上國家相互間具有充分的聯繫，並且充分影響彼此的決定，從而導致這些國家可以作為某個整體的一部分而行動；而如果一組國家意識到他們之間具有某種共同利益和共同價值觀，他們就構成了某個社會，在其中這些國家認識到彼此之間的相互關係是被一套共同的規範所約束，而且他們也願意一起建構共同的制度，在此情況下所形成的就是「國際社會」。Hedley Bull, *The Anarchical Society: A Study of Order in World Politics* (London: Macmillan, 1977), p. 13.

[12] Barry Buzan, "The English School as a Research Program: An Overview, and a Proposal for Reconvening," Paper Delivered to the Panel "A Reconsideration of the English School: Close or Reconvene?," BISA Conference, Manchester, December 1999.

[13] Thomas Diez, Richard G. Whitman, "Analyzing European Integration: Reflecting on the English School: Scenarios for an Encounter," *Journal of Common Market Studies*, Vol. 40, No. 1 (2002), pp. 43-67. Jacek Czaputowicz, "The English School of International Relations and its Approach to European Integration," *Studies and Analyses*, Vol. 2, No. 2 (2003), pp. 3-55.

國學派側重的國際經濟關係議題（貿易、金融與跨國投資等），還包括人權、種族、階級、性別與環保等。如此，就不宜將英國學派與不列顛學派以討論議題是「高階政治」或「低階政治」作為區分的判準。

　　除了研究議題趨同外，國關英國學派在方法論上採用的折衷主義（Eclecticism），[14]重視歷史知識、價值判斷與理念的作用，強調行為者的能動性，以及不斷納入新的研究議題等特質，同樣展現在之後的國政經不列顛學派當中（參見表2-1）。[15]差別在於，相對於國關英國學派是指稱一種以「國際社會」作為核心概念的特定理論，而國政經不列顛學派則是採用批判立場的理論群統稱，受到馬克思主義較深的影響，底下還存在著新葛蘭西主義（Neo-Gramcianism）、女性主義（Feminism）和環境主義（Environmentalism）等不同理論。[16]

　　至於國政經不列顛學派的稱號由來，同樣也沒有學者將其說明清楚。該學派的成員並沒有共同的學術發源地，且不限於英國籍或居住在英國的學者，雖然是以其為主，但仍包括一些加拿大、澳大利亞和紐西蘭等大英國協的學者。例如，該學派的關鍵人物—考克斯是加拿大裔；舍尼（Philip Cerny）是美國人；吉爾斯（Barry K. Gills）具有英、美兩國的公民資格；希寇特（Richard Higgott）則有英國和澳大利亞雙重國籍；培蘭（Ronen Palan）同時擁有以色列和英國的護照；而辛克萊爾（Timothy Sinclair）則是來自紐西蘭。這可能是該學派稱為British School的重要原因，British是指涉範圍較大的不列顛、大英國協或之前大英帝國的統轄區域，這樣的稱呼或許也比較容易將其與國關的English School作區隔。更為重要的是，某位學者是否屬於不列顛學派，不是依國籍而是以其研究立場而定。

---

[14] 國關英國學派就是以理性主義的國際社會理論，來調和現實主義關於無政府國際體系的衝突悲觀論，以及自由主義的人類善性與合作傾向的樂觀論立場。

[15] Hedley Bull, "International Theory: The Case for a Classical Approach," *World Politics*, Vol. 18, No. 3 (1966), pp. 361-377.

[16] Robert O'Brien and Marc Williams, *Global Political Economy: Evolution and Dynamics* (New York: Palgrave Macmillan, 2004), pp. 21-25.

表2-1　國際關係英國學派與國政經不列顛學派比較

| | 國際關係英國學派<br>（English School） | 國政經不列顛學派<br>（British School） |
|---|---|---|
| 學派別稱 | 國際社會學派 | 歐洲學派（European School）、義大利學派（Italian School）、新國際政治經濟學（New IPE）、全球政治經濟學（Global IPE）、批判的國際政治經濟學（Critical IPE） |
| 代表性學者 | 曼寧（Charles Manning）、懷特（Martin Wight）、布爾（Hedley Bull）、布贊（Barry Buzan）、瓦森（Adam Watson）、文森（R.J. Vincent） | 史翠菊（Susan Strange）、考克斯（Robert Cox）、舍尼（Philip Cerny）、吉爾斯（Barry K. Gills）、希寇特（Richard Higgott）、培蘭（Ronen Palan）、辛克萊爾（Timothy Sinclair） |
| 思想淵源 | 洛克（John Locke）、康德（Immanuel Kant）、格勞秀斯（Hugo Grotius） | 維科（Giambattista Vico）、克羅齊（Benedetto Croce）、柯林烏（R.G. Colliwood）、馬克思（Karl Marx）、馬基維利（Niccolo Machiavelli）、葛蘭西（Antony Gramsci）、博蘭尼（Karl Polanyi）、布勞岱爾（Fernand Braudel）、熊彼特（Joseph A. Schumpeter） |
| 學派共性 | 「國際社會」作為主要核心概念和分析起點 | 批判性立場（批判既存的國際政經秩序以及主流國政經的方法論） |
| 研究對象與方法論 | 以主權國家、國家體系為主要研究對象，物質／理念本體論，採用理性主義、[17]傳統主義[18]與整體主義[19]的方法論，強調秩序的價值 | 以國家／社會複合體、全球結構為分析對象，實踐本體論，採用歷史主義與折衷主義的方法論，質疑秩序的穩定價值 |

（作者自製）

[17] 國關英國學派的理性主義研究途徑與新現實或新自由制度主義的理性主義途徑不同，前者強調的是一種實踐理性，即國家間會經由認知學習的社會化互動過程，體認到共同的利益或分享的價值，進而形成共同的行為規範；而後者重視的是工具理性，認為每一國家為了追求權力或利益，均會依據成本─效益分析來決定行為，只不過新現實主義考量的是「相對利得」（relative gain），而新自由主義計算的是「絕對利得」（absolute gain）。

[18] 二戰後1950、1960年代，社會科學興起行為主義研究途徑，主張應研究可被觀察的行為，保持價值中立，並採用量化或模型建構的研究方法。面對此挑戰，傳統主義堅持以人類理解、價值判斷、規範作用和歷史知識作為研究的基礎。

[19] 整體主義是一種社會學方法，和經濟學的個人主義方法論相對。前者強調社會現實同個體一樣都是真實的，主張社會生活研究應從社會整體的觀點出發，認為溝通、認知與學習是社會秩序的必要組成部分；而後者則是將個體作為分析社會現象的起點，所有對社會現象的分析都可化約為對個體性質的描述。

　　不列顛學派不是一開始就刻意去推動或命名的，而是一些學者陸續針對國際政治經濟問題的分析與解決，而逐漸形成的學術社群團體。毫無疑問，不列顛學派能夠創立與發展，並取得與美國主流學派競爭的地位，英國史翠菊（Susan Strange）教授在其中扮演著關鍵性的角色。1971年，她在英國的皇家國際事務研究所（Royal Institute of International Affairs）內設立國際政治經濟學小組（International Political Economy Group），1974年該團體加入她與巴肯（Alistair Buchan）共同推動成立的英國國際研究協會，成為該協會常設性的研究工作小組。除了從行政組織上推動英國國政經的研究貢獻外，史翠菊早在1970年於〈國際經濟學與國際關係學：一個相互忽視的案例〉一文中就明確指出，應當從政治與經濟相互影響的角度來研究一系列重大的國際政治經濟問題，同時主張改革傳統國際關係學與國際經濟學將政治與經濟研究過度分工的作法，強調應多方吸取道德哲學、政治經濟學與經濟史學等其他學科的研究成果，避免用過度量化的簡單模型去解釋，或武斷地預測未來複雜的國際事務，這篇文章可以視為是國政經這門新學科的成立宣言。[20]不過，史翠菊當時並沒有要創立一個新學派的意思，其甚至偏好將自己定位為獨立的新聞評論員（independent journalist），而非學者或理論家，她在意的是能否提出思考問題的新概念、方法或框架，而非去發展一個國政經的系統性理論。[21]史翠菊後來陸續提出「結構性權力」（structural power）來取代傳統國關重視的「相對性權力」（relative power）概念；[22]反對國政經研究持所謂「價值中立」的立場，鼓勵研究者應多關心既存全球政治經濟秩序底下「誰獲益？」（Who

[20] Susan Strange, "International Economics and International Relations: A Case of Mutual Neglect," pp. 304-315.

[21] Benjamin J. Cohen, *International Political Economy*, pp. 50-51.

[22] Susan Strange, "The Eclectic Approach," in Roger Tooze, ed., *New Political Economy* (Boulder: Lynne Rienner Publisher, 1991), p. 35.

benefits？）的問題；[23]反對主流國政經的「國家中心主義」（state centrism）[24]與「經濟學帝國主義」（economic imperialism）研究立場；[25]以及主張國政經不是國關的次學門領域，國政經應為一新的獨立研究領域，甚至可以包含國際關係，這些概念或主張都影響後來不列顛學派的發展（參見表2-1）。

## 二、不列顛學派的思想與名稱淵源

如上所述，不列顛學派是一理論群的統稱，因而其思想淵源非常龐雜。艾伯特（Jason P. Abbott）和沃斯（Owen Worth）就認為，作為批判國際政治經濟學的不列顛學派，至少由三個學術傳統所構成：一是馬克思主義；二是熊彼特（Joseph A. Schumpeter）、博蘭尼（Karl Polanyi）以及後凱恩斯主義傳統；三是後結構主義（Post-Structuralism）。[26]毫無疑問，不列顛學派內部以考克斯（Robert Cox）所創立的新葛蘭西主義（Neo-Gramscianism）最受到矚目，甚至常將其和不列顛學派畫上等號。不過考克斯倒是認為，稱為British School不甚精確，而是可以稱為「European School」，因其思想淵源可以追溯至十八世紀初期那布勒斯（Naples）歷史方法學者維科（Giambattista Vico）、十九世紀德國浪漫主義（German Romanticism）與義大利歷史理論家克羅齊（Benedetto Croce），以及二十世紀前半葉英國歷史哲學家柯林烏（R.G. Colliwood）等人的思想。[27]這個知識傳統和早先十七世紀法國哲學家笛卡爾（Ren'e Descartes）的歷史理念有著明顯的分歧，後者主張歷史學不論多麼有趣和富有教育意義，

---

[23] Susan Strange, "Structure, Value and Risk in the Study of the International Political Economy," in Barry R.J. Jones, ed., *Perspective on Political Economy* (London: Francis Pinter Publishers, 1983), p. 221.

[24] Susan Strange, *The Retreat of the State: The Diffusion of Power in the World Economy* (Cambridge: Cambridge University Press, 1996), pp. 171-172.

[25] Susan Strange, "Political Economy and International Relations," in Ken Booth and Steve Smith, eds., *International Relations Theory Today* (London: Polity Press, 1995), pp. 167-168.

[26] Jason P. Abbot and Owen Worth, eds., *Critical Perspectives on International Political Economy* (New York: Palgrave Macmillan, 2002), pp. 1-6.

[27] Robert Cox, "The'British School'in the Global Context," *New Political Economy*, Vol. 14, No. 3 (2009), p. 320.

也不論對人們生活實踐態度的形成有何影響，都不可能是眞理，因爲它所描述的事件從來都不是像它所描述的那樣發生。換句話說，笛卡爾懷疑歷史學的價值（歷史懷疑主義），他並不認爲歷史學可以是知識（knowledge）或科學（science）的一個組成部分。[28]十八世紀歐洲啓蒙運動以及十九世紀隨著歐洲在全世界擴張的進步觀念（the idea of progress），多少都受到笛卡爾知識觀的影響，認爲現代科學將提升人們支配自然的力量，而科學方法，非歷史方法，才是理解世界的途徑。[29]

相對地，不同於笛卡爾主義的歷史觀，維科指出某一個事物是否能夠被認識在於其已經被創造出來，且取決於它是如何被創造出來的。[30]物理世界（physical world）是由上帝所創造，因此唯有祂才能完全理解，人們只能從外在觀察其運作的規律來接近對大自然的眞實知識。如同上帝一樣，歷史（對維科而言指人類社會和制度的產生與發展過程）是過去人類爲了追求其生活目標而創造的，因而是可以被人們的心智所理解，尤其是被那些能夠在腦子裡重行建構創造過程的人所掌握，歷史學家無疑就是最能勝任此項工作的人。[31]這種將自然知識（knowledge of nature）與歷史知識（knowledge of history）予以區別，但認爲兩者同爲科學知識的作法，在十九世紀德國的思想家中相當普遍。狄爾泰（Wilhelm Dilthey）就認爲兩者爲了各自的研究目的，分別採行同樣有效的實證主義（positivism）與歷史理解（historical understanding）方法。科學知識或實證主義是研究者試圖從外部來了解出現於面前的現象，而歷史知識的取得是歷史學家能夠對研究對象進行內在的體驗，亦即歷史學家以「同情理解」（sympathetic understanding）的方法去體會過去歷史人物內心的想法，去感受歷史事件深層的發展脈絡，如此才能逼近眞正的歷史。[32]

---

[28] R.G. Collingwood, Jan van der Dussen, ed., *The Idea of History: With Lectures 1926-1928* (Oxford: Oxford Univ. Press, 1994), p. 59.

[29] Robert Cox , "The'British School'in the Global Context," p. 317.

[30] R.G. Collingwood, Jan van der Dussen, ed., *The Idea of History*, p. 64.

[31] Robert Cox , "The'British School'in the Global Context," p. 317. R.G. Collingwood, Jan van der Dussen, ed., *The Idea of History*, p. 65.

[32] R.G. Collingwood, Jan van der Dussen, ed., *The Idea of History*, p. 172.

　　幾乎同一時期，義大利學者克羅齊放棄德國浪漫主義有關歷史學也是科學知識的堅持，認為歷史是與自然根本不同的東西，每個新時代都會產生對過去的新觀點，因而取得一個新的歷史觀作為理解現在的工具，就此意義而言，所有的歷史都是當代史（all history is contemporary history）。[33]此外，克羅齊認為每個存在於特殊社會與變動情境中的個體，對過去歷史的理解是一種個人化的關係（personal relationship），這和強調非個人化的客觀實證邏輯不同。[34]這個思潮後來在英國由柯林烏加以申論，其區分「事實」（fact）與「資料」（datum）兩個不同的概念，資料是給定的，可從外在觀察並加以蒐集及分類；而事實則是被製造出來的，必有一製造者且唯有通過該製造者的心靈才能加以理解。實證科學就是講求資料數據，而史學則在於經由探求事實來理解未知的事物，因而也是一種科學研究。[35]

　　總之，源於西方這種二元論的思想傳統，產生了兩種截然不同的知識形式與理論目的，即實證主義與歷史主義（historicism）。實證主義指的是用物理學等的自然科學方式來理解社會科學，嚴格遵守主體與客體的二元分立，並提出系統的與因果關聯的去歷史（ahistorical）解釋。[36]相對地，歷史主義相信人為的制度是所有的人一起參與建立的，人類與物質環境的互動會產生主體間的共享觀念（intersubjective ideas），政治或社會制度就是人類集體對物質環境所做的共識回應。[37]同時，人性以及人類互動的結構並非固定不變，而是會歷時不斷地改變，歷史就是它們改變的過程和顯現。[38]

　　不同於美國主流國政經研究建構去歷史的共時性簡約理論，不列顛學派一般較重視汲取歷史知識與注重歷史證據，論證過程是依靠研究者的常識、直

---

[33] Ibid., p. 202.

[34] Robert Cox , "The'British School'in the Global Context," p. 317.

[35] 柯林烏，陳明福譯，《歷史的理念》（台北：桂冠圖書股份有限公司，1984），頁 11-12。

[36] Robert Cox, "Realism, Positivism and Historicism," in Robert W. Cox and Timothy J. Sinclair, eds., *Approaches to World Order* (Cambridge: Cambridge Univ. Press, 1996), pp. 51-53.

[37] Robert Cox, "Social Forces, States, and World Orders: Beyond International Relations Theory," in Robert Keohane, ed., *Neorealism and its Critics* (New York: Columbia University Press, 1986), p. 242.

[38] Robert Cox, "Realism, Positivism and Historicism," p. 51.

覺與判斷力，而非嚴格的驗證程序，因此該學派的研究旨趣是理解、闡釋與規範，而不是經驗檢證或做預測。不列顛學派對科學主義或實證主義方法論持保留態度，就是來源於上述反笛卡爾主義的傳統。除柯林烏外，維科、狄爾泰與克羅齊等均非英國或不列顛人，因而從思想淵源上來說，國政經不列顛學派亦可稱爲「歐洲學派」（European School）。

除了亦可被稱爲歐洲學派外，不列顛學派中的代表性理論－新葛蘭西主義（有時兩者被等同起來），其淵源不僅來自於葛蘭西（Antonio Gramsci）本人，也可追溯到克羅齊或者更早的維科及馬基維利（Nicolo Machiavelli）那裡，由於這些思想家皆爲義大利人，因而國政經學者吉爾（Stephen Gill）就稱新葛蘭西主義爲「義大利學派」（Italian School）。[39]國政經不列顛學派存在著British School、European School與Italian School等不同的稱呼，就可見其比國際關係英國學派更爲龐雜，難以定位清楚。從國政經美國學派的角度來看，或許顯現出這是一個尚未成熟的研究領域，但對不列顛學派而言，多元開放正是該學派堅持的目標。

## 第三節　「全球政治經濟學」（GPE）取代「國際政治經濟學」（IPE）

美國國政經研究在1970年代至1980年代中期這段期間，由於受到主流國際關係學者的主導，如新現實主義的霸權穩定理論和新自由制度主義（Neo-Liberal Institutionalism）都是採行「國家中心」的研究本體論。雖然，基歐漢（Robert Keohane）與奈伊（Joseph Nye）在1970年代提出的相互依賴理論（Interdependence Theory）強調非國家行爲者（non-state actors）的角色，但基

---

[39] Stephen Gill, "Epistemology, Ontology and the Italian School," in Stephen Gill, ed., *Gramsci, Historical Materialism and International Relations* (Cambridge: Cambridge Univ. Press, 1993), pp. 21-48.

歐漢於1980年代建立的新自由制度主義理論卻明顯地又回到以國家作為主要的分析對象，承認非國家行為者仍是隸屬於國家，或者與國家相比是處於較次要的地位。[40]另一位美國國政經代表性學者吉爾平（Robert Gilpin）在2001年《全球政治經濟學：理解國際政治秩序》（*Global Political Economy: Understanding the International Economic Order, 2001*）一書中，更直接表明其是「國家中心」的現實主義者。[41]

## 一、國家中心主義及其限制

美國學派所採行的「國家中心主義」（state-centrism）研究方式，其主要內涵和侷限性包括：

1.國家中心主義認為國家是國際體系中最重要的行為者，擁有最多的權力與財富資源，縱使在全球化時代國家或許需要調整其功能以為因應，但其角色並不可能完全被其他的行為者所取代。如此，國政經對其他超國家行為者（如聯合國、世界銀行、國際貨幣基金會、歐盟與世界貿易組織等）、次國家行為者（如城市與地方區域）或者非國家行為者（如NGO、恐怖組織與國際社會運動等）的行為就沒有給予相等必要的關注。這樣，國家中心主義就難以想像美國在九一一所遭受的攻擊竟然不是來自於另一個主權國家，而是沒有占據固定領土的恐怖份子組織。

2.國家中心主義將國家視為理性合一的整體，此有兩種不同的思路：一，將國家視為「經濟人」會去極大化客觀存在的國家利益。這和早期新古典政治經濟學的國家觀點一致，認為其會利他地去解決市場失靈的問題，包括公共財、外部性與獨占寡占等，以提升國家的總體福利。二，依循國家主義（Statism）的觀點認為，國家處於國際體系與國內社會的特殊中介位置，不僅對內

---

[40] Robert O. Keohane, *International Institutions and State Power: Essays in International Relations Theory* (Boulder: Westview Press, 1989), p. 8.

[41] Robert Gilpin, *Global Political Economy: Understanding the International Economic Order* (Princeton: Princeton University Press, 2001), pp. 15-16.

擁有合法使用暴力的壟斷權，同時還可在國際上運用暴力以保護國內社會。國家非如馬克思主義所言，僅是統治階級的工具或服務於資本主義的生產結構，而是基於國家安全的需求，使其具有相對於國內社會的決策自主性。[42]這兩種觀點後來分別爲新古典政治經濟學以及新國家主義（Neo-Statism）所修正，前者認爲國家是由一群追求私利的政治領導者和官僚組成（如尋租理論和理性選擇理論）；而後者主張國家必須鑲嵌於社會，不能僅強調國家爲一獨立的行爲者（independent actor），以致忽略了其必須和社會協調才能眞正取得決策自主性與執行政策的能力。

　　3.國家中心主義意謂著國家擁有相對於國內社會高度的決策自主性，其研究較重視體系層次分析，認爲國家的對外行爲主要是受制於國際體系結構，而後者則是由國家間不同的權力分布狀態所形成，可能是單極、兩極或者多極體系。這種研究頂多回溯到國家間的權力大小作比較，而較少論及國家與國內社會間的互動關係如何影響國家的對外行爲。然而，國政經很大一部分是處理國際經濟問題，國家的任何對外經濟政策都會直接或間接影響到國內不同階級或團體的利益，所以國政經研究如果偏好國家中心主義，而忽略國家與國內社會互動關係的考察，必然會有解釋上的侷限性。美國國政經自1980年代中期以來發展的「雙層博弈」（Two-Level Game）[43]和「社會聯盟」（Social Coalition）[44]，以及1990年代以來更快速推進的「開放經濟政治學」（Open Economy Politics, OEP）[45]等研究，就是將國家與社會或社會中不同行爲者間的

---

[42] Theda Skocpol, "Bring the State Back In: Strategies of Analysis in Current Research," in Peter B. Evans, Dietrich Rueschemeyer and Theda Skocpol, eds., *Bring the State Back In* (Cambridge: Cambridge Univ. Press, 1985), p. 20.

[43] Robert D. Putnam, " Diplomacy and Domestic Politics: The Logic of Two-Level Games," *International Organization*, Vol. 42, No. 3 (1988), pp. 427-460.

[44] Ronald Rogawski, "Political Cleavages and Changing Exposure to Trade," *American Political Science Review*, Vol. 81, No. 4 (1987), pp. 1121-1137.

[45] 「開放經濟的政治學」這個詞最初來源於Robert H. Bates, *Open-Economy Politics: The Political Economy of the World Coffee Trade*（Princeton: Princeton University Press, 1997）一書。 美國學者萊克（David Lake）借用此概念來指稱一種國政經的特殊研究方式。簡單來說，「開放經濟的政治學」採用新古典經濟學與國際貿易理論的一些基本假設，同時在分析中加入政治變數，可說是在經濟學與國際政治經濟學之間搭起了融合研究的橋樑。它將公

互動納入討論，來解釋國家的對外經濟行爲。

4.國家中心主義的「國家」主要是指西方霸權國家、次強權國家或者是已開發的資本主義國家，而研究議題則是偏向於處理這些國家間所面臨的經濟合作與衝突問題。例如，霸權穩定理論、相互依賴理論和新自由制度主義主要都是在處理西方核心國家間的國際貿易，國際金融、國際貨幣、對外援助、跨國投資以及能源危機等所謂的「低階政治」議題。[46]相對地，亞、非及拉丁美洲等第三世界或開發中國家所面臨的階級剝削、貧窮、種族衝突、性別歧視、環境生態破壞與後發展困境等問題，則較少受到關注。這種忽略不僅會對當代全球政治經濟問題缺乏全面的了解，也會忽視不同國家在面對這些問題時的相異過程，甚至誤以爲西方過去的經驗就能解決非西方社會的當前問題。

## 二、全球政治經濟學的興起

隨著冷戰的結束，全球化進展並非對所有的國家、企業和人民均帶來正面的或者公平的好處。[47]國家主權是否必然衰退也仍是個爭議的問題，不過國家必須調整其行動的手段和目的以爲因應是毫無疑問。甚且，全球化現象不僅存在於經濟領域，其也作用於政治、社會以及文化各個層面，因而光是新古典經濟學或傳統國際關係理論並不足以解釋當今的全球化現象，必須綜合其他

---

司、產業部門或生產要素做爲分析單位，分析它們在國際經濟中由於經濟政策的調整如何導致其利益的變化，國際和國內制度又是如何匯集它們的利益，以及行爲體怎樣在國內和國際不同層次的談判和戰略互動中分配利益。

[46] 霸權穩定論認爲，國際自由經濟秩序的出現和發展有三個前提，即霸權國家願意提供國際公共財（international public goods），主要國家均支持自由市場經濟體制，而且霸權也願意和其他次強權分享利益。參見Robert Gilpin, *War and Change in World Politics* (New York: Cambridge University Press, 1981). John G. Ruggie, "International Regimes, Transactions, and Change: Embedded Liberalism in the Postwar Economic Order," *International Organization*, Vol. 36 (1982), p. 384. 此外，基歐漢與奈伊的互賴理論基本上是關於核心國家間的利益討論，如海洋與貨幣領域的建制問題，以及美國與加拿大或澳洲的雙邊關係。參見Robert O. Keohane and Joseph S. Nye, *Power and Interdependence: World Politics in Transition* (Boston: Little, Brown & Company, 1977), part II and III. 同樣地，基歐漢的新自由制度主義研究在《後霸權》（*After Hegemony*）一書中所舉的例子也是如此。參見Robert O. Keohane, *After Hegemony: Cooperation and Discord in the World Political Economy* (Princeton: Princeton University Press, 1984).。

[47] Robert Gilpin, *Global Political Economy*, Chaps. 6-7.

社會科學研究成果，來提出新的分析方法以解決問題。這就促使一些國政經學者重新思考「國家中心主義」，並以「全球政治經濟學」（Global Political Economy，簡稱GPE）來取代「國際政治經濟學」的學科稱謂。不過，美國學派與不列顛學派對於什麼是「全球政治經濟學」卻有不同的看法與期待。

　　美國學者吉爾平在2001年出版的《全球政治經濟學：理解國際經濟秩序》，就採用GPE而非IPE作為書名，這和其1987年的《國際關係的政治經濟學》（*The Political Economy of International Relations*）形成鮮明的對比。然而，吉爾平在該書中仍限於處理金融、貨幣、貿易、跨國投資、經濟發展與區域整合等國際經濟關係議題，只是以「全球經濟」（global economy）取代「國際經濟」（international economy）作為研究對象，[48]並且介紹三種對新古典經濟學進行修正的理論，包括新內生成長理論（New Endogenous Growth Theory）、新經濟地理學（New Economic Geography）與新策略貿易理論（New Strategic Trade Theory）。做為一個堅持「國家中心」的現實主義學者，吉爾平在本書中特別強調這些新經濟理論中的政治意涵，尤其是國家在其中所扮演的角色。吉爾平認為民族國家（nation-state）不論在國內或者國際的經濟事務中，依然會是個主要的行為者，[49]顯然這種立場仍是傳統主流的研究方式。事實上，新內生成長理論、新經濟地理學與新策略貿易理論等也可能涉及階級剝削、貧窮、種族衝突、性別歧視、環境破壞與後發展困境等問題，只是吉爾平在該書中對此著墨並不多。

　　另一美國學者基歐漢則認為，為了回應經濟全球化，應該打開國家這個「黑箱」（black box），推動國際體系與國內分析層次的結合研究，將國內政治經濟結構變遷的原因從國際經濟體系中來分析，相反地，也必須將國際經

---

[48] 「國際經濟」指每個國家內部都存在著一個國民經濟（national economy），國際經濟活動主要就是在這些國民經濟之間發生，國際貿易在各國的公司間進行，而國際金融交易的首要功能是為貿易提供服務。相對地，「全球經濟」指跨國公司在不同國家建立生產線從事商品生產，公司內貿易占國際貿易很大的比重，多媒體、娛樂公司、國際銀行和國際控股公司等高度非領土化公司興起，以及全球金融市場的出現等。

[49] Robert Gilpin, *Global Political Economy*, p. 4.

濟秩序的發展納入到（大國）國內對外經濟決策的政治過程來理解。[50]雖然已經修正了「國家中心」的偏好，不過基歐漢等美國主流學者將國際政治經濟學（IPE）與比較政治經濟學（CPE）結合所形成的全球政治經濟學（GPE），[51]仍然集中於討論國際經濟關係，並且主要是以理性選擇理論（Rational Choice Theory）來分析核心國家的對外經濟決策。[52]類似地，美國學者奧特利（Thomas Oatley）也將重商主義、自由主義與馬克思主義視為國政經的傳統學派（Traditional Schools of IPE），而主張當今應重視探討全球經濟中（主要包括國際貿易體系、國際貨幣體系、跨國公司與經濟發展等四個議題領域），國內社會的利益、偏好或觀念如何透由與政治制度的互動，來影響國家對外經濟政策的選擇。[53]簡言之，基歐漢及奧特利的觀點認為，為了回應全球化的發展，注重國內層次與理性選擇研究是美國國政經的新趨勢，亦可稱其為「新國際政治經濟學」（New IPE）。[54]

　　相對地，國政經不列顛學派對GPE的定位不僅是研究議題範圍的擴大，或者行為者（包括超國家行為者、非國家行為者與次國家行為者）與分析層次（包括全球、區域、國家／社會與個人）的增加，也涉及研究概念、理論與途徑不斷地推陳出新。早在1988年吉爾（Stephen Gill）和羅（David Law）兩位學者就將其教科書式的專著稱為《全球政治經濟學：觀點、問題和政策》（*The Global Political Economy: Perspectives, Problems, and Policies*），除了討論國政經三大研究傳統外（自由主義、經濟民族主義、馬克思主義），該書還特別提出公然的（overt）、隱藏的（covert）和結構的（structural）等三種

---

[50] Robert O. Keohane, "The Old IPE and the New," *Review of International Political Economy*, Vol. 16, No. 1 (2009), pp. 34-46.

[51] 比較政治經濟學（CPE）比IPE大約晚十年左右興起（1970年代末期），其研究重點是從比較不同國家或同一國家不同時期的政府、社會與市場的互動關係，來探討國家如何管理國內經濟事務，進而歸納出不同國家的政治經濟發展模式。參見朱天飆，《比較政治經濟學》（北京：北京大學出版社，2005），頁7。

[52] Robert Keohane, "The Old IPE and the New," pp. 34-36.

[53] Thomas Oatley, *International Political Economy: Interests and Institutions in the Global Economy* (New York: Pearson Education Inc, 2006), pp. 8-14.

[54] Robert Keohane, "The Old IPE and the New," pp. 36-40.

不同面向的權力概念，[55]以及比較現實主義和葛蘭西兩種不同的霸權觀（two concepts of hegemony），以補充美國學派聚焦於物質性的權力觀與物質性的霸權觀之不足。此外，書中還討論了全球化、生態危機、道德倫理以及國際能源等當時美國國政經學者較少處理的問題，可以說此書是國政經不列顛學派關於研究議題與理論的初步構想。之後，在培蘭（Ronen Palan）2000年編的《全球政治經濟學：當代的理論》（*Global Political Economy: Contemporary Theories*），2004年歐布萊恩（Robert O'Brien）與威廉斯（Marc Williams）合著的《全球政治經濟學：演化與動態發展》（*Global Political Economy: Evolution and Dynamics*），拉范希爾（John Ravenhill）2005年編的《全球政治經濟學》（*Global Political Economy*）以及史督伯斯（Richard Stubbs）與安德希爾（Geoffrey R.D. Underhill）2006年合編的《政治經濟學與變遷中的全球秩序》（*Political Economy and the Changing Global Order*）等GPE專書中，[56]都可以看到新的研究議題、理論或方法論不斷地被提出來。一般而言，不列顛學派的GPE呈現出幾個主要的特色：

## 1.分析層次的多元

　　不列顛學派的GPE試圖打破美國學者偏好的「體系層次」與「國家中心」的研究。譬如，史翠菊認為現今全球化時代的權力已明顯地由國家向市場，進而向非國家權威轉移，同時過去強調領土主權作為利益單位的思維方式，已無法涵蓋目前全球體系所發生的問題，如金融風暴、地球暖化、禽流感病毒、恐

---

[55] 權力的第一面向指，A使B做其本來不願意做的事，就是A對B行使權力，通常為物質性力量；第二面向的權力運作指，行為者透過決策程序的操縱控制，將決策的範圍侷限於對自己有利的議題，如此可抑制社會中想改變現行利益或特權分配方式的要求，將這些要求封殺於進入決策過程之前；第三面向的權力運作是指，權力關係可能存在於行為者主動影響、塑造或決定其他行為者的偏好，也可能存在於整體系統偏差的動員、再造與強化之中。

[56] Ronen Palan, ed., *Global Political Economy: Contemporary Theories* (London: Routledge, 2000). Robert O'Brien and Marc Williams, *Global Political economy: Evolution and Dynamics* (New York: Palgrave Macmillan, 2004). John Ravenhill, ed., *Global Political Economy* (Oxford: Oxford University Press, 2005). Richard Stubbs and Geoffrey R.D. Underhill, eds., *Political Economy and the Changing Global Order* (Oxford: Oxford University Press, 2006).

怖主義與毒品走私等，這些危害的不會是特定的國家，而是攸關全體人類的生存問題。面對這樣的發展趨勢，國政經應該以人而非國家為研究核心，關心整體人類生存的基本價值問題，這樣才能回應當前全球體系結構的變遷。[57] 又如，以考克斯為首的新葛蘭西主義主張，物質力量、理念和制度三者的實踐活動構成了特定的歷史結構，而此歷史結構進而影響了社會力量（social forces）、國家形態（forms of state）和世界秩序（world orders）三者間的辯證互動關係。[58]

### 2.研究議題的擴大

　　從IPE發展為GPE，不列顛學派探討的議題不斷地擴大，包括階級、性別、種族、貧窮、環保、人權與全球化等，超出了美國學派傳統注重的國際經濟關係範疇。這些議題是彼此密切關聯的，他們相互決定了本身的性質，並且共同界定了現代GPE所要研究的知識領域。對這些議題領域的研究原本是散在各個不同的學科，沒有任何一項是專屬於GPE的，這使得GPE必然是一種跨學科的開放領域（open range）研究。正如GPE學者帕藍所言，它是一個「四周有邊境」（frontiered），而不是有明確「界線」（boundary）的學科。[59]這和史翠菊早先主張國政經研究應像美國西部大草原一樣，開放給所有勇於嘗試的移民者開墾，前途充滿著各種可能性和希望，而不應搞學術圈地運動的說法類似。[60]

### 3.理論的跨學科發展

　　相對於美國學派以自由主義、經濟民族主義和馬克思主義等三大研究傳

---

[57] Susan Strange, *The Retreat of the State*: *The Diffusion of Power in the World Economy* (Cambridge: Cambridge University Press, 1996), pp. 171-172.

[58] Robert Cox, "Social Forces, States and World Order: Beyond International Relations Theory," in Robert O. Keohane, ed., *Neorealism and Its Critics* (New York: Columbia University Press, 1986), pp. 217-239.

[59] Ronen Palan, ed., *Global Political Economy*, p. 2.

[60] Susan Strange, ed., "Preface" in *Paths to International Political Economy* (London: George Allen & Unwin Press, 1984).

統來探討國際政治經濟問題，或借用新古典經濟學的概念或模式來分析國際經濟關係（如霸權穩定理論的「公共財」或新自由制度主義的「交易成本」概念），不列顛學派的GPE近來也興起一些新的理論，如發展主義（Developmentalism）、歷史社會學（Historical Sociology）、新葛蘭西主義（Neo-Gramscianism）、環境主義（Environmentalism）、建構主義（Constructivism）、新制度主義（Neo-Institutionalism）、女性主義（Feminism）與後殖民主義（Post-Colonialism）等，這些理論的提出通常都是跨學科的研究成果。例如，女性主義國際政治經濟學（Feminist IPE）除了延續女性主義國關（Feminist IR）的研究外，近來更是結合女性主義政治經濟學（Feminist Political Economy），將性別因素納入「發展」與「全球化」的議題討論當中。[61]

### 4.批判的研究立場

　　不列顛學派的GPE研究大都是持批判的立場，強調行為者（agent）在結構制約下的能動性，重視思想（ideas）在建構全球政經秩序的重要性，與反對歷史發展的規律性，主張不可預測性的歷史主義態度。如前所述，美國主流國政經研究主要受到了新古典經濟學的影響，因而將市場「均衡」的概念轉為注重國際體系的穩定或秩序價值，當國際體系出現不穩定的現象時，美國學派就會提出相對應的理論以求恢復秩序，如1970年代的霸權穩定、1980年代的新自由制度主義與1990年代的全球治理（global governance）理論等。相對地，不列顛學派的GPE強調更應該關心在當前國際政經秩序底下是誰得到利益，以及全球秩序結構變遷的可能性問題，並以追求人類全體解放為目標。

　　簡言之，從研究議題、分析層次與方法論來看，可以說不列顛學派的GPE其研究對象不僅是「國際關係」（international relationships），而是「全球領域」（global arena），[62]其獨特的學科定位不是透過某些共同的核心假設、概

---

[61] Georgina Waylen, "You Still Don't Understand: Why Troubled Engagements Continue Between Feminists and (critical) IPE," *Review of International Studies*, Vol. 32 (2006), pp. 145-164.

[62] Palan, ed., *Global Political Economy,* p. 1.

念或方法論來形成，而是比傳統國政經更重視與其他學科相互重疊之處的整合研究。[63]很顯然地，與美國的GPE發展情形不同，[64]不列顛學派的GPE不是國際關係的次學門領域（subfield），而是超越了和國際關係之間的關聯性，而與古典政治經濟學或其他社會人文學科更為密切地融合（參見表2-2）。[65]

表2-2　美國學派與不列顛學派的國際政治經濟學比較

| | American School | British School |
|---|---|---|
| 學派別稱 | 哈佛學派（Harvard School）、國際組織學派（IO School）、新國際政治經濟學（New IPE）、開放經濟政治學（Open Economy Politics） | 歐洲學派、義大利學派、新國際政治經濟學（New IPE）、[66]全球政治經濟學（Global IPE）、批判的國際政治經濟學（Critical IPE） |
| 本體論[67] | 物質本體、國家中心 | 物質／觀念本體、國家／社會複合體 |
| 認識論 | 經驗主義、實證主義 | 歷史主義、折衷主義 |
| 主要分析方法 | 經濟學（個體主義、形式模型、量化研究、理性選擇理論） | 歷史學、社會學、哲學、古典政治經濟學（詮釋、整體主義、質化研究） |
| 研究議題 | 國際經濟關係（政策導向研究） | 多元議題 |
| 學科定位 | 國際關係次學門 | 超越國際關係學 |

（作者自製）

---

[63] Ibid., p. 2.

[64] 例如Guzzini就認為國際政治經濟學就是試圖對國際關係新現實主義再定義，參見Stefano Guzzini, *Realism in International Relations and International Political Economy* (London: Routledge, 1998), Chap. 11.

[65] Richard Higgott and Matthew Watson, "All at Sea in a Barbed Wire Canoe: Professor Cohen's Transatlantic Voyage in IPE," *Review of International Political Economy*, Vol. 15, No. 1 (2008), pp. 1-17.

[66] 墨菲和圖茲稱不列顛學派為「新國際政治經濟學」（New IPE），以區別於之前美國學派所強調國家中心本體論和實證主義認識論的「正統國際政治經濟學」（Orthodox IPE），參閱註6。這和基歐漢主張可將美國1980年代後期以來，結合國內分析層次與採用理性選擇分析方法的國政經研究，稱為「新國際政治經濟學」（New IPE）不同。基歐漢的用意是要區別於之前美國主流所採行的國家中心和體系層次分析的「舊國際政治經濟學」（Old IPE），參閱註50。

[67] 國關／國政經的本體論包含兩種內涵，一是探討國際關係的本質是由物質或觀念構成；另一則是指國際關係的最基本分析單位為何。

## 第四節　為何是「批判的國際政治經濟學」（Critical IPE）？

不列顛學派的重要特徵是批判主流國政經的話語（discourse），即批判其談論和理解世界的特殊方式。[68]有些是針對主流的概念或假設提出批判，有些則是質疑其方法論上的問題。以不列顛學派主要創始者史翠菊和考克斯來說，兩人的批判風格就不太一樣。

### 一、史翠菊的「結構性權力」批判概念

史翠菊主要是反對主流國政經的「國家中心」與傳統「相對性權力」觀點，[69]指出全球資本主義體系是由包括安全、生產、金融和知識等四個結構所產生的權力共同組成，國家只在安全結構占主導地位，而在其他三個結構中跨國公司、金融機構和科技專家才是具有支配性力量。[70]這種結構性權力和傳統的相對性權力概念不同，是一種跨越國界的非領土性（non-territorial）權力，是行為者決定辦事方法或者據以行動的框架。但值得注意的是，史翠菊認為全球體系結構不僅決定世界經濟（生產、交換與分配）是如何運作的，而且也是體現著人類對財富、秩序、自由與正義等四種政治價值的偏好選擇，不同社會對這些價值的側重程度或者組合方式是有差異的。[71]也就是說，體系結構並非如現實主義的無政府狀態概念一樣是外在給定的，而是一種人類實踐結果所形成的可變革結構，這種觀點接近於新馬克思主義者葛蘭西的「實踐哲學」或者考克斯的「歷史結構」概念。[72]不過，史翠菊此處所謂的「人類」是一廣義的

---

[68] 有關「話語分析」（discourse analysis）的理論與方法可參見Marianne W. Jorgensen and Louise J. Phillips, *Discourse Analysis as Theory and Method* (London: SAGE Publications, 2002), p. 1.
[69] 傳統的「相對性權力」概念是指，A使B去做B原本不願意做的事情的能力，即A對B行使權力，這種權力觀較側重軍事物質力量。
[70] Susan Strange, *States and Markets* (London: Pinter, 1988), p. 26.
[71] Ibid., p. 18.
[72] 簡單來說，葛蘭西的「實踐哲學」是指，所謂的「物質客觀性」是人類歷史具體實踐所創造的，是一種主觀與客觀的辯證統一，而不是外在給定的客觀。此強調人的主觀能動性在塑造社會現實中的積極作用，人對社會矛盾的反思會產生主觀的反應，如果這種反應在主體間形成共識，那就是一種社會物質客觀性，它可以規範人的行為與確定社會制度。參見葛蘭西著，中共中央馬列編譯局譯，《葛蘭西文選》（北京：人民出版社，1992年版），頁519。

說法，結構權力擁有者可以是國家以外的公司、社會組織甚或個人。她並沒有直接進行階級分析，如此就不能輕易將其與考克斯同歸爲馬克思主義學者。事實上，這正是其自承方法論上「折衷主義」的體現，[73]或許可稱其爲批判的現實主義者（critical realist）。

　　另一具爭議性的問題是，史翠菊未進一步說明四種結構權力間的內在互動關係，甚至出現前後相互矛盾的看法。當她在《國家與市場》（*States and Markets,* 1988）一書中建立結構性權力的一般概念時，先提及這四個結構是彼此互爲基礎的，沒有哪一個是具有優先性，[74]但之後當個別論及知識結構時，又認爲其變革會引發其他安全、金融與生產結構等的改變，以及當前各國主要是競逐知識結構的領導權，[75]這又好似認爲知識結構有著優先的基礎作用。[76]問題是，史翠菊的知識結構內涵是較偏物質性的，包括科學技術方面的知識，以及商標、專利或智慧財產權等，而不包括意識形態或主體間的共享知識（intersubjective knowledge），後者正是考克斯的新葛蘭西主義所強調的。如此，史翠菊既不像現實主義或依附論者以軍事力量或者生產分工作爲體系結構變遷的推動力量，也不像新馬克思主義者那樣強調意識形態的相對自主作用，如此她就沒能清楚解釋全球體系結構變遷的可能動力來源。雖然，後來史翠菊將國家、市場與技術視爲體系結構變化的決定性因素，但仍然沒有深入分析此三者是如何在結構權力框架內互動，以及是什麼因素促使他們變遷和發展的。[77]這樣的侷限性就反應在1980年代學界關於美國國力是否衰退的論戰中，當時史翠菊以四個結構性權力來衡量，認爲美國僅是相對衰退而已，其仍是國際最爲強大的國家，只是沒有意願繼續承擔霸權的責任。所以，1970年代布列頓‧森林金融體系（Breton Woods System）瓦解後所造成的國際金融失序，還

---

[73] Susan Strange, "An Eclectic Approach," in Craig N. Murphy and Roger Tooze eds., *The International Political Economy* (Boulder: Lynne Rienner Publishers, 1991), pp. 33-40.

[74] Strange, *States and Markets*, pp. 26-28, 31.

[75] Ibid., pp. 126-134.

[76] 李濱，〈解讀斯特蘭奇的國際政治經濟學思想〉，《國際政治研究》，第3期（2010年），頁180。

[77] Susan Strange, "An Electic Approach," pp. 39-40.

有賴於美國致力恢復和屢持。[78]史翠菊這樣的觀點雖然較能夠引起傳統國關或國政經學者的共鳴，也願意和其對話，甚至還曾被選爲美國「國際研究協會」（International Studies Association）的會長，但另一方面卻被考克斯等學者批評爲「親美」，[79]而回到了「問題解決理論」（Problem-Solving Theory）的學術立場。史翠菊的結構性權力分析框架相對於主流話語是具有批判意識的，但最終卻沒有發展出系統性的批判理論。[80]或許這是她一貫堅持的主張，國際政治經濟學應該是一種啓發思維的開放性方法，以及對人類生存條件的關懷方法，而不一定要急著去建構理論。[81]

## 二、考克斯的批判理論

相對於史翠菊，另一不列顛學派學者考克斯就更注重對批判理論的建構，其所創設的新葛蘭西主義常被認爲是「批判的國際政治經濟學」（Critical International Political Economy）之代表性理論，甚至直接將兩者等同起來。[82]從表面上來看，新葛蘭西主義之所以是「批判的」，乃因其依循馬克思主義傳統，批判既存國際政經秩序的不合理與不公正性，揭露和反思不公平性的由來，進而謀求人類的解放與建立新的世界秩序。就理論層次而言，新葛蘭西主義是針對主流國政經的認識論與方法論（新現實主義和新自由制度主義，尤其

---

[78] Susan Strange, "The Persistent Myth of Lost Hegemony: Reply to Miner and Snyder," *International Organization*, Vol. 42, No. 1 (1987), pp. 751-752.

[79] Robert W. Cox, "Take Six Eggs," in Robert W. Cox and Timothy J. Sinclair eds., *Approaches to World Order* (Cambridge: Cambridge University Press, 1996), p. 186.

[80] Christopher May, "Structural Strangely: Susan Strange, Structural Power and International Political Economy," in Stephen Chan and Jarrod Wiener eds., *Theorizing in International Relations: Contemporary Theorists and Their Critics* (Lewiston: The Edwin Mellen Press, 1999), p. 54.

[81] Susan Strange, *States and Markets*, p. 16.

[82] 有些學者主張不應將「新葛蘭西主義」與「批判的國際政治經濟學」等同起來，因後者的範疇更爲廣泛，還包括博蘭尼（Karl Polanyi）、布勞岱爾（Fernand Braudel）以及熊彼特（Joseph Schumpeter）等人的思想傳統。參見Jason P. Abbott and Owen Worth, "Introduction: The 'Many Worlds' of Critical International Political Economy," in Jason P. Abbott and Owen Worth, eds., *Critical Perspectives on International Political Economy* (New York: Palgrave Macmillan, 2002), p. 6. 而且，一般認爲除了新葛蘭西主義外，國政經的批判途徑還包括女性主義、環境主義與建構主義。

是前者）進行反思批判，因其正是掩護既存不公平的國際秩序，以及維護該秩序底下既得利益者的利益。這些批評包括：

1.新現實主義國關理論將國家視爲先驗存在的行爲主體，假設其爲理性合一的整體，並且享有相對於市民社會的絕對自主性。新葛蘭西主義則認爲，國際關係源自於社會生產關係，所以必須先考察國家與市民社會的關係，認識到不同歷史時期，甚至同一時代的國家，會因著不同的生產方式和積累結構而有著不同的表現形式。同時，國家與市民社會並不是截然二分，而是進行相互建構的作用，形成一種國家／社會複合體（state-society complexity），共同構築了霸權的社會秩序。[83]雖然新現實主義學者吉爾平認爲，國政經就是試圖探討國際政經秩序中國家與市場的互動關係，但仍將兩者視爲分開且平行的領域，僅是外在地將兩者聯繫起來研究。[84]比較而言，新葛蘭西主義才是徹底消除了國家與市場的分離，認爲兩者不是各自獨立存在的實體，而是同一社會生產關係整體的兩個面向，這樣才真正實現了國政經在本質上將國家與市場融合的研究。[85]

2.新現實主義認爲國際政治研究有兩個基本的特徵，即國際體系處於一種無政府狀態，以及國際結構制約著國家的對外行爲。新葛蘭西學派則明確地指出，這種簡單地區分國內政治與國際政治的二元論，以及單向強調結構決定因素的研究是有問題的。[86]事實上，不能把國際體系看作是無政府狀態，因爲它是立基於資本主義社會的生產關係中，並受其市場經濟運作的需要所規範。國際體系與世界資本主義生產體系之間，就如同國家與市民社會的關係一樣，彼

---

[83] Robert W. Cox, "Social Forces, States, and World Order: Beyond International Relations Theory," in Robert O. Keohane, ed., *Neorealism and its Critics* (New York: Columbia University Press, 1986), pp. 205-206.

[84] Robert Gilpin, *The Political Economy of International Relations* (Princeton: Princeton University Press, 1987), p. 10.

[85] Geoffrey R.D. Underhill, "State, Market, and Global Political Economy: Genealogy of An (Inter-?) Discipline," *International Affairs*, Vol. 76, No. 2 (2000), p. 824.

[86] 所謂二元論是將事務的某一現象或存在看成是由兩個完全不同的維度、概念或原則所構成，二者之間根本不可能互相轉換。

此是互爲建構的。同時，國內政治與國際政治也沒有本質上的差異，均是爲了某種特定生產方式的需要而存在，社會生產方式的變遷會促使國家改變組織形態以爲因應，並進而形成新的世界秩序。簡言之，社會力量、國家形態以及世界秩序三者是處於動態的辯證關係。

　　3.新葛蘭西主義的「霸權」（hegemony）概念也與主流國關或國政經理論不同。新現實主義的霸權穩定理論認爲，霸權是指一個國家大體上能夠將其軍事物質力量與意志在經濟、政治、文化、軍事和外交各領域強加於其他國家身上，並且能夠及願意提供國際公共財（international public goods），以利自由國際經濟秩序運作的國家。[87]而採用馬克思主義研究取向的世界體系理論，其霸權概念同樣與國家權力密不可分，其關注的是相繼出現的國家霸權循環，從義大利的城邦國家轉到荷蘭、英國而後到今日的美國。[88]雖然世界體系論者也涉及到地緣文化與意識形態方面的討論，他們更多強調的是經濟層面的物質性霸權。[89]相對地，新葛蘭西主義則認爲霸權是一種關於秩序性質的價值結構和理解結構。[90]一個國家單是具有軍事或物質力量的支配地位並不足以保證能建立起霸權，全球霸權（global hegemony）是來自於主導國家內的社會統治階級，他們所想和所做的獲得了其他國家統治階級的默許，[91]是核心與邊陲社會的跨國精英份子結成聯盟，並且透過其所支配的全球政治經濟組織，如世界銀行、國際貨幣基金會、世界貿易組織（WTO）、聯合國、歐盟、二十二國集團（G-22）和經濟合作與發展組織（OECD）等，與大眾傳播媒體和知識份子

[87] Robert Gilpin, *U.S. Power and the Multinational Corporation: The Political Economy of Foreign Direct Investment* (New York: Basic Books, 1975), pp. 161-162.

[88] G. Arrighi and B. Silver, *Chaos and Governance in the Modern World System* (Minneapolis: University of Minnesota Press, 1999).

[89] Immanuel Wallerstein, *The Politics of the World Economy* (Cambridge: Cambridge University Press, 1984), p. 38.

[90] Robert Cox, "Toward a Post-hegemonic Conceptualization of World Order," in James Rosenau and Ernst-Otto Czempiel, eds., *Governance without Government: Order and Change in World Politics* (Cambridge: Cambridge University Press, 1992), p. 140.

[91] Stephen Gill, *Gramsci, Hegemony and Materialism* (Cambridge: Cambridge University Press, 1993), p. 264.

傳達特定的價值觀來實踐的，即形成歷史統治集團（historical bloc）。也就是說，霸權的運作是體現全球體系結構中有形的物質力量（material power）、無形的意識型態（ideology）與制度（institution）三者間的和諧和適應作用。[92]不過，這裡的制度和新自由制度主義從交易成本的概念出發，來討論國際間合作的制度不同，新葛蘭西主義主張國際制度是霸權世界秩序的產物，支持占優勢的生產方式之一般行為準則，它的出現便於霸權的擴張與世界秩序的合法化保證。[93]如此，在後冷戰的全球化時代，國際關係研究該關注的不是美國是否依然為霸權國家或轉變成為新的帝國統治形式，或國際結構是否已從單極轉為多極體系，而是更應該重視在全球資本主義的新生產方式底下，崛起的跨國資本家階級如何透由其支配的國際政經組織，以及新自由主義（包括消費主義與個人主義）的意識形態來取得霸權地位。美國政府所扮演的領導者角色只不過是代表跨國統治集團，而非僅是為了促進所謂的「國家利益」。

　　4.新葛蘭西學派駁斥主流社會科學知識，包括主流國際關係所強調的主、客體二元對立與價值中立的研究原則。考克斯主張，理論總是為了某些人與某些目的而存在，它是某個支配利益集團在意識形態領域的表達。[94]美國學者奧倫（Ido Oren）在其《美國與美國的敵人》（*Our Enemies and US: America's Rivalries and the Making of Political Science,* 2003）一書中也呼應了這個觀點，指出美國的政治學是純粹從美國視角來考察歸納，是以維護美國國家利益為宗旨的學科。[95]事實上，社會科學不同於自然科學，所有的理論都有其社會與歷史時空的背景脈絡，而主流研究所建立的普遍化通則會導致去歷史（ahistorical）的結果，而且其普遍理性（common rationality）的概念，即相信不同的人

---

[92] Robert W. Cox, "Social Forces, States, and World Order," pp. 205-212. Stephen Gill, "Epistemology, Ontology and the 'Italian School'" in Stephen Gill, ed., *Gramsci, Historical Materialism and International Relations* (Cambridge: Cambridge University Press, 1993), p. 25.

[93] Robert W. Cox, "Gramsci, Hegemony and International Relations: An Essay in Method," in Cox and Sinclair, *Approaches to World Order*, pp. 137-140.

[94] Robert W. Cox and Timothy J. Sinclair, *Approaches to World Order*, pp. 85-87.

[95] Ido Oren, *Our Enemies and US: America's Rivalries and the Making of Political Science* (Ithaca: Cornell University Press, 2003).

在面臨同樣處境時會做出相同或類似行為的說法，也會造成「西方中心主義」（western centrism）的思維，無法理解甚至不尊重非西方社會對於國際現象或問題解決的看法。如此，主流國關理論就可能僅是為既存的國際秩序背書，而忽略了各種權力關係在其中運作的結果所可能引起的支配與不公平現象，並且低估了反霸權力量（包括民族主義運動、社會主義團體以及文化社會運動等）推動全球社會與政治關係變遷的可能性。[96]對考克斯而言，主流國關理論僅為一種「問題解決理論」，謀求在給定的理論典範內解釋國際關係的運作和發展，強調維持國際政經秩序穩定的價值，並且主要是政策導向的研究方式。相對而言，新葛蘭西主義為一「批判理論」（Critical Theory），主張應當去反思國際關係理論產生的源由與基礎，揭露既定的國際秩序是誰獲取利益，是怎樣被歷史社會力量所形塑，並從中去尋找能夠推動歷史變革的反霸權力量，最終建立一個公平正義的新世界秩序。[97]這是新葛蘭西主義強調為何要以社會力量（social forces）作為國際關係研究的分析起點，並且研究反霸權（anti-hegemony）運動與重新對過去資本主義生產方式的變遷作歷史考察的原因。

　　5.對於未來，新葛蘭西主義並沒有如傳統馬克思主義者那般，主張無產階級革命、民族國家必然消亡與實行公有計劃經濟制度。新葛蘭西主義的重點分析在於，從長時期的歷史來觀察資本主義的起源、發展與變遷，如何從國際勞動分工的世界資本主義體系（world capitalist system）演變為當今跨越國界而生產的全球資本主義體系（global capitalist system），關注在這新的生產方式中跨國資產階級的興起與國家國際化（或全球化）的轉型現象，以及各種反霸權力量（包括各種社會運動和反殖民運動）的崛起等問題。可以說，新葛蘭西主義是主張對全球資本主義的發展進行必要的制約，以追求人類社會公平正

[96] Robert W. Cox, "Social Forces, States and World Orders: Beyond International Relations Theory," *Millennium*, Vol. 10 (1981), p. 128.另一新葛蘭西主義者－佩吉奧（Kees van der Piji）認為，從跨國階級形成的分析中可以看到，跨國的幹部階級或許代表轉變社會行為與結構的潛在力量。Kees van der Piji, *Transnational Classes and International Relations* (London: Routledge, 1985), p. 165.

[97] Robert W. Cox and Timothy J. Sinclair, *Approaches to World Order*, p. 90.

64 新國際政治經濟學：批判的觀點

義的實現，從被宰制的環境中解放出來。同時，考克斯期待後霸權秩序不是另一個霸權國家的出現，而應是各種不同文明傳統並存，而且對於發展的價值和路徑的看法不是基於「西方中心」的觀點，而是經由不同文化間溝通交流與相互理解的過程中形成的。[98]這樣的觀點不同於美國學者韓廷頓（Samuel Huntington）從現實主義的角度出發，認為後冷戰的世界秩序將會由早先美、蘇的兩極軍事對抗，轉為不同文明間的衝突。[99]也不同於福山（Francis Fukuyama）在其《歷史終結》（The End of History and the Last Man, 1992）一書中所主張的，自由民主體制與資本主義市場經濟將會是後冷戰的唯一秩序型態。[100]考克斯也觀察到，1970、1980年代西方資本主義發展從福特式向後福特生產方式的轉變，不僅推動美國霸權秩序的演變，也促使歐洲國家思考如何重建新的身分認同與秩序。考克斯認為，歐洲作為一個整合的區域較美國或日本主導的經濟合作區域擁有更多正式與非正式的制度建構，因此歐洲或許可以被期待成為後霸權以及後西伐利亞體系（Westphalia System）時代，國際新秩序之實踐場所。[101]

## 三、新葛蘭西主義與國關批判社會理論的異同

新葛蘭西主義強調不同文化與不同社會群體間的相互了解，以及對於如何重建新的身分認同之重視，和林克萊特（Andrew Linklater）等人的國際關係批判社會理論（Critical Social Theory of International Relations）的研究旨趣有點雷同。[102]林克萊特將法蘭克福學派第二代代表人物哈伯瑪斯（J. Habermas）對

---

[98] Robert W. Cox, "Structural Issues of Global Governance: Implications for Europe," in Stephen Gill, ed., *Gramsci, Historical Materialism and International Relations* (Cambridge: Cambridge University Press, 1993), p. 265.

[99] Samuel Huntington, *The Clash of Civilizations and the Remaking of the World Order* (New York: Simon & Schuster, 1997).

[100] Francis Fukuyama, *The End of History and the Last Man* (London: Penguin Books, 1992).

[101] Robert W. Cox, "Structural Issues of Global Governance," pp. 265-267, 283-286.

[102] 國際關係批判理論有廣義與狹義兩種界定，前者包括世界體系理論、新葛蘭西主義、社會建構主義、歷史社會學、女性主義、後現代主義與國際關係批判社會理論等，反對主流新現實主義與新自由制度主義採行國家中心主義本體論與實證主義認識論的研究方法之總

於理性的分類，即技術工具理性、戰略理性與道德實踐理性，拿來進行國際關係的研究。對其而言，馬克思主義理論由於重視社會生產力的歷史變遷作用，世界資本主義的勞動分工發展，與人類可以經由科技控制自然環境等，因而被視為是工具理性的代表。而現實主義國關理論傳統則與戰略理性密不可分，因其強調人類在實際或潛在的衝突情境下，總是思索如何掌握或控制他人，以求在國際體系無政府狀態下追求國家利益（或權力）的極大化。相對地，道德實踐理性主張可以經由溝通學習來建構國際新秩序與社會公義。[103]此外，林克萊特認為去國家中心化與重構世界主義的政治共同體組織形式，並不是烏托邦想法而是有實踐的可能性，問題在於如何聯結國家間的普遍性與差異性。一方面要超越主權國家的邊界去推動普世化的道德、政治與法律原則，並解構領土主權與公民身份之間的聯繫，將他國人民與本國人民同等看待，來擴展政治共同體的範圍。另一方面，重構現代國家認同，鼓勵各階級之間的對話，以及尊重文化、種族和性別的差異性，以此來深化共同體的內部合作發展。[104]以此為基礎，林克萊特亦認為歐盟的發展代表了一種進步的和解放的趨勢。

　　不過，新葛蘭西主義的批判理論和林克萊特的國關批判社會理論還是有所差別，前者主要是從經濟基礎或生產關係來分析社會的可能發展，並期待經由反霸權的社會力量來解放人類；而後者更關心對諸如文化、官僚體制與權力等社會本質的探討，主張重建理想的語境使主體間能自由溝通，發揮人類道德實踐的溝通理性，將其從技術工具理性和社會戰略理性的壓迫下解放出來。就方法論而言，新葛蘭西主義雖然強調意識形態對於社會變遷或歷史發展的作用，但也沒有完全要以「理念」取代「物質」作為研究本體，或以「社會力量」取代「國家」作為唯一的研究單位，而是主張一種理念與物質，社會力量與國家

---

稱：而後者專指源於法蘭克福學派，尤其是哈伯瑪斯的批判社會理論，以林克萊特為首的國際關係批判社會理論，和以考克斯為首的新葛蘭西主義。參見Fuat Keyman, *Globalization, State, Identity/Difference: Toward a Critical Social Theory of International Relations* (New York: Humanities Press, 1997), p. 98.

[103] Andrew Linklater, *Beyond Realism and Marxism: Critical Theory and International Relations* (London: McMillian Press, 1990), pp. 171-172.

[104] Ibid., p. 3.

間互爲建構的辯證歷史唯物主義方法論；而林克萊特則是較爲強調觀念本體作用的後實證主義（參見表2-3）。

表2-3　新葛蘭西主義批判理論與國際關係批判社會理論比較

| | 新葛蘭西主義批判理論 | 國際關係批判社會理論 |
|---|---|---|
| 主要代表性學者 | 考克斯（Robert Cox）爲首，其他學者包括：吉爾（Stephen Gill）、羅賓遜（W.I. Robinson）、畢勒（A. Bieler）、莫頓（A.D. Morton）、貝科（I.Bakker）等。 | 林克萊特（Andrew Linklater）爲代表、其他學者包括：艾旭黎（R. Ashley）、霍夫曼（M. Hoffman）、紐菲德（M.A. Neufeld）等。 |
| 思想淵源 | 馬基維利（Nicolo Machiavelli）、克羅齊、柯靈烏（R.G. Collingwood）、維科（Giambattista Vico）、卡爾（E.H. Carr）、卡爾頓（Ibn Khaldun）、布勞岱爾（Fernand Braudel）、博蘭尼（Karl Polanyi）、馬克思（Karl Marx）、葛蘭西（Antonio Gramsci）、柏克（Edmund Burke）等。[105] | 法蘭克福學派（Frankfurt School），尤其是哈伯瑪斯（J. Habermas）的思想。 |
| 研究方法論 | 歷史主義（historicism）、實踐本體論、辯證歷史唯物主義。[106] | 後實證主義，觀念本體論，強調從規範的、社會學和人類行爲學等三大維度對國際關係進行詮釋研究。[107] |
| 世界秩序變遷動力 | 形成反霸權力量 | 實踐溝通理性 |
| 未來理想社會 | 全球公民社會（global civil society） | 世界政治共同體（world political community） |

（作者自製）從上表可以看出考克斯和林克萊特的思想淵源不同，不過研究方法論都是質疑主流的實證主義與國家中心研究取向，重視歷史發展脈絡，支持社會必要的變遷，以及關心人類解放。

---

[105] 有關考克斯思想淵源的詳細討論可參見Anthony Leysens, *The Critical Theory of Robert W. Cox: Fugitive or Guru?* (London: Palgrave Macmillan, 2008), Chap. 3.

[106] 考克斯並沒有完全拒絕實證主義，他認爲人類行爲的規律性是可能被觀察到的，因此，實證主義研究在特定的歷史範圍內是有益的。參見Robert Cox, "Social Forces, States, and World Orders," p. 244.

[107] Andrew Linklater, "The Question of the Next Stage in International Relations Theory: A Critical-Theoretical Point of View," *Millennium*, Vol. 21 (1992), p. 78.

## 第五節　結論

　　國際政治經濟學中的不列顛學派是一個非常龐雜且發展中的學術群體，內部存在著各式各樣的分支，研究議題超出了國際經濟關係，還包括對人權、種族、階級、性別、移民和環保等的關注，而研究方法論也不限於國家中心的本體論與實證主義的認識論，如此就很難對其作清楚的定位。本文只針對該學派為何稱為British School？British School和English School有何不同？又為何該學派一些學者偏好以「全球政治經濟學」（GPE）取代「國際政治經濟學」（IPE）作為學科的名稱？以及該學派的重要分支－新葛蘭西主義為何被稱為「批判的國際政治經濟學」（Critical IPE）？希望經由對這三大問題的討論能掌握國政經不列顛學派的內涵，以及區別出其與美國學派之間的差異。

　　當然，在本文討論的過程當中為了突顯不列顛學派的特色，常將美國學派的國政經研究作了簡單的化約，以方便比較或凸顯兩學派間的不同特色，其實美國學者內部同樣存在著差異。[108]例如，認為美國（主流）學派的問題在於過於強調國家中心的本體論與實證主義的認識論，而這正是不列顛學派所反對的。事實上，並不是所有的美國學者都是採用這樣的一種方法論，卡贊斯坦（Peter Katzenstein）和柯瑞維奇（Peter Gourevitch）在1980年代以前，就試圖融合國際政治經濟學與比較政治經濟學之研究，結合國際與國內的分析層次，以打開國家這個「黑盒子」（black box）。卡贊斯坦在1978年《權力與財富之間》（*Between Power and Plenty*, 1978）一書中，通過對國內政治、經濟與社會結構的差異分析，來解釋美國、英國、日本、西德與義大利等五個不同國家，在類似的市場條件下，為何會選擇不同的對外經濟政策；而柯瑞維奇則在同年的〈第二意象翻轉〉文章中，觀察國際經濟體系如何對國內結構和國內政策偏好的形成，發揮影響作用。[109]從認識論的角度而言，也不是所有的美國學

---

[108] John Ravenhill, "In Search of the Missing Middle," pp. 18-29.

[109] Peter Katzenstein ed., *Between Power and Plenty* (Madison: University of Wisconsin, 1978). Peter Gourevitch, "The Second Image Reversed: International Sources of Domestic Politics," *International Organization*, Vol. 32, No. 4 (1978), pp. 881-912.

者都是新古典經濟學的工具理性支持者。拉范希爾（John Ravenhill）就認為，還可以將美國學派的理性選擇研究分為強硬式（hard rational choice method）與溫和式（soft rational choice method）兩種不同的傾向。[110]卡贊斯坦和柯瑞維奇的研究屬於後者，採用較為宏觀的比較歷史研究法，觀察國內「結構」的作用如何影響國家的對外行為，或國際體系如何形塑國內偏好；而1980年代中期以後，美國的「新國際政治經濟學」（New IPE）或「開放經濟政治學」（OEP）則是較接近前者，通常使用微觀的理性選擇方法，分析行為者面對結構環境變遷時的調適行為，注重偏好、利益與制度的互動關係研究。另外，少數的美國學者重視政治菁英或其代理人的觀念與認知因素的解釋力，如奧德爾（John S. Odell）關注個別決策者的主觀想法如何影響國家的對外行為，而戈爾斯坦（Judith L. Goldstein）亦強調觀念在美國貿易政策與貿易制度的創立上發揮了重要的作用。[111]正如科翰（Benjamin J. Cohen）所評論的，國際政治經濟學的美國學派雖仍把國家作為基本的分析單位，但對其理解已不是早先現實主義的撞球模式了。[112]不過總體而言，國政經美國學派的理性主義研究還是遠多於認知或建構主義，這種差距甚至更大於在國際關係的研究中。

　　其次，如果跨大西洋兩岸的英、美學派能夠加強對話交流與學術研究合作，必有助於國政經的進一步深化發展，但問題是如何進行才能相得益彰？美國學派的特色是注重公共政策研究，強調理論是為了解決問題，近來逐漸聚焦於國際經濟關係議題的討論與採用理性選擇的分析方法。美國學派似乎可以從對岸學習多元學科（multidisciplinarity）的整合研究態度，除了經濟學之外，還可以引入歷史學、法律學、社會學、道德哲學與古典政治經濟學等之研究成果與多元途徑並存的批判研究立場，以免研究議程日益窄化以及形成「方法論

---

[110] John Ravenhill, "In search of the missing middle," p. 25.

[111] John S. Odell, *U.S. International Monetary Policy: Markets, Power, and Ideas as Sources of Change* (Princeton: Princeton University Press, 1982), p. 58. Judith L. Goldstein, *Ideas, Interests, and American Trade Policy* (Ithaca: Cornell University Press, 1993).

[112] Benjamin J. Cohen, *International Political Economy: An Intellectual History*, p. 137.

單一文化」（methodological monoculture）的現象。[113]相對地，國政經不列顛學派的優點在於研究議題與方法的包容性，致力於宏觀體系轉型的探討，並思考如何讓世界能更爲美好，所以能不斷適時回應全球政經秩序演變所產生的問題，將之納爲新的研究議程以尋求解決。例如，當1970、1980年代主流學者認爲美國相對衰退，而提出霸權穩定論與後霸權的新自由制度主義時，不列顛學派的創始者史翠菊就能獨排眾議，以其四個結構性權力分析框架，說明美國國力並沒有衰退，而是短視追求私利並沒有意願承擔維持體系穩定的霸權責任。這種說法似乎較符合冷戰後美國持續一段時間的領導地位，尤其是能夠解釋小布希政府所實行的單邊主義、反恐戰爭或新帝國主義外交政策。而從新葛蘭西主義的角度來看，這種單靠強制的手段而不通過國際制度與尋求國際共識來領導的作法，最終將會導致美國霸權地位的衰落，這和近來美國主流學者奈伊（Joseph Nye）主張的軟實力（soft power）有異曲同工之妙。又如，英國的國政經主要期刊《國際政治經濟學評論》和《新政治經濟學》有許多篇文章討論近年來的全球金融危機問題，相對而言美國國政經的代表季刊《國際組織》就少有這方面的文獻。這或許是美國學派慣於新古典式的「局部均衡」分析，強調秩序穩定的價值，而不擅長探究整體結構的變遷動力問題。也或許是美國學派強調量化的實證研究和政策導向（policy-oriented）分析，兩三年的時間尚無法收集到足夠的跨國數據對全球金融危機進行深入的探討。反過來說，由於不列顛學派缺乏共同的理論基礎與採取方法論的折衷主義，因而被視爲長於論述或批判而弱於經驗檢證，甚至被批評爲「非科學」。[114]以新葛蘭西主義來說，其比主流簡約的國關／國政經理論更能貼近事實，就事實的描述或因果複雜關聯的說明而言是其強項。但因其採用多重因果的辯證歷史唯物主義方法論以及宏觀的全球體系結構分析，如此就失去了簡約性而無法對於未來的國際關

---

[113] Nicola Phillips, "The Slow Death of Pluralism," *Review of International Political Economy*, Vol. 16, No. 1 (2009), pp. 85-94.

[114] Benjamin J. Cohen, "The Transatlantic Divide: Why Are American and British IPE So Different?" *Review of International Political Economy*, Vol. 14, No. 2 (2007), pp. 197-219.

係發展作邏輯上的演繹預測，僅能依過去或現在的經驗證據提出具說服力的趨勢推測，這必須研究者俱備豐富的歷史知識、判斷力與足夠的資料佐證才做得到，此必定是一項非常辛苦的研究工作。這是採用歷史主義方法論的特色，卻可能沒有作經驗檢證而被質疑其貢獻，或被批評為各說各話而無助於學術研究的積累。不列顛學派最大的挑戰應該是思考能否用理性選擇的分析工具，對其所提出的議題或案例進行型式模型與量化研究，同時繼續保有該學派所堅持的「多元主義」研究特色，這樣或許才有可能和美國學派對話。當然，實際操作上要進行學派間研究的融合並不容易，這還有待國政經學界的努力，不過態度還是最為重要，應該避免兩個學派間繼續相互忽視。畢竟，我們所處的生活世界是非常複雜的，需要尊重從不同的角度或使用不同的方法所得到的理解。

　　最後，國政經不列顛學派的形成與發展可以給台灣學界帶來幾點的啟示：1.冷戰時期由於國際地緣政治因素以及特殊的兩岸關係，台灣過去對於具馬克思主義色彩的學術性研究較少，縱使冷戰結束後的全球化時代，這種情況仍然沒有明顯改善。國內的國政經研究主要還是依循美國學術研究的脈絡，側重於新現實主義的霸權穩定論，或者新自由主義的複合互賴、國際建制、國際制度與全球治理等理論的探討，而對於國政經不列顛學派的新葛蘭西主義，或者其他的批判理論如歷史社會學、女性主義、環境主義與後結構主義等則較少涉及。這種傾向也清楚反應在國內各大學國際政治經濟學課程的上課參考書目，學生少有機會接觸到不列顛學派，當然這方面的研究成果就不多。雖然，有一些論文提到以史翠菊的結構性權力概念或者考克斯的新葛蘭西主義作為個案研究的分析框架，但由於對該些理論不熟，故而經常是存而不論或者只作簡單的套用。既然不列顛學派已經是公認的國政經兩大學派之一，這種偏失是應該加以改進。2.目前國內國政經實證研究以兩岸政經關係或歐盟、東協區域化為大宗，不過主要還是以功能主義、新功能主義、自由政府間主義、新自由制度主義或新現實主義等主流理論為論述基礎，事實上，從不列顛學派的視角同樣可以處理類似的問題。例如，近來簽署的「海峽兩岸經濟合作架構協議」（ECFA）與「兩岸金融監理合作備忘錄」（MOU）之制度設計，是否結合金融資本、國家機器、媒體與新自由主義意識形態，形成跨越海峽兩岸的新「歷史結構」？該結構具有何種不同於以往的特徵？農、工階級和社會運動又該如何面對此一發展？國家與公民社會的國際化，又會對國內政經結構造成怎樣的影響？這些問題可以新葛蘭西主義的物質能力、觀念與制度的辯證關係所形成的歷史結構，以及社會力量、國家形態和世界秩序的三角互動分析框架進行研究。又如，對於東協的區域化發展，中國在東亞、東南亞的崛起，也能以史翠菊的安全、生產、金融與知識等四個結構性權力的互動關係來加以討論。東亞金融危機後中國如何從區域金融結構中提升國家權力，人民幣是否能成為區域的強勢兌換貨幣或取得類似歐元的地位，其和安全、生產與知識結構又會產生怎樣的聯動？這些都是很好的研究題材。3.當然，除了引介及延用不列顛學派的研究成果外，必須能夠不斷地提出「台灣議題」，如全球化下的台商現象、新移民、移工、貧富差距、少子化、人口老化、婦女的生產再生產活動與在地經濟的衝擊等都是很好的研究課題。以台南市學甲地區的在地養殖魚業為例，在簽署ECFA之後大量的出口中國大陸市場，這是否會造成當地的政治態度、經濟結構與性別生產再生產角色的改變？針對這些問題的討論可以是不列顛學派所倡導的問題導向、跨學科與多元視角的研究方式。

# 第三章 馬克思主義國際政治經濟學

右對齊

曾怡仁

## 第一節　前言

　　主流學者通常將國際關係（簡稱國關，IR）的研究發展歸結爲歷經四次大辯論（grand debate）：第一，兩次大戰期間的理想主義與現實主義之辯論；[1]第二，戰後的傳統主義與科學行爲主義間關於研究方法的競逐；[2]第三，1970年代至1980年代中期圍繞國際間合作是否可能的新現實主義與新自由主義觀點之討論；[3]以及第四，1980年代後期以來牽涉到研究方法學（包括本體論與認識論）爭議的實證主義與後實證主義國關理論間的論爭。[4]很明顯地，這種後

---

[1] 理想主義可以美國前總統威爾遜（Woodrow Wilson）的十四點和平計畫爲代表；而現實主義代表爲卡爾（Edward H. Carr）的二十年危機。可分別參見Charles Kegley, Jr., "The Neoidealist Moment in International Studies? Realist Myths and the New International Realities," *International Studies Quarterly*, Vol. 37 (1993), pp. 131-146. Edward H. Carr, *The Twenty Years' Crisis, 1919-1939: An Introduction to the Study of International Relations* (New York: Harper and Row, 1964).

[2] 戰間期的理想主義與現實主義思想均採用傳統的歷史、哲學或法制等方法進行研究，從先驗的人性（性善或性惡）做爲立論的起點，且帶有濃厚的規範色彩；相對地，戰後國際關係研究由於受到社會科學行爲主義革命的影響，反對無法檢驗的形而上學研究，主張價值中立、量化或建構形式模型的科學研究方法。

[3] 新現實主義與新自由主義均接受國際無政府狀態的假設，以及同樣採取國家中心的本體論與實證主義的認識論，如此一些學者認爲兩者在方法論上並無本質上的差異，因而或可稱爲是「新」「新」綜合而不屬於所謂的大辯論。不過，本文認爲兩者關於國際間合作問題的討論是非常重要而有意義的，因而也可視爲是一次的大辯論。新現實主義認爲在國際無政府狀態下，國家對外行爲是基於「相對利得（relative gain）」的考量，因擔心對方會因彼此間的交往獲得比自己更多的利益而危及國家安全，所以國際間就難以合作；而新自由（制度）主義則主張國家間的交往可以是考慮「絕對利得（absolute gain）」，亦即只要顧慮自己是否能夠獲益，而不見得會時時計較分配的多寡。事實上，國家對外行爲考慮的是「相對利得」或「絕對利得」，還須顧及其他相關因素，如彼此間的權力差距、交往經驗或信任程度等。

[4] 實證主義主張主／客二元分立，把人類行爲（包括國家）或社會關係當作可以客觀觀察的對象並可從中發現某些運作規律，因而可對研究現象做因果解釋（explanation）。而後實證主義則認爲主／客難以二元分立而是互爲建構關係，同時研究對象常爲多重因果或互爲因果所

設分類在1980年代中後期之前（也就是前三次大辯論中）忽略了馬克思主義的研究傳統。然而，正如美國學者吉爾平（Robert Gilpin）所言，國際政治經濟學（簡稱國政經，IPE）研究基本上包括三種主要的觀點：即經濟民族主義、自由主義以及馬克思主義等不同的流派。吉爾平進一步指出，這三種流派事實上不應稱為「理論」，而僅是一種「意識型態」，因為這些思想均建立在對人性以及對社會本質的不同假設之上，而此是無法經由檢驗加以證實或證偽的。此外，這三種思想觀點所提出的問題是不同的，而各自所要追求的目標或試圖解決的問題也不一樣。[5]也就是說，沒有任何的觀點能宣稱其代表的就是唯一的真理，不同的流派有各自不同的價值和貢獻。如此，國關或國政經研究若是忽略了馬克思主義的觀點當然是一項缺失，會使得我們理解或解決國際關係問題時，少了一個面向問題的思考和遺漏一項有用的分析工具。

　　事實上，第一次國關理論大辯論時代，屬於馬克思主義研究傳統的殖民主義與古典帝國主義理論就已經對第一次世界大戰的興起原因和性質，如何重建戰後世界秩序以及資本主義國家之間的聯盟關係是否能長久維持等問題，提出了許多不同於當時現實主義與理想主義的見解。而第二次大辯論期間，新馬克思主義的依附理論（Dependency Theory）、依附發展理論（Dependent Development Theory）、特別是世界體系理論（World-System Theory），也就核心與邊陲地區（主要是南北關係）的國家性質與功能，以及世界資本主義體系（capitalist world-system）和國際國家體系（international state system）兩者間之關係，提出較為整全的觀點，可以補充主流的新現實主義或新自由主義主要是就東、西關係或北、北關係進行討論的不足。這種忽略情況到了1980年代中後期，世界體系理論才與其他新馬克思主義理論，如新葛蘭西學派（Neo-

---

形成，且研究主體也僅為有限理性，不可能掌握所有的資訊來作研究，因而只能對之進行詮釋（interpretation）而非簡單的因果解釋。值得注意的是，後實證主義是反對實證主義的理論群統稱而非單指某一特定理論，其包括社會建構主義、女性主義、後現代主義、後結構主義、新葛蘭西主義、歷史社會學派與世界體系論等。

5　Robert Gilpin, *The Political Economy of International Relations* (Princeton, NJ: Princeton University Press, 1987), pp. 25, 41-42.

Gramscian School）與歷史社會學派（Historical-Sociology School）等，同被歸
爲後實證主義國關理論而和主流的論述有了對話，形成了所謂國關理論第四次
大辯論的組成部分。

　　毫無疑問，這樣的發展趨勢和東西冷戰的結束不無關係，作爲資本主義陣
營領導國以及國際關係研究主流重鎮的美國，比過去較能接受馬克思主義的思
想。從現實國際政經秩序的發展趨勢來看，冷戰結束之後，特別是經濟全球化
的快速進展，國際關係研究已從軍事、安全與外交等所謂的「高階政治（high
politics）」議題，轉向貿易、投資與金融等「低階政治（low politics）」議題
發展，[6]而後者有關「資本積累」、「市場擴張」或「勞動分工」等問題的探
討，長久以來就一直是馬克思主義傳統的研究焦點。不論古典馬克思主義或者
新馬克思主義，雖然論述的方式不同但都認爲資本主義的國家職能（state ca-
pacity）和資本積累的過程關係密切。特別是，兩次世界大戰的國家動員體制
經驗與受到凱恩斯經濟思想的影響，二次戰後西方主要工業化國家已從十八、
十九世紀的自由競爭資本主義階段，經十九世紀末期與二十世紀初期的壟斷資
本主義階段，轉爲國家壟斷資本主義的生產方式，國家不僅是市場失靈的輔助
性工具，而是直接介入生產過程。[7]因此，研究國際關係當然不能忽略國家的
經濟角色變遷，同時也應關注世界經濟分工體系與國際國家競爭體系間的互動

---

6　事實上，所謂「高階政治」與「低階政治」的區分是一種「西方中心觀」的說法，特別是圍
　繞著以美國爲首的西方資本主義國家的國家利益而轉移。事實上，「低階政治」主要仍是指
　北北國家間的經濟互動關係，然而對許多第三世界國家而言，有關種族屠殺、飢荒、愛滋病
　傳染、毒品走私或邊界軍事衝突等才是其必須面對的即刻生存問題，並沒有隨著冷戰的結束
　而有所改變，甚至是更爲加劇。

7　市場失靈包括：1.公共財。如燈塔、道路或橋樑等，因其不具排他性所以私人資本沒有誘因
　投資興建，但其卻是市場運作所需只好由國家提供；2.外部性。如工廠生產時排放黑煙或廢
　水產生社會成本，而由買賣雙方當事人以外的第三者（被污染區域附近的居民）承擔，呈
　現價格機能失調；3.獨占或寡占。如石油、水電或瓦斯的提供不可能形成所謂的自由競爭市
　場，廠商就有操縱價格的空間而影響消費者權益。以台灣石油供應市場爲例，由於資本額過
　大或難以取得經營執照，目前僅有中油與台塑兩家石油公司形成寡佔市場，爲了避免其壟斷
　價格，經濟部訂定石油價格調整公式來規範中油，而台塑基本上也遵循此機制。當然，如此
　作爲國家是否能夠真正保護到消費者的權益，或者反形成惡質的政商關係，則是另一個可以
　探討的問題。而國家直接介入生產的方式基本上有兩種：1.直接擁有國營企業；2.以貨幣政
　策、財政政策、產業政策或勞工政策等來對市場做總體管理。

關係。這種立場當然比將國家與市場關係或者將國際政治與國際經濟關係切割處理的主流國關理論，更有助於我們對後冷戰時期國際新政經秩序的理解，而這也正是1970年代以來國際政治經濟學的興起原因與研究特色。

另一方面，從方法學的角度來看，1950、1960年代美國社會科學由於受到行為主義研究風潮的影響，政治學研究以「政治系統（political system）」取代「國家（the state）」，較注重決策過程的輸入面向探討（如政黨、利益團體、選舉及輿論等），而不認為國家本身（應該）有自己的政策偏好，而是被期待去消極回應社會的需求，也就是將國家視為一個「黑盒子（black box）」。國關研究也在此氛圍底下往博奕理論（game theory）、系統論（system theory）或理性選擇（rational choice）的方向發展，而少有跟馬克思主義學說對話，這種情況在美國尤其明顯。縱使到了1980年代中期以前，主流的國關研究不論是（新）現實主義或者（新）自由主義仍繼續採用一種先驗假設的「國家中心論」研究途徑，也就是假設在無中央權威政府的國際社會裡，主權國家是主要的行為者且是理性合一的整體，會去追求客觀存在的國家利益。這種看法無疑認為國家對外決策時，相對於國內市民社會（civil society）是具有絕對的自主性（absolute autonomy）。例如結構現實主義主張，國家在國際體系所處的位置決定了其國家利益，因而國家的對外行為主要是受到此體系結構（由權力分布狀態構成）的制約，而非受制於國內利益團體或階級的影響。而早期新自由制度主義同樣缺乏對國家本質的研究，主張國家之間的交往可以經由建制（international regime）來減少不確定性或者降低交易成本，以追求國家利益的絕對利得（absolute gain），且推動建制的主要行為者仍是主權國家。

事實上，國家的本質與功能或者所謂國家利益的內涵，均會受到市民社會的影響，尤其是國家對外經濟決策時依循不同的議題僅享有不同程度的「相對自主性」而非「絕對自主性」。這種忽略國家本質研究的「國家中心」論述情形要等到1980年代以後，由於受到新馬克思主義有關「國家相對自主性」（state relative autonomy）問題研究的影響，在政治學領域也興起所謂的「將國家帶回來」（bring the state back in）的學術研究風潮，才有所改善。同樣地，在國際關係研究社群裡也開始重視國際／國內層次的互動分析，而國家正是處於中介位置，這種探討問題的視角正是馬克思主義的可能貢獻所在。可以說，馬克思主義國關理論從來就是一種國際政治經濟學，其是將國際政治、國際經濟、國內政治與國內經濟放在同一分析架構內進行整體的研究。[8]

　　基於上述的原因，本章的主要目即是依序評析馬克思主義國政經理論的演進，分析各世代學者間的理論傳承與創新。本章將主要集中探討具代表性的學派，包括二次戰前的傳統殖民主義與帝國主義理論，1960年代後期以來的依附理論、依附發展論和世界體系理論，以及1980年代發展成熟的新葛蘭西學派與歷史社會學派。當然，馬克思主義國政經理論是一個非常龐雜的思想體系，其所討論的議題非常繁多，本章將主要聚焦於比較分析上述各學派如何處理國家自主性（state autonomy）、國家職能性（state capacity）以及世界經濟體系與國際國家體系間關係等三個不同議題的看法。同時，在適當的地方與主流的（結構）現實主義觀點作比較，以便更能掌握馬克思主義國政經理論的內涵與特色。

## 第二節　殖民主義與帝國主義理論

### 一、殖民主義—馬克思的思想遺產

　　馬克思（Karl Marx）並不是一位國際關係的理論家，在這個議題上並沒有作過系統性的論述。事實上，在第一次世界大戰以前甚少有其他學者專門關注於國際關係問題，因而也僅有些零星的國關文獻討論。馬克思的研究焦點主要在於西歐資本主義國家內部生產系統中的價值創造、分配與剝削等問題。

---

8　馬克思本人的政治經濟學研究就是一種整體論，反對將複雜的社會整體拆解為概念上可分析的獨立單元，然後再將之簡單加總作為對整體的理解。事實上，單元間的互動會形塑無意識的關係結構，而後者也會反過來制約單元的下一次行動。換句話說，結構與能動者（structure/agent）是處於一種歷史地互為建構關係。所以，後來依循此研究方法而發展的多數馬克思主義國政經理論，也是反對簡單的經濟決定論而採取歷史的辯證論觀點。

對此，馬克思提出資本主義生產的三大矛盾定律：1.不平衡定律：生產力過剩與消費力有限是資本主義社會的固有矛盾，生產與消費間頻繁地發生失調，會造成週期性的經濟危機；2.貧窮化定律：對剩餘價值的追求是資本主義發展的主要推動力量，然而激烈的競爭迫使資本家必須致力於提高生產效率和擴大再投資，結果導致資本集中於少數人，一些中小企業家甚至淪爲無產者，社會兩極分化日益嚴重；3.利潤率遞減定律：由於資本家間殘酷的競爭導致報酬逐漸遞減，繼而資本投資率也跟著下降而引發最終的經濟蕭條。當上述這些情況條件出現時，正是無產階級起而推動社會主義革命的時機。然而，馬克思在世時其預言並沒有實現，到底是工人本身無法解決集體行動困境或是因缺乏階級意識所使然，在後來的馬克思主義與非馬克思主義者間有不同的解讀。例如，列寧（Vladimir I. Lenin）認爲資本主義國家會發展成帝國主義來解決三大矛盾定律，亦即資本主義的最高階段是帝國主義，此時西方工人也從對外殖民中得到好處，致使沒有明確的階級意識或產生階級混淆，必須等到形成統一的世界市場並從中爆發經濟危機，全世界無產階級才會聯合起來革命。[9]相對地，新古典經濟學家歐森（Mancur Olson）從理性選擇的角度認爲，工人參與集體行動（collective action）是要付出時間與金錢成本的，因而較明智的作法是期待其他工人參與勞工運動或社會革命，而自己則選擇白搭便車（free rider）以坐享其成才是理性的。如果每個（或大部分）工人都是如此思考算計，當然類似革命的集體行動就難以形成，這也是爲何歷史上革命不常發生的原因。

然而，馬克思也並非全然不關注國際關係問題，這可以從其資本論或與恩格斯合著的共產黨宣言等文獻中找到相關的論述。總體而言，馬克思對國際關係的研究與其他有關政治經濟學方面的研究一樣都是運用唯物史觀來進行，強調生產模式（production mode）是國際關係的基礎組成原則。[10]馬克思認爲

---

9 列寧將馬克思預言未能實現作了事後的辯解修正，而此正是國政經學者吉爾平稱馬克思主義爲一種「意識形態」而非「理論」的原因所在，因嚴格定義下的「理論」必須具有可否證性。同樣地，自由主義或經濟民族主義也是一種意識形態。
10 馬克思的政治經濟學不同於之前其他學者的古典政治經濟學，這從其資本論的副標題「政治經濟學批判」即可知其立場。馬克思批判古典政治經濟學將生產的社會關係轉變爲注重單純

近代資本主義的發展促進了世界市場的建立與民族國家的出現，而這些國家彼此間的互動才構成了近代意義的國家體系。也就是說任何國家不論願意或不願意，自從世界市場形成以來各個國家就必然只能在世界性的國家體系中存在和活動了。[11]同時，資產階級國家對外政策與其階級的本質密切相關，是其在國內實行階級剝削政策的延伸，通過戰爭政策和掠奪政策來壓迫和剝削其他的民族，把階級壓迫和階級剝削發展為民族壓迫和民族剝削，也就是對外政策是為維護其對內政治統治服務的。至於資產階級國家相互間的關係則是一種既聯合又鬥爭的狀態，各民族資產階級一方面為了反對無產階級和被壓迫民族結成了聯盟；另一方面，各國為了爭奪勢力範圍及殖民地，又尖銳地對立鬥爭。[12]馬克思這種對於世界資本主義體系（world-capitalist system）全球化擴展與國際國家體系（international state system）零碎化趨向之間的緊張關係所進行的考察，不僅後來成為列寧的帝國主義理論與華勒斯坦的世界體系理論研究的焦點，也是其他國際關係與國際政治經濟學學者討論的重要議題。

　　隨著歐洲殖民主義的發展，馬克思在十九世紀後半開始將其研究重點從資本主義全球化轉向對於殖民主義與民族主義問題的關注。馬克思認為近代殖民主義既是資本主義制度的產物，同時又對資本主義的形成和發展起了重要的作用。殖民主義對資本主義形成的第一個作用是為資本的原始積累提供了一個世界性的市場，而第二個作用則是促使封建生產方式向資本主義生產方式過渡。在自由資本主義階段，為了保障資本主義國家大工業的發展，殖民主義是資產階級保障其銷售市場和原料來源的重要手段。相對地，馬克思認為殖民主義在殖民地承擔了雙重的使命，一個是破壞的使命，另一個則是重建的使命。[13]殖民主義的破壞使命給殖民地帶來了深重的災難：首先，殖民主義者對殖民地人

---

的商品交換關係，從而忽視社會關係對決定商品價格與資源分配的作用，進而扭曲了對「社會實在」（social reality）的認識。此外，馬克思所謂的生產模式包括生產力與生產（社會）關係兩個面向。

11 《馬克思恩格斯選集》（北京：人民出版社，1995，第3卷），頁308。

12 同上註。

13 同上註。頁768。

民進行了血腥的殺戮和殘暴的掠奪，使殖民地人口銳減，甚至種族滅絕。同時殖民主義還進行了滅絕人性的奴隸貿易。這樣，就破壞了殖民地生產力的主要因素——勞動力。其次，殖民主義者在一定程度上也破壞了殖民地生產關係的正常發展。[14]例如，出現了並不從事真正生產活動的買辦階級。另一方面，殖民主義又充當了歷史的不自覺工具，而促進了殖民地社會的發展：首先，殖民主義者打破了殖民地與世隔絕、閉關自守的封閉狀態。其次，殖民主義在破壞殖民地原有經濟基礎的同時，也為新的生產方式的建立開闢了道路。再次，在政治上，殖民主義者以武力實現了一些國家的政治統一。最後，在思想上，殖民統治促成了殖民地的民族資產階級和小資產階級知識份子民族意識的覺醒，他們可以是一個具管理國家的必要知識並且熟悉歐洲科學的新階級，能為殖民地的民族解放運動做組織和幹部上的準備。[15]馬克思這種對於殖民主義在殖民地同時扮演正、負面作用的評價，特別是認為英國在印度的殖民乃是打破其傳統停滯的亞細亞生產方式（Asian Mode of Production），並促使印度發展資本主義的看法，常被批評為是一種「歐洲（西方）中心」觀點。[16]然而，如果將馬克思的思想放在宏觀的歷史視野，以及其關於全人類經由生產力的發展求取最終解放的理想，就不會認為其對殖民主義的論述有何矛盾之處。當然，二次戰後發展的依附理論或世界體系論，主要還是採行馬克思關於殖民主義負面評價的觀點。

　　綜觀上述可知，馬克思對於國關或國政經研究乃是採行一種「由內而外

---

[14] Robert C. Tucker ed., *The Marx-Engels Reader* (New York: W. W. Norton & Company, 1978), p. 477.

[15] 《馬克思恩格斯選集》，頁768-769。

[16] Antony Brewer, *Marxist Theories of Imperialism: A Critical Survey* (London: Routledge & Kegan Paul, 1980), pp. 52-58.馬克思認為亞細亞社會（指從北非、中亞西亞、印度到中國的廣大地區）普遍具有三項特徵：1.自給自足的小農生產方式，如此就難有生產剩餘以轉投資發展資本主義；2.沒有私有產權制度，土地公有或說屬於王權，也就不存在階級衝突（或許有社會階層的分野，如傳統中國社會的士、農、工、商）；3.中央集權與官僚體制早熟發展，特別是該區域土地貧瘠而人口眾多，如果乾旱飢荒可能引發農民暴動或革命，因而選拔負責治水的水利官非常重要，中國古代大禹治水、李冰修築都江堰或歷代王朝積極開通運河就是明顯的例子。這樣的政治經濟結構會導致社會長期停滯發展，縱使有改朝換代但生產方式基本上仍維持不變，必須藉由外在的資本主義生產方式來予以摧毀，才能往下一個歷史階段發展。

（inside-out）」的分析取向，主張民族主義、殖民主義以及戰爭等問題的探討，都必須從資本主義發展的內在需要來理解。所以國際關係的研究不能如主流理論那樣將國內政治，國內經濟，國際政治與國際經濟等四個面向的問題切割處理，或者人為地分為「高階政治」與「低階政治」。

## 二、古典帝國主義論—列寧的定調

馬克思有關殖民主義的觀點大體上從1890起一直持續到第一次世界大戰最初年代，就為德國社會民主黨內的學者，包括考茨基（Karl Kautsky）、希法亭（R. Hilferding）以及盧森堡（Rosa Luxemburg）等人所繼承，並隨著資本主義新階段發展所產生的問題進行研究。這些學者主要爭論的議題是，十九世紀後半以來擴大發展的新帝國主義現象與傳統帝國有何差別？它的起因是什麼？帝國主義是資本主義的一個必然發展階段？或者僅僅是一種資本主義發達國家所採行的特殊政策形式？帝國主義與戰爭之間具有什麼聯繫關係？一般而言，帝國主義理論學者均認為，資本主義的發展到了十九世紀末葉已經歷了深刻的變革，馬克思時代的資本主義主要是由競爭性的小手工業或公司組成，而此時資本主義經濟主要已由大工業集團所控制，而這些工業集團又受到大銀行的控制，工業資本與銀行資本的結合形成了金融資本，此代表資本主義發展的更高階段—即壟斷資本主義階段的到來。此時國家即為壟斷資本的工具，國家的主要功能即是避免資本主義危機的發生，包括對外發動戰爭。然而帝國主義究竟是資本主義發展的必然新階段，或者是可以避免的政策表現形式，在這場辯論中並沒有得到共識。

列寧（V. I. Lenin）雖然沒有直接參與德國社會民主黨內關於帝國主義性質的辯論，然而其著作毫無疑問是當時共產國際中最重要的觀點。特別是列寧將帝國主義性質定調為壟斷資本主義發展的必然結果，而非一種偶發的政策選擇。其認為正因為是國家在結構上必須尋求保障金融資本的階級利益，才使國家不得不選擇採取帝國主義的形式。同時，資本主義國家輸出資本，剝削殖民地避免利潤率下降，是西歐資本主義國家未如馬克思預言滅亡而得以苟延殘喘的原因。[17]此外，列寧認為由於每個資本主義國家的發展速度不同，各國權力發展不均衡時終將導致帝國主義戰爭。[18]按照這種分析觀點，第一次世界大戰就是沒落的英國與其他正在上升的資本主義國家為重新瓜分殖民地而進行的一場戰爭。這種對殖民地瓜分、再瓜分而引起的戰爭將持續下去，直到已經實現工業化的殖民地國家和發達資本主義國家的無產階級聯合起來，推翻資本主義制度為止。列寧不同意考茨基（Karl Kautsky）的超帝國主義觀點，後者認為資本家是十分明智的，因而不會為了爭奪殖民地而互相爭戰，反而他們會結成聯盟共同去剝削殖民地人民。相反地，列寧指出所有的資本主義聯盟都是暫時性的，一旦世界完全被劃分為資本列強的殖民地，各國的金融資本家會彼此強化這種競爭，最終還是會導致戰爭的爆發。[19]

很明顯地，與主流的新現實主義觀點不同，列寧認為不是國際體系的力量分布或全球霸權地位的爭奪戰爭，而是先進資本主義國家內的社會階級（金融資本家）力量，才是帝國主義與戰爭出現的根本原因。除此之外，列寧的帝國主義理論同時也將傳統馬克思主義的階級分析進一步轉換為一種更具政治性的批判，而且實際上行為者已經變成了以經濟發展為首要目標的競爭性民族國家（nation-state）。在列寧那裡可以看到，已經從資本主義生產過程中的階級剝削問題轉為對民族國家間利益衝突的關注，而這可說是二次戰後依附理論學者的重要思想淵源。

隨著資本主義的發展演變，尤其是二次戰後，過去的殖民地紛紛爭取獨立並追求現代化發展，但跨國公司取代過去的宗主國仍然繼續控制著這些國家的社會經濟發展，一些馬克思主義學者因而就將其研究焦點從傳統馬克思主義對於全球資本主義社會發展問題轉向南、北間不平等發展關係的探討，尤其將馬克思認為殖民主義可以是促進低度開發國家發展的看法，變成了阻礙這些國家發展的觀點，並且放棄全世界無產階級革命的主張，不再討論核心與邊陲國家

---

[17] Vladimir I. Lenin, *Imperialism* (London: Martin Lawrence, 1916/1933), p. 114.
[18] Ibid., p. 9-14.
[19] Ibid., p. 11.

建立無產階級聯盟的可能性（或者僅是遙遠未來的實踐目標），反而主張邊陲民族國家自立自強的發展，而形成所謂的新馬克思主義依附學派（Dependency School），包括依附理論（Dependency Theory）、依附發展理論（Dependent Development Theory）與世界體系理論（World-System Theory）。

## 第三節　依附理論與世界體系論

從傳統的殖民主義與帝國主義觀點出發，1960、1970年代屬於馬克思主義學術脈絡的依附學派相繼產生了依附理論、依附發展理論以及世界體系理論。當然，這三種理論本身內部存在許多更細緻的不同論述觀點，下文僅就依附學派的一般看法進行討論。

### 一、依附理論與依附發展論

依附理論認為，許多邊陲的第三世界國家經濟不發展的原因，並不是如現代化理論（Modernization Theory）所稱是由於這些國家內部因素造成的（包括宗教迷信、政府貪污無能與人民享樂天性等），而是核心國家經由其所支配的資本主義分工體系中不平等交換關係形成的。同時認為，邊陲國家的政權僅是替跨國資本服務的買辦代理人，而沒有決策的自主性。[20]如果說依附理論對國內外關係的討論較偏重外在的國際經濟分工因素，而且認為政治體系的運作是受到經濟基礎結構的影響，這種立場看似一種偏泛經濟決定論的觀點。然而，核心國家對邊陲國家的剝削既然不是在於傳統馬克思主義所認為的生產過程，主要是由於不平等的交換過程，而後者正是核心國家透過政治或軍事權力的展現而創設和維持的，如此依附理論的研究也就不可避免的政治化了。

---

[20] Andre G. Frank, *Capitalism and Underdevelopment in Latin America* (London: Monthly Review Press, 1967).

　　後來對依附理論進行修正的依附發展論，由於受到新馬克思主義有關「國家相對自主性」（state relative autonomy）概念研究的影響，認為邊陲地區的國家機器並非如依附理論所言僅是扮演服務跨國資本的工具，[21]而是可能具有相對於統治資產階級的自主性與能力，來結合跨國資本、本土資本／勞工與技術官僚，形成所謂的三角聯盟關係（triple alliance）以求取國家的經濟發展。東亞的新重商主義或所謂的發展導向型國家模式（developmental state model）強調國家領導市場（state leads market）發展的自主性角色，就是依循此學術背景的進一步發展。這樣依附發展論的焦點就從國際經濟的結構限制因素轉向國內的國家角色來做探討，在東亞發展研究領域常稱此為「國家中心論」觀點。[22]由於三角聯盟關係並非一成不變，不同的時空背景下有不同的組合方式，如此依附發展論的研究方法必然是反對宏觀的大理論（grand theory），而是主張重視個案研究與歷史分期的「歷史結構分析（historical-structural analysis）」之研究方法。[23]例如，可以將台灣過去的經濟發展經驗劃分為紡織業、石化業、半導體產業以及生科業等幾個不同的階段，然後再觀察各階段中跨國資本、本土資本、官僚資本、本土勞工、外勞與技術官僚間是如何互動結合的。

## 二、世界體系論

　　在新馬克思主義研究當中，華勒斯坦（Immanuel Wallerstein）的世界體系

[21] Andre G. Frank, "Economic Crisis and the State in the Third World," Development Discussion Paper No. 30, University of East Anglia（England）February 1979.

[22] 有關新馬克思主義的國家理論與東亞發展模式之間的聯繫關係可參考Peter B. Evans、Dietrich Rueschemeyer and Theda Skocpol eds., *Bring the State Back in* (Cambridge: Cambridge University Press, 1985). 一般而言，東亞發展研究除了國家中心論觀點外還包括：一、文化論述，認為東亞國家的發展經驗可以同受儒家文化（包括強調和諧的社會秩序、重視子女的教育與儲蓄的習慣等）影響來加以理解；二、雁行理論，認為日本、東亞四小龍以及後來的新四小龍，基本上都是基於國際貿易的比較利益原則進行生產分工而先後發展起來。

[23] Fernando H. Cardoso and Enzo Faletto, *Dependency and Development in Latin America* (Berkeley: University of California Press, 1979), p. 17.歷史分期是社會科學研究的一種重要方法，必須思考該以何種變數作為劃分的基準才具解釋力？不同的劃分方式會呈現出不同的意義，看到不同的社會發展面向。

理論比起依附理論或依附發展理論，毋寧更值得國際關係或國際政治經濟學研究者的關注。依附理論和依附發展論的研究對象較具有區域性的限制，主要是適用於南北關係的探討，忽略北北關係與東西關係的研究，相對地，世界體系理論則更爲全面。此外，依附理論與依附發展論較側重世界資本主義體系（world-capitalist system）的分工剝削問題研究，華勒斯坦的世界體系理論則是更接近馬克思本人的看法，同時關照世界資本主義體系與國際國家體系（international state system）兩者間關係之研究。如果說，依附理論與依附發展論常被當成一種與主流的現代化理論對立的經濟發展理論，相較之下，世界體系理論對於國際關係研究的貢獻更大，有可能與主流的國際關係學者進行有意義的對話。[24]美國學者吉爾平（Robert Gilpin）就將世界體系理論與劉易斯（Arthur Lewis）的二元經濟論及金德爾伯格（Charles P. Kindleberger）的霸權穩定論（Hegemonic Stability Theory）合稱爲國際政治經濟學最有影響力的三大理論。[25]此外，克瑞尼（George T. Crane）和亞曼維（Abla Amawi）也認爲世界體系理論的觀點是國際關係研究中最有前途的分析架構，因爲其既克服了經濟主義的機械簡化性，也克服了歷史主義研究上的偶然性。[26]

　　華勒斯坦認爲，當代資本主義體系與十六世紀之前的世界帝國體系最大的不同點就是，前者的生成發展必須以政治上不存在概括一切的政治結構，而是以多重國家政治體系的存在爲前提。[27]也就是同時存在世界經濟體系（world-economy system）與國際國家體系（international state system），並且這兩個體系是通過一種共同的邏輯—資本主義—來聯繫的。換句話說，國際國家體系與世界經濟體系間並不是簡單的上層／基礎結構關係，而是遠爲複雜的互爲建構

---

[24] 依附理論或依附發展論過去在政治系所常被歸爲比較政治或政治發展（而非國際關係）的研究課題。

[25] Robert Gilpin, *The Political Economy of International Relations*, p. 81.

[26] George T. Crane and Able Amawi eds., *The Theoretical Evolution of International Political Economy* (Oxford: Oxford University Press, 1991), p. 142.

[27] Immanuel Wallerstein, *The Modern World System I: Capitalist Agriculture and the Origins of the European World-Economy in the Sixteenth Century* (New York: Academic Press, 1974), pp. 348-349.

關係。其次，世界體系理論亦認爲，國家是在世界體系內被創設出來的制度，是反映了世界經濟中統治階級力量的需求，因而自產生以來就一直不是一個完全獨立的政治實體，而是存在於有層級性（或等級制）權力結構關係的國際國家體系當中。[28]事實上，國際國家體系的運作不是根據一致同意的原則來制定，而是由強權國家將一些規範性要求強加於弱國，有時也會加諸於彼此之間。[29]簡言之，國家主權的行使是受到限制的，並非是能夠完全地對外排他。

　　再者，世界體系理論以爲國際國家體系所遵循的一個重要原則是權力平衡（balance of power），但此與主流的現實主義者將權力均衡歸因於政治或軍事力量不同，在世界體系理論者看來，權力均衡主要還是根植於資本積累的動機。也就是，每一個國家都希望從資本主義世界體系中獲取最大的利益，因而都力圖運用自己的國家機器來促進資本積累，如此就可能會導致國家之間的競爭或衝突戰爭。由於國家都處於國際國家體系之中，彼此會進行聯盟以阻止某一個國家控制其他所有的國家，從而會導致體系中的權力平衡。[30]最後，華勒斯坦認爲就像世界經濟體系在不斷的週期性運行過程當中會出現壟斷現象一樣，國際國家體系在其運行過程中也會出現較長的週期性霸權循環變動，也就是在大國之間的競爭中，一個大國能夠在很大程度上將政治、經濟、軍事、外交、甚至文化上的原則和意願強加於國際國家體系中。然而，霸權也必須爲此付出代價，當所付出的代價超過其所獲得時，霸權國家就會開始衰退，繼而出現霸權戰爭並進入另一次的週期性變化。[31]新現實主義學者吉爾平後來也承認，其霸權穩定理論就受到世界體系理論有關週期性霸權研究的觀點影響。

　　毫無疑問，上述華勒斯坦有關國際國家體系的運作邏輯、有限國家主權的概念、權力平衡立基於資本積累動機以及長週期霸權循環之觀點等，不僅結合了政治與經濟的研究，而成爲國際政治經濟學的主要議題，也對傳統國際

---

[28] Immanuel Wallerstein, *The Politics of World-Economy: the State, the Movements and the Civilizations* (Cambridge: Cambridge University Press, 1984), p. 33.

[29] Immanuel Wallerstein, *Historical Capitalism* (London: Verso Press, 1983), p. 57.

[30] Ibid., p. 60.

[31] Ibid., p. 43.

關係研究中的主流思想（特別是現實主義）提出了挑戰。在冷戰期間國際關係理論研究一直為兩大主流學派所支配，就是現實主義（realism）與自由主義（liberalism），而馬克思主義是被排斥的。然而，儘管現實主義與自由主義之間存在著各式各樣的差異，彼此之間也有著共通性，兩者都是在現存的國際體系框架內論證國際體系的合法性和發展，或者從解決現存國際體系面臨的問題著手，因而被學者考克斯（Robert Cox）稱之為問題解決理論（problem-solving theory）。相對地，與國際關係這兩種主流理論不同，華勒斯坦的世界體系論與其他的新馬克思主義理論，如下文將繼續討論的新葛蘭西學派或歷史社會學派，都是從歷史的和批判的角度來分析國際關係，因而也被歸為批判理論（critical theory）。[32]

## 第四節　歷史社會學派與新葛蘭西學派

馬克思主義國際關係研究到了1980年代的發展主要有兩個學派，包括歷史社會學派（School of Historical Sociology）和以考克斯（Robert Cox）為首的新葛蘭西學派（Neo-Gramscian School）。不同於之前的依附理論、依附發展論和世界體系理論那樣直接運用馬克思的概念和術語來展開研究，相較之下，1980年代的這兩個學派主要是試圖借用馬克思主義思想先驅們的歷史觀和方法論，具體地運用到歷史性社會的宏觀分析中，同時反對傳統馬克思主義的唯經濟決定論，強調歷史發展的多重因果關係，經濟可能是最終但並非唯一的決定因素。

### 一、歷史社會學派

歷史社會學主張任何人在構思理論架構之前必須先對歷史資料有詳細的了

---

[32] Robert W. Cox, "Critical Political Economy," in Bojrn Hettne ed., *International Political Economy* (Ferwood Books Press, 1995), pp. 31-32.

解，不能僅作抽象的邏輯推演，然而理論家也不可停留於歷史的層面，他必須運用社會學分析來補充歷史研究。透過整理歸納歷史的變項和要素，社會學可以勾勒出有待回答問題的次序系列，給予理論家概念和分析工具，使他可以辨認不同歷史時期內的主要與次要、必然與偶然因素。基於此，新馬克思主義的歷史社會學派反對機械的經濟決定論，主張政治、軍事與意識形態在不同的歷史時空裡，對社會國家發展也能扮演決定性的角色，經濟可能是最終但並非唯一的決定因素。

　　例如，史卡西波（Theda Skocpol）的歷史結構分析（historical-structural analysis）就是試圖將傳統馬克思主義的國家理論給韋伯化，並以此為基礎來研究國際關係的一種方式。她認為國家是在特定的歷史條件下，由聚在一起的社會和政治力量所形成的一系列行政的、維持治安的和軍隊的組織，並由一個執行權威來領導與進行妥善的協調。[33]同時，國家作決策時有如一個轉化器（state as transformer）並從中取得相對的自主性，在最低限度上，當國家將最初的社會偏好或需求轉化為政策時，至少可以將它們「進行一種折射」，也就是扮演中介的角色而非照單全收；而在最高限度上，國家甚至可以「創造性」地形塑私人偏好並轉化為政策。很明顯地，史卡西波認為國家擁有自主性的目的並非全然是為了資本家的利益（工具馬克思觀點）或資本主義結構的持續運作（結構馬克思主義的觀點），在某種程度上國家有時會與支配階級爭奪經濟與社會資源，來加強本身的制度化權力、聲望和財富，也就是說國家有其自身的存在目的。換言之，國家擁有相對於社會的決策自主性後，可以之追求本身的利益而不見得是利他的考量。此外，國家自主性的取得也並非僅來自於國內的生產過程或統治階級的授權，也可以是來源於國家在國際國家體系（international state system）當中與其他國家競爭的需要。因為，國際軍事壓力和機會能支持國家統治者採用與支配階級基本利益相衝突，甚至是背道而馳的政

---

[33] Theda Skocpol, *States and Social Revolutions* (Cambridge: Cambridge University Press, 1979), p. 29.

策。[34]這種觀點隱含國際國家體系的運作有相對於世界資本主義分工體系的自主性，這和華勒斯坦的世界體系理論強調此兩體系乃資本運作邏輯的一體兩面之看法不同。至於國家實際上的自主程度和效力會因具體情況而有所差別，只能根據不同社會政治系統的特殊歷史脈絡和國際環境來分析與理解。

上述認為國家行為是內在力量和外在環境之間互動的產物觀點，從根本上就反對國際關係現實主義，尤其是新現實主義不重視歷史因素的研究做法，以及單憑國際體系結構就能決定國家行為的假設。從這種立場上的差異也可以理解，為何有些歷史社會學者反對主流國關研究將國際國家體系的起源僅僅歸於1648年《威斯特伐利亞條約》的簽訂，認為這是一種非歷史的建構觀點。國際體系不是一個按照其自身自主傾向而能獨立運行的領域，它應該被理解為更廣泛的社會秩序的一個層面或一種維度，國際體系的制度和實踐不可避免地應是反映特定的歷史社會結構所賦予的社會力量形成（social formation）。[35]他們認為應是近代資本主義的發展擴展了世界範疇的經濟市場以及促成民族國家的出現，這些國家間彼此競爭互動的結果才又構成了近代意義的國家體系。[36]也就是說，《威斯特伐利亞條約》對於主權國家或國際體系的形成，充其量僅具有形式上的意義。

除了史卡西波以外，其他的歷史社會學者還包括梯利（Charles Tilly）《As Sociology Meets History, 1981》、安德森（Perry Anderson）《Lineages of the Absolutist State, 1974》、伍爾夫（Eric Wolf）《Europe and the People without History, 1982》、曼（Michael Mann）《The Sources of Social Power, 1986》以及紀登斯（A. Giddens）《The Nation-State and Violence, 1985》等。

---

[34] Ibid., Chap. 1.
[35] Justin Rosenberg, *The Empire of Civil Society: A Critique of the Realist Theory of International Relations* (London, 2001), p. 45.
[36] Perry Anderson, *Lineages of the Absolutist State* (London: New Left Books, 1974). Theda Skocpol, *States and Social Revolutions*.

## 二、新葛蘭西學派

　　1980年代以來馬克思主義國關／國政經理論發展的另一重要學派就是新葛蘭西學派，其與上述歷史社會學派一樣，修正了傳統馬克思主義太過於強調經濟決定論的立場，同時加入葛蘭西的文化霸權概念，形成特有的理論建構方式。他們對國家、霸權與國際體系等問題提出了與主流的國關研究不同之看法：首先、與主流現實主義國關理論將國家視為先驗存在的行為主體，並且享有相對於市民社會的絕對自主性不同，新葛蘭西學派認為國家及其作用是歷史和社會階級力量的產物，思考國際關係必須考察國家與市民社會的關係，必須認識到不同歷史時期的國家甚至同一時代的國家，會因著不同的生產方式和積累結構，而有著不同的實現形式。同時，如葛蘭西所言，國家與市民社會不是截然二分，而是共同構成了霸權的社會秩序，是相互補強作用的概念。雖然新現實主義學者吉爾平試圖探討國際政經秩序中，國家與市場的互動關係，但仍僅是將兩者外在地聯繫起來研究，並沒有打破兩者間的界線。比較而言，新葛蘭西學派才是徹底消除了國家與市場的隔閡，真正實現了兩者在本質上的融合和統一的研究。

　　其次，新葛蘭西學派的霸權理論也與主流國際關係理論不同。新現實主義的霸權穩定理論認為，霸權是指大國間的競爭失衡，導致一個國家大體上能夠將其力量與意志在經濟、政治、文化、軍事和外交各領域強加於其他國家身上，並且能夠及願意提供國際公共物品（international public goods）的國家。相對地，新葛蘭西學派則是認為，霸權是一種關於秩序性質的價值結構和理解結構，它充斥於整個國家體系與非國家實體之中。一個國家的物質力量支配地位並不足以建立霸權或維持霸權，全球霸權（globe hegemony）是來自於主導國家內的社會統治階級，他們所想和所做的獲得了其他國家統治階級的默許，[37]是核心與邊陲社會的精英份子結成聯盟，並透過其所支配的全球政治經

---

[37] Stephen Gill, *Gramsci, Hegemony and Materialism* (Cambridge: Cambridge University Press, 1993), p. 264.

濟組織（如聯合國、世界貿易組織、國際貨幣基金會與世界銀行）以及跨國傳播媒體（如CNN、時代雜誌）來實踐的─即歷史統治集團（historical bloc）。同時，霸權的運作是體現國際體系結構中有形的物質力量（material power）、無形的意識型態（ideology）以及制度（institution）三者間的和諧與適應作用。[38]

再次，傳統國際關係理論，特別是結構現實主義認為，國際政治有兩個基本的特徵，即國際體系的無政府狀態和結構起決定性的制約作用。新葛蘭西學派則明確的指出，這種簡單的區分國內政治與國際政治，以及強調結構決定因素的研究方法，割裂了能動者（agency）及其轉變的社會基礎。事實上，國內與國際政治是相互關聯整體的兩個面向，不能把國際體系看做是無政府狀態的，因為它是紮根於資本主義社會的生產關係中，並與之內在的聯繫著。不同於新現實主義對於前兩個世紀世界秩序的理解所採用的大國興衰循環模式，在新葛蘭西學派看來，國際政治變革的根本原因在於生產關係的變革。同時，新葛蘭西學派亦認為能動者是造成結構改變或維持的原因，這也是其為何要以社會力量（social forces）取代國家作為國際關係的分析單位，來研究反霸權（anti-hegemony）運動以及重新對過去資本主義霸權作歷史詮釋的理由。

最後、在方法學問題方面，新葛蘭西學派亦駁斥主流社會科學知識，包括國際關係，所強調主、客體二元對立及價值中立的研究原則。考克斯（Robert W. Cox）主張，理論總是為了某些人與某些目的而來，社會科學不同於自然科學，所有的理論都有其社會與歷史時空的脈絡，而主流研究所建立的普遍化通則會導致去歷史（ahistorical）的結果，而且普遍理性（common rationality）的概念，即相信不同的人在面臨同樣處境時會做出相同或類似行為的說法，也會造成西方中心主義的思維，無法理解非西方社會對於國際現象或問題的看法。

---

[38] Robert Cox, "Social Forces, States, and World Order: Beyond International Relations Theory," in Robert O. Keohane, ed., *Neorealism and its Critics* (New York: Columbia University Press, 1986), pp. 205-212. Stephen Gill, "Epistemology, Ontology and the'Italian School'"in Stephen Gill, ed., *Gramsci, Historical Materialism and International Relations*, p. 25.

如此主流國關理論僅是為既存的國際秩序現狀背書，而忽略了各種權力關係在其中運作的結果所可能引起的支配與不公現象，並且低估了反霸權力量（包括民族主義運動、社會主義團體以及文化社會運動等等）推動既存全球社會與政治關係變遷的可能性。[39]考克斯認為，後霸權秩序應是各種不同文明傳統並存，而且對於發展的價值和路徑的看法，不是基於「西方中心」的觀點，而是經由不同文化間相互認知與相互理解的過程中（intersubjectivity）形成的。[40]新葛蘭西學派這種將傳統馬克思主義對於生產過程中解放議題的關心，轉向強調不同文化與不同社會群體間相互了解的研究，到了後馬克思主義國關學者—如林克勒特（Andrew Linklater）等人那裡有了更進一步的闡述。

## 第五節　馬克思主義國關批判理論

　　林克勒特的國際關係批判理論主要是繼承哈伯瑪斯（Jurgen Habermas）溝通行動典範（communication paradigm）關心人類社群（非限於無產階級）解放的觀點，而將之擴展至國際關係層次的分析。哈伯瑪斯強調，晚期資本主義階段由於國家直接介入經濟領域，以計畫、補償和獎勵等各種不同方式改變了原先自由資本主義階段內國家的小政府角色，限制了經濟自發規律的作用，同時社會生活也主要建立在國家權力體系的控制之下。這說明此時國家並不僅是壟斷資本的簡單代理人，而是一官僚化和社會化了的國家，並具有相當的自主性。國家官僚化的主要危害是其干擾了生活世界，它製造了普遍的形式民主來避開實質民主，而「消費化社會」所引導的政策不得不冒著難以應付的風險，同時福利政策也瓦解了個人的積極性和生活世界的交往價值，如此產生了晚期資本主義的危機或者新形式的物化現象。也就是說，作為自由資本主義階段破

---

[39] Robert W. Cox, "Social Forces, States and World Orders: Beyond International Relations Theory," Millennium, 10 (1981), p. 128.

[40] Robert W. Cox, "Structural Issues of Global Governance: Implications for Europe," in Stephen Gill ed., *Gramsci, Historical Materialism and International Relations* (Cambridge: Cambridge University Press, 1993), p. 265.

壞性的經濟危機（economic crisis）在晚期階段被政治合法性危機（legitimate crisis）所取代。[41]面對這種情勢發展，哈氏認爲人類的解放並不是如傳統馬克思主義所認爲的，必須從生產過程來解決，而是必須重建交往理性來實現論述的自由、民主與平等，從而使生活世界全面合理化以克服資本主義的危機。

從方法學的角度來看，哈伯瑪斯既不贊成傳統西方哲學中先驗的理性觀，也批判傳統馬克思主義側重工具理性的觀點。其認爲人的理性應看做是一種「社會化」的過程，即爲了在社會共同體中融洽的生存，必須不斷學習和適應各種社會規範，並自覺地將自身融入其中的過程。也就是說，哈伯瑪斯強調以交往行動中，特別是語言交往行爲中的「實踐理性」來取代自由主義的「先驗理性」或馬克思主義的「工具理性」。哈氏主張，不論話語參與者的社會政治經濟地位如何，在不允許使用暴力或權力的前提下，每一個人都應享有平等的發言權，任何一項決定都必須爲多數人贊同才能有效。反之，得到公眾一致支持的決定又必須爲所有人視爲對自己有約束力而遵守之，此即所謂的「論述倫理」（discourse ethics）。[42]唯有如此，人類眞正的自由解放才能實現而不僅限於無產階級，一種理想的社會制度也才能獲得穩固的基礎。

林克勒特的批判國際關係理論主要是援用哈伯瑪斯的「論述倫理」觀點強調，在國際社會裡一個國家的安全問題就是其自主性問題，而一個國家是否具有自主性又取決於其是否擁有平等的論述權。傳統主流國際關係理論認爲，安全問題是國際社會無政府狀態下的一種零合遊戲，是以犧牲他者（others）的利益爲代價的種族中心自我利益追求的結果。相對地，林克勒特主張眞正的安全保證是以不剝奪他者的利益爲前提，安全是依賴於彼此間的互賴。林克勒特進一步指出，民族國家本質上是一種排他的與特殊主義的產物，其明確區分「我們」與「他者」間的差別，如此必然阻礙人類解放的目標實現。[43]因此，

---

[41] Jürgen Habermas, *Legitimation Crisis* (Boston: Beacom Press, 1975), p. 74.
[42] Jürgen. Habermas, *Moral Consciousness and Communicative Action* (Cambridge: Polity Press, 1990), pp. 65-66, 202.
[43] A. Linklater, *Men and Citizens in the Theory of International Relations* (London: Macmillan, 1990), p. 28.

如要徹底解決安全或解放問題，就必須以一新的道德－政治共同體（moral-political community）來取代對國家的認同，而其首要之務就是在民主國家之間建構平等的對話平台。

## 第六節　結論

　　本章主要是試著系統性地介紹馬克思主義國關／國政經理論的發展情形，特別是將焦點集中於不同學派對於國家的角色（包括國家自主性與國家職能性）以及世界資本主義分工體系與國際國家體系之間關係的看法。本章並不認為馬克思主義國關／國政經理論將可取代主流的新現實主義觀點，因為各有各的不同分析層次與關心的議題，而是認為忽略馬克思主義國關／國政經理論將無法理解國際政經秩序的全貌。尤其在後冷戰時期，國際關係的研究議題有從「高階政治」（high politis）轉向「低階政治」（low politics）發展的趨勢，如此更應該重視馬克思主義傳統的長期研究成果，因其從來就沒有將國家與市場，或者國際政治與國際經濟分開處理。

　　總體而言，馬克思主義國關／國政經理論有幾項特徵：

　　第一，主流學者通常將國際關係理論的發展歸結為歷經四次的大辯論，即二次大戰以前的理想主義與現實主義之間的辯論；1950、1960年代的傳統主義與科學行為主義之間關於研究方法的爭辯；1970年代至1980年代中期的新現實主義與新自由主義觀點的競逐，以及1980年代後期以來實證主義與後實證主義國關理論間的方法學論爭。值得注意的是，這種後設分類是蠻「美國中心觀」的，事實上馬克思主義在這幾個時期也已相對地發展出屬於自己研究特色的國關／國政經理論。例如，二次大戰前的殖民主義，民族主義以及帝國主義研究；戰後1960、1970年代的依附理論、依附發展論以及世界體系理論；1980年代以後的歷史社會學派和新葛蘭西學派，以及近來逐漸發展而受到矚目的後實證國際關係批判理論。這些研究不論是作為研究國際關係的切入角度，或者是作爲國際事務的分析架構都是有相當助益的。此外，將馬克思主義與主流國關理論對話比較，也有助於我們對國關理論的更精確掌握。例如，史卡西波視國家爲一種轉換器的概念（state as a transformer）可以充實雙層博奕理論（double-edged game theory）的研究；此外，也可以比較華勒斯坦世界資本主義體系的「結構」觀點與結構現實主義的「體系」層次分析之間的差別，或者比較華勒斯坦對霸權週期循環的觀點與新現實主義霸權穩定論或新葛蘭西學派有關「霸權」看法的差異；最後，後實證國際關係批判理論也可以和主流的新自由主義理論對話，雖然兩者均認爲民族國家應該或將會終結，但兩者的論述理由卻是全然不同。林克勒特的批判理論主張重建道德政治共同體來取代現存的民族國家，似乎比大前研一的民族國家終結論或福山的歷史終結論更具理想性。

第二，主流的新現實主義或新自由主義國關理論雖然是採行一種「國家中心」的論述方式，但卻認爲國家乃是一先驗存在的理性行爲主體，會在無政府狀態下的國際體系裡，追求客觀的國家利益，兩者均沒有針對國家的功能或本質進行討論。如此，對於由國家組成的國際國家體系之性質與運作的了解，必然不足甚或失眞。毫無疑問，馬克思主義國關／國政經理論能夠補充這方面的缺憾。可以發現，馬克思主義國關／國政經理論是和其國家理論的發展息息相關，並且也都能追溯至馬克思本人那裡找到思想淵源。馬克思主義國家理論基本上有兩條主軸的論述，即討論國家與市民社會統治階級間的關係──「國家自主性」，以及國家如何促進資本積累的作用──「國家職能性」兩個問題。從傳統馬克思主義到新馬克思主義的國家理論，就是逐漸接受國家具有相對自主性（relative autonomy）觀點的發展。此外，國家行使相對自主性，又可分爲其是爲了純粹利他或兼顧自利目的兩種不同的看法。葛蘭西的實踐哲學與普蘭查斯的結構主義國家觀認爲，國家具有自主性是爲了維持資本主義生產結構的運作，或者是爲了維持資產階級的統治地位，也就是一種較偏利他的觀點。而史卡西波的歷史結構分析與德國晚期資本主義學派（包括奧菲和哈伯瑪斯）則認爲，國家具有自主性的同時也可能會去追求官僚的自我利益。這些各式各

樣的不同國家理論，當然有助於我們理解國際社會主要行為者—國家—是如何
運作的。

　　第三，主流的國關理論常將國家（國內政治）、市場（國內經濟）、世
界資本主義體系（國際經濟）與國際國家體系（國際政治）四個面向作切割處
理，甚至是屬於不同的分析層次或不同學派處理的問題。相對地，除了前述馬
克思主義國家理論所指出的，國家與市場（或市民社會）乃是處於一種辯證的
互動關係以外，從馬克思本人以降的馬克思主義國關／國政經理論大多認為，
國家是同時處在世界資本主義體系（world-capitalist system）和國際國家體系
之中（international state system），只是兩體系間的關係有因果決定論與辯證互
動論的不同觀點。馬克思主義國關／國政經理論主張此兩體系運作後所產生的
矛盾衝突，才是促使國際政經秩序變遷的主要原因。簡言之，馬克思主義國關
／國政經理論的研究方法就是將國家、市場（市民社會）、世界資本主義體系
（國際經濟）與國際國家體系（國際政治）四者間的關係作一整全式的理解，
這樣當然較能掌握國際關係的真實面貌。

　　第四，馬克思主義國關／國政經理論本質上就是一種批判理論，但其採
用的研究方法可以是實證的，也可以是後實證主義的方式。例如，世界體系理
論，歷史社會學派與新葛蘭西學派基本上還是實證的，或者是介於實證與後實
證之間，而林克勒特的批判理論才是後實證的研究方法，但均可同視為批判理
論。

曾怡仁、李政鴻

## 第一節　前言

從1970年代開始，國際政治經濟學（簡稱國政經，IPE）就呈現出多元發展的面貌。首先，研究議題從開始的貿易、金融與跨國投資等國際經濟關係（或稱低階政治），擴展到討論性別、階級、種族、人權與環保等問題。其次，研究方法則從吉爾平式的三大意識形態（經濟自由主義、民族主義與馬克思主義）演變為IPE美國學派（American School）與不列顛學派（British School），或者說主流理論（Mainstream Theory）與批判理論（Critical Theory）之間的競逐。這樣的發展提供了不同的研究視角，有助於較完整地理解國際政治經濟秩序，以及提出有效的問題解決之道。正如史翠菊（Susan Strange）等不列顛學派學者所言，IPE已經超出原先國際關係（IR）的研究範疇與方法，不斷地融入其他學科的研究成果，因此很難再將IPE單純視為IR底下的次學門。[1]IPE應為一門不斷開放的學科（open discipline），女性主義國際政治經濟學（Feminist IPE）就是其中的新研究途徑。

1980年代後期開始，在所謂的IR第四次大辯論裡（實證主義與後實證主義），女性主義觀點漸受重視，[2]並與建構主義（Constructivism）、批判理論（Critical Theory）、歷史社會學（Historical Sociology School）、後現代主義（Post-Modernism）以及新葛蘭西主義（Neo-Gramscianism）等同被歸為後實

---

[1]　Susan Strange著，丁世中等譯，《幻想與發明：個人回歸政治》（北京：社會科學文獻出版社，1992），頁187。Ash Amin, "Editorial: Forum for Heterodox International Political Economy," *Review of International Political Economy,* Vol. 1, No. 1 (1994), pp. 1-12。

[2]　Jill Steans, *Gender and International Relations: Issues, Debates and Future Directions* (Malden: Polity Press, 2006), pp. 24-27.

證主義IR，與（新）現實主義及（新）自由主義等主流的實證主義IR展開方法學上的爭論。但經過30年的努力，在美國主導的IR研究中，它的非主流地位仍未改變。而與此同時，同樣是基於反省主流IR現實主義的侷限性而興起的IPE研究，對於性別議題（gender issue）與女性主義觀點卻是忽略的，頂多是將婦女（women）問題加入討論。例如，探討全球化所導致的婦女地位低下或女工受到嚴重剝削等現象，而未能深入去瞭解性別本身其實是全球政治經濟結構或資本主義發展的重要組成部分。換句話說，過去主流IPE未能在認識論、本體論或方法論層次上納入女性主義的觀點。縱使一些持批判觀點的IPE研究，包括以考克斯（Robert Cox）為首的新葛蘭西主義，在處理階級剝削與種族或國家衝突問題時，也常將性別因素排除。面對IPE的這種發展趨勢，難怪威蘭（Georgina Waylen）到了2006年還一再呼籲，女性主義不但須與主流的IPE，而且也有必要和批判的國際政治經濟學（Critical IPE）進行對話交流。[3]

　　本章主要探討的女性主義IPE是融合女性主義IR（Feminist International Relations）、女性主義PE（Feminist Political Economy）與發展研究（development study），尤其是關注於第三世界國家的經濟發展計畫、國際貨幣基金會（IMF）的結構調整方案（program of structural adjustment）與全球化進程中所造成的性別不平等問題，而逐漸發展起來的IPE新研究途徑。本章首先將試著釐清女性主義IPE與女性主義IR之間，就研究議題與研究方法（學）的繼承與創新進行比較。一些文獻認為兩者間沒有明顯的區別，很難將相關著作歸入其一陣營，許多女性主義作者也沒有明確意識或宣稱其是屬於IR或IPE學者。不過，女性主義IPE的研究途徑既然已普遍被接受，並經常與新葛蘭西主義、環境主義（Environmentalism）與建構主義同被歸為批判的IPE下的一個分支，[4]必然有其特殊的指涉意涵。西文文獻中常見以Feminist IR/IPE的方式呈現，表示兩者之間有類似的地方，不過是否就能完全等同起來倒是值得討論，否則逕

---

[3] Georgina Waylen, "You Still Don't Understand: Why Troubled Engagements Continue Between Feminists and (Critical) IPE," *Review of International Studies*, Vol. 32, No. 1 (2006), pp. 145-164.

[4] Bill Dunn, *Global Political Economy: A Marxist Critique* (London: Pluto Press, 2009), pp. 48-68.

統稱爲女性主義IR就好了，何必還有斜線（／）之後的IPE呢？這個問題就如同IR與IPE間的關係一樣，縱使認爲IPE是屬於IR底下的次學門或研究領域，但也不能否認IPE有其獨特的研究議題與研究途徑。其次，本章將討論主流IPE的兩波發展如何將性別議題與女性主義觀點排除，指出吉爾平式的三大研究流派側重於體系層次與國家中心的分析，這與1980年代中葉後IPE結合國際與國內分析層次，且是傾向理性選擇的研究發展趨勢，同樣具有「性別盲」（gender-blind）的問題。兩者都沒有討論婦女的處境問題，更不用說能夠將性別視爲IPE研究的關鍵變數。再次，本章將討論是否能將女性主義IPE歸屬於不列顚學派或批判的國際政治經濟學中的一個分支？在此必須先釐清不列顚學派、批判的IPE與女性主義IPE三者間的關係爲何，之後接著討論女性主義IPE對於其他同爲批判理論的研究，尤其是新葛蘭西主義，又有何批評意見？最後，爲本章的研究結論與建議，重點歸結女性主義IPE的研究立場與面臨的挑戰。由於女性主義IPE並非指單一的系統性理論，而是一種研究途徑，且還不斷地發展當中，內部存在各式各樣的不同理論，主要研究學者也具有不同的學科背景，因此，無法簡單地、具體地定義或界定出何謂女性主義IPE。本章僅期待經由釐清其與女性主義IR、女性主義PE、主流IPE以及批判的IPE之間的關聯，來理解女性主義IPE此一新研究途徑的學術立場與觀點，而且也較能完整地掌握IPE的整體發展圖像。

## 第二節　從女性主義IR到女性主義IPE

女性主義學者從1960年代開始介入國際關係研究，隨著國際局勢的變遷及與其他學科的交流對話，逐漸地形成IR的一種特殊研究途徑。女性主義IR主要是由國際關係理論與其他學科中的女性主義觀點共同孕育發展而成，主張性別（gender）是國際關係與國際關係理論的基本構成要素。[5]女性主義IR的發展

---

5　Jan J. Pettman,. "Feminist International Relations after 9/11," *Brown Journal of World Affairs*, Vol. X, Issue. 2 (Winter/Spring 2004), pp. 85-96.

大致上可分為兩個階段，第一階段批判主流IR理論，尤其是揭露現實主義背後所隱藏的男性特質如何造就了性別化的國際關係認識，並將婦女與婦女問題引入國際關係研究，提醒應注意占全球一半人口的婦女角色（經驗論）。換句話說，此階段僅是將女性經驗加入到傳統IR理論的框架內來研究。第二階段更多嘗試從社會性別而非單一性別的角度來理解國際關係，並建構具有自己特色的研究方法學。在本體論上以個人取代國家，從社會結構層面和個人日常生活實踐來建構理論；在認識論上是反對實證主義的主／客二元論與價值中立的宣稱；而方法論則是在性別的視角下，採用交叉學科的多元研究方法（立場論）。同時，不再將女性視為鐵板一塊，而是重視西方／第三世界以及白領／藍領婦女處境的差異性，並且體認到性別是和其他形式（如階級和種族）的認同（後現代、後殖民主義觀點）交錯在一起的。

女性主義學者從IR轉向IPE研究是一個自然的演變過程，是擴張而非取代性的。現實上，隨著冷戰的結束與全球化的進展，關注的議題從國家主權、無政府狀態、國際體系、戰爭與和平等，擴展至對非國家行為者、全球化、全球治理、第三世界國家的經濟發展、結構調整方案與社會再生產（social reproduction）等問題的研究。在理論層次上，女性主義IR對國關核心概念（如理性、權力與安全等）的重新詮釋，基本上也為女性主義IPE所接受（參見表4-1）。例如，女性主義IR與1970、1980年代以來非傳統安全觀或新的和平研究類似，[6]或者說在相互影響下，從性別角度重新思考安全的概念，以個人的人身、經濟與生態安全取代過去對國家軍事安全的注重，從直接暴力轉向結構性暴力與文化暴力的研究。[7]如此，打開傳統「高階政治」與「低階政治」的

---

[6]　傳統的和平與衝突研究重點在於條約締結、聯盟體系、威脅理論、霸權戰爭、集體安全、外交談判與軍備控制等議題；而新的和平研究則注重研究個人與國家內部集團之間的相互作用，強調個人、社區與非政府組織的作用，主要概念包括直接暴力（direct violence）、結構暴力（structural violence）、文化暴力（cultural violence）、消極和平（negative peace）、積極和平（positive peace）、非暴力（nonviolence）與和解（reconciliation）等。請參見 Peter Wallensteen, "The Origins of Peace Research," in Peter Wallensteen, ed., *Peace Research: Achievements and Changes* (Boulder, CO: Westview, 1988), pp. 9-29.

[7]　直接暴力指那些給個人和社會帶來傷害、痛苦和破壞的戰爭或衝突，也包括通過語言侮辱和

人為界線，去除了公／私、國際／國內以及政治／經濟領域的二元劃分，形成了女性主義IPE研究的重要組成部分。[8]對女性主義者而言，安全威脅的真正去除必須解決性別間的不平等權力支配關係，以追求全人類免於暴力的威脅為最終目標。除了延續女性主義IR的研究外，後來女性主義IPE的發展似乎已超出這些研究議題與相伴的研究方法，如結合市場經濟生產與主要由婦女從事的社會再生產活動，所進行的全球化或社會發展研究就是顯著的例子。面對這樣的趨勢，一些女性主義學者認為，IPE似乎比IR更易於將性別議題納入討論。[9]

表4-1　女性主義 IR的研究議題和方法學

| 研究議題 | | 1.國際關係。<br>2.批判IR現實主義，對其核心概念（戰爭、和平、理性、安全、權力、國家、無政府狀態、國際體系）重新詮釋。<br>3.從婦女問題（women）到性別關係（gender）研究。 |
|---|---|---|
| 研究方法學 | 本體論 | 反對國家中心，主張個人本體（個人的即是政治的，個人的亦即是國際的）。 |
| | 認識論 | 1.女性主義經驗論（add women in）。<br>2.女性主義立場論（質疑知識價值中立；反對主／客、情感／理性二元對立；以社會性別視角觀察世界；重視邊緣和弱勢群體的利益）。<br>3.後現代女性主義（強調差異，反對「宏大敘事」—性別並非鐵板一塊，重視其在不同種族、宗教、階級、民族與文化中的不同表現）。 |
| | 方法論 | 國際關係理論與女性主義結合，強調交叉學科研究方式。 |

資料來源：作者自行彙整

心理虐待而直接引發的傷害行為，這是傳統現實主義IR的概念；結構暴力是指貧窮、疾病、壓制性體制和社會歧視給人類帶來的痛苦和災難。它關注社會政治與經濟結構中存在的問題，以及由此所造成的政治權利和經濟分配上的不公平現象；而文化暴力則是透過宗教、意識形態、藝術與文學等，來產生社會中的憎恨、猜忌和偏見等價值觀，例如，在父權體制思想影響下，女性長期受到不公平的對待，這和女性主義的觀點是雷同的。

8　Jill Steans, *Gender and International Relations: Issues, Debates and Future Directions*, p. 78. J. Ann Tickner, *Gender in International Relations: Feminist Perspective on Achieving Global Security* (New York: Columbia University, 1992).

9　Sandra Whitworth, "Gender in the Inter-Paradigm Debate," *Millennium: Journal of International Studies*, Vol. 18, No. 2 (1989), pp. 265-272.

　　除上述女性主義IR之外，女性主義IPE的另一重要知識來源為女性主義政治經濟學（Feminist Political Economy, Feminist PE），亦有學者稱為性別政治經濟學（Gender Political Economy）或者是女性主義經濟學（Feminist Economics）。雖然在名稱上有所不同，但都是批判主流新古典經濟學核心的「理性自利經濟人」假設，指出此是建立在西方文化中的自利／利他、獨立／依賴與理性／感性的二元對立思維，甚且將此與價值判斷相聯繫而成為公／私領域、市場／家庭，尤其是男女性別間的優／劣關係，如此不僅無法解釋人類行為中所包含的利他性、依賴性和感性等特質，也忽略了婦女在家庭和其他私領域中的活動價值。此一源自於女性主義PE的女性主義IPE研究，主要是探討性別與社會發展之間的關係，研究成果大都發表在《女性主義經濟學》（*Feminist Economics*）、《世界發展》（*World Development*）以及《第三世界季刊》（*Third World Quarterly*）等國際期刊上。

　　這種延續女性主義PE傳統所發展的女性主義IPE，將女性主義研究範疇拓展至全球層次，在研究議題和方法學部分（參見表4-2），試圖在全球化脈絡下建立一個結合市場生產以及社會再生產活動的分析途徑。女性主義PE強調婦女在家庭的無償勞動對於正式經濟的貢獻，特別是凸顯第三世界國家中婦女所扮演的角色，這經常遭到忽視或視為理所當然。例如，博斯拉普（Ester Boserup）從比較和歷史的觀點，探討不同第三世界國家社會內部的家庭勞動分工以及婦女在經濟發展所扮演的角色，發現家庭勞務分工並非因為「性別關係」而與生俱來，而可能是生產模式改變或者是歐洲殖民經驗所導致的現象。[10]不過，縱然在已開發國家內部，越來越多職業婦女獲得經濟獨立的地位，但婦女除工作時間之外，仍需付出更多時間在照護家庭、小孩及年長父母，亦即婦女在家庭責任上的不平等負擔。例如，一位日本職業婦女一週平均工作40小時，但卻需額外付出30小時在家庭勞務，相較之下，丈夫只需負擔3個小時的家庭勞務，這致使越來越多日本女性晚婚，或者是選擇不婚。這種現

---

[10] Ester Boserup, *Woman's Role in Economic Development* (London: Earthscan Publications, 1989).

象不僅發生在日本，台灣、南韓和香港地區亦是如此。[11]

　　循此，女性主義IPE的研究主要是圍繞在「發展」和「全球化」兩大核心議題。發展研究的重心在於凸顯女性在經濟發展中的重要性，以及國際經濟組織（包括國際貨幣基金會及世界銀行）在第三世界國家推動結構重整方案，特別是新自由主義計畫時對婦女所造成的負面衝擊。女性主義IPE大致經歷了兩個階段的發展：第一階段，從1970年代早期女性主義IPE開始注意婦女在國家發展中所扮演的角色（Women in Development, WID），通過相關數據（國內生產總值、國民生產總值）證明婦女對經濟發展的貢獻程度，並強調國際組織以及發展研究常侷限在西方白種、中產階級的男性觀點，欠缺對婦女的重視。WID觀點主張解決之道在於透過司法或行政程序，在目前的結構內來保證婦女能較好地被整合進經濟系統中，以降低婦女在生產部門所受到的剝削和歧視，如此就能逐漸改善性別間的不平等關係。[12]然而，WID並未質疑婦女從屬或受壓迫地位其實是來自於既存的社會結構，也沒能注意到階級、種族或文化等因素對婦女處境所造成的影響，[13]更忽略了婦女在家庭或其他私領域從事社會再生產活動的價值。可見WID觀點並未採行批判性思考（critical thinking），反而與1950、1960年代的現代化理論（Modernization Theory）相同，都是屬於一種樂觀的自由主義思維。第二階段則是發展於1980年代，從社會性別角度來研究發展議題，即從WID轉移至性別與發展（Gender and Development, GAD）研究模式，重視發展過程中所存在的性別權力和性別認同關係。GAD批判既存的政治、經濟和社會結構所造成的性別不平等；指出市場生產與社會再生產的緊密聯結關係，反對公／私領域的二元劃分；體認父權體制的意識形態是跨越階級關係對婦女造成壓迫；同時認為婦女不僅是發展過程中的被動接受者，

---

[11] The Economist, "The Decline of Asia Marriage: Asia's Lonely Hearts," Aug 20th 2011, at http://www.economist.com/node/21526350(2011/8/21)

[12] Marjorie Mbilinyi, "Research Priorities in Women's Studies in Eastern Africa," *Women's Studies International Forum*, Vol. 7, No. 4 (1984), pp. 289-300.

[13] Marjorie Mbilinyi, "'Women in Development'Ideology: The Promotion of Competition and Exploitation." *The African Review*, Vol. 11, No. 1 (1984), pp. 14-33.

而且可以自我組織來進行有效的政治行動，以爭取本身的權益。相較於WID，GAD採行較爲整體（holistic）的批判觀點，許多社會主義的女性主義者（socialist feminists）即持此立場，主張國家應提供更多的社會服務（福利）以減輕婦女在家庭或其他私領域所承受的負擔。[14]

隨著全球化現象及伴隨而來的研究熱潮，女性主義IPE認爲全球化研究不應該是「性別盲」，不能忽略女性議題和性別關係。女性主義IPE亦是從資本主義發展來理解全球化，認爲資本主義不僅是一個經濟架構，亦是一套性別的社會關係，反映在由商品、服務、觀念及意識型態所建立的結構內部及其互動過程中。[15]所以，女性主義IPE對全球化的研究涵蓋幾個面向：（一）不僅須理解全球化的物質經濟層面，更要能夠解釋政治，特別是觀念和文化等面向；（二）研究全球化對婦女所造成的衝擊與不公平的對待，同時關注婦女在全球化中的積極參與角色，並強調性別關係與全球化是互爲建構的過程；（三）全球化並非由外而內或由上而下的單向運動，而是由全球、國家、地方與個人等不同層級間的互動而形成。[16]總體而言，女性主義IPE認爲研究社會發展和全球化等議題，若是忽略婦女個人與結構關聯，或者是單憑經濟數據進行性別比較，都不能夠完全理解全球化圖像，而是需要一套更具包容且多元的研究途徑，結合個人生活經驗與全球政經結構運作過程，才能夠眞正發展出獨特的女性主義IPE，這亦連帶影響到其方法學的建立問題。

一些女性主義IPE學者除了反對新古典經濟學「理性經濟人」（rational economic man）的本體論立場外，也認爲世界不單是由國家或市場所構成，運作上也非僅遵循自然法則，而是應考察國家與市場鑲嵌在社會的複雜圖像。此種社會實在（social reality）現象不是通過法國社會學家孔德（Auguste

---

[14] Jill Steans, *Gender and International Relations: An Introduction* (New Jersey: Rutgers University Press, 1998), pp. 144-145; Jill Steans, *Gender and International Relations: Issues, Debates and Future Directions*, p. 101.

[15] Catherine Hoskyns and Shirin M. Rai, "*Gendering International Political Economy*," *CSGR Working Paper*, No. 170/05 (May 2005), p. 9.

[16] Georgina Waylen, "You Still Don't Understand," pp. 157-158. Tine David and Francien V. Driel, "The Unhappy Marriage between Gender and Globalization," *Third World Quarterly*, Vol. 30, No. 5 (2009), pp. 910-912.

Comte）所謂的科學研究法來劃定事實範圍界線並進行實證研究所能夠理解的。緣於此種本體論立場，女性主義IPE在認識論上基本可分為實證的（positivist feminist IPE）與批判的（critical feminist IPE）兩大類研究。[17]這種認識論上的內部矛盾其實不難理解，從上述所耙梳的女性主義IPE知識系絡來看，由於女性主義IR/PE本身對認識論立場就有分歧，進一步促使女性主義IPE在研究方法上呈現多元化。如此，女性主義IPE研究途徑最大的挑戰在於：如何在同一個分析架構下，聯結不同的分析層次（全球／國家／地方／個人等），並且打破市場生產／社會再生產的人為界線，來研究資本主義或經濟全球化的運作過程。

　　簡言之，女性主義IPE的知識淵源一方面源自女性主義IR，另一方面源自女性主義PE。隨著女性主義IPE學科的蓬勃發展，女性主義學者亦開始反思主流IPE與批判的IPE是否考慮到「性別關係」，並進一步思索如何將「性別」因素融入IPE的分析架構。

表4-2　女性主義IPE的研究議題和方法學

| 研究議題 | | 1.從發展研究到全球化。<br>2.批判新自由主義與傳統IPE，核心概念為無償經濟（unpaid economy）與社會再生產，重視第三世界國家發展計畫、國際貨幣基金會或世界銀行的結構調整政策與全球化過程對婦女所造成的不公平現象。<br>3.從婦女問題，包括婦女生活、婦女勞動權利以及婦女運動，到社會性別（認同）研究。 |
|---|---|---|
| 研究方法學 | 本體論 | 個人本體（反對理性經濟人假設）。 |
| | 認識論 | 1.經驗主義（重視女性經驗的多樣性與差異性）。<br>2.批判的、反思的，以交叉學科（interdisciplinary）的方式解釋性別與經濟議題間關係，而非純粹的經濟分析。<br>3.Feminist IPE基本上可分為實證的與批判的兩大類研究。 |
| | 方法論 | 國際關係女性主義與性別政治經濟學（女性主義經濟學）結合的跨學科研究，同時也重視量化、經驗研究以及政策分析。 |

資料來源：作者自行彙整

---

[17] Spike V. Peterson, "How (the Meaning of) Gender Matters in Political Economy," in Anthony Payne, ed., *Key Debates in New Political Economy* (London: Routledge, 2006), pp. 81-87.

## 第三節　女性主義IPE對主流IPE的反思

　　如前所述，性別議題與女性主義觀點是被主流IPE所忽略的，在一些教科書式的IPE著作或論文集裡，也僅是列爲其中的一章或歸爲非主流的批判研究途徑底下，而稍微被提及帶過。[18]在近二、三年掀起的跨大西洋美國學派與不列顛學派的IPE論辯裡（transatlantic divide），也呈現出同樣的忽視問題。以科翰（Benjamin J. Cohen）2008年論及兩學派比較的IPE學科史專書*International Political Economy: An Intellectual History*來說，雖然認爲不列顛學派不同於主流的美國學派IPE，採行的是反思的後實證主義認識論、開放多元的研究議程以及較關注非西方國家的政治經濟發展問題，亦即不列顛學派採取的是批判理論研究途徑，但該書討論的IPE三大問題（Big Questions）——世界秩序、國家能力與分析層次，都未將性別關係或性別認同列入其中，事實上性別研究在不列顛學派中已有一定程度的發展。另外，科翰所尊稱的IPE七大思想家，包括吉爾平（Robert Gilpin）、金德柏格（Charles P. Kindleberger）、克萊斯納（Stephen D. Kransner）、基歐漢（Robert O. Keohane）、卡贊斯坦（Peter J. Katzenstein）、史翠菊與考克斯等人，也無一是女性主義學者。[19]爾後，在2008年《新政治經濟學》（*New Political Economy*）與2009年《國際政治經濟學評論》（*Review of International Political Economy*）這兩本英國期刊所製作的IPE學派專輯討論中，亦未見女性主義學者的性別觀點，因不列顛學派常被等同於新葛蘭西主義，而較重視階級而不是性別分析。縱使，布萊斯（Mark Blyth）所編的《國際政治經濟學手冊》（*Routledge Handbook of International Political Economy*）被認爲是持後實證主義的立場，但女性主義IPE相對而言仍

---

[18] Jason, Sharman, "Neither Asia nor America: IPE in Australia," in Mark Blyth, ed., *Routledge Handbook of International Political Economy: IPE as a Global Conversation* (London: Routledge, 2009), pp. 216-228.

[19] Benjamin J. Cohen, *International Political Economy: An Intellectual History* (New Jersey: Princeton University Press, 2008).

是被邊緣化的。[20]可見，直到今日要發展女性主義IPE仍有很長的路要走，必須同時面對主流IPE與其他批判的IPE之「性別盲」（gender-blind）問題。

　　從1970年代開始，主流（美國）的IPE發展首先是強調國際政治與國際經濟的互動關係研究，也就是將傳統IR討論的「高階政治」議題如軍事、外交與安全等轉向對「低階政治」的國際金融、國際貿易與跨國投資等的關注，分析瞭解其中的政治因素作用。此以吉爾平提出的三分法研究途徑最具代表性，其試圖結合國際關係與政治經濟學研究，而後者指的是探討國家與市場的互動關係，至於兩者間是怎麼互動或該如何互動較好，則有三種不同的意識形態觀點，即經濟民族主義、經濟自由主義與馬克思主義。[21]將此三大途徑放在國際體系層次作分析，可以分別產生霸權穩定論（Hegemonic Stability Theory）、新自由制度主義（Neo-Liberal Institutionalism）以及世界體系論（World-System Theory）等IPE的代表性理論。值得探討的是，吉爾平將國家視為依權力邏輯運作的實體，而市場則為一個自我需求滿足的封閉體系，兩者似乎可以脫離社會而獨立存在運作。換句話說，吉爾平討論的是國家與市場這兩個公領域間的互動關係，而沒有將社會或家庭私領域納入，更不用說去討論性別關係或性別認同在國際政治經濟中的功能角色。蒂克納（J. Ann Tickner）和其他一些女性主義學者就曾逐一對吉爾平的IPE三分法進行系統性的批判。

　　蒂克納認為，經濟自由主義是從「理性經濟人」的假設出發來解釋人們的經濟行為，這樣的假定是屬於個人工具理性的思維，更是認定經濟理性行為是男性特質的展現，如此就排除了人類的其他行為動機，如愛、利他合作或同情心等的考量。此外，自由主義亦不重視婦女在整個資本主義運作中的無償勞作（unpaid work）價值與其在家庭中扮演的母性或其他社會再生產角色，更遑論

---

[20] 布萊斯所編的論文集主要是探討非美國主流IPE的發展，包括歐洲大陸、英國及亞洲等區域的IPE發展及研究議題，方法學上亦論及建構主義、後結構主義等實證主義IPE的研究特色。然而，此論文集仍然欠缺女性主義觀點以及對女性主義 IPE發展的介紹，依舊是「性別盲」著作。參見Mark Blyth, *Routledge Handbook of International Political Economy*, 2009.

[21] Robert Gilpin, *The Political Economy of International Relations* ( New Jersey: Princeton University Press, 1987).

能夠認知到此背後的父權體制（patriarchy）是如何形塑性別關係與認同的，而這常是婦女遭遇不公平處境的癥結所在。在國際層次上，經濟自由主義主張國家應該儘量減少對市場的干預，因市場這隻「看不見的手」最能達成社會資源的有效運用。然而，此觀點忽略了生產利得在不同國家、階級與性別間的不公平分配。例如，占有全球1/2人口、提供1/3有償勞動力以及負責2/3工時的婦女，卻僅取得1/10的世界總收入（world income）與擁有不到1%的世界資產（world property）。許多的實證研究也顯示出自由主義所支持的資本主義、現代化、綠色革命、發展援助、出口導向工業化策略或國際貨幣基金會的結構調整方案等，如何造成了第三世界婦女地位的低下與對女工的剝削。[22]

　　女性主義同樣反對經濟民族主義的研究途徑，雖然後者的分析單位是國家而非個人（更不用說是婦女），但依然接受自由主義的「理性經濟人」假設，將國家視為理性合一的整體，在無政府的國際體系裡主要是關注國家的軍事安全與追求增加國家的財富，而未考量女性更關心的是經濟安全問題，國內性暴力、文化暴力和家庭暴力的威脅，以及國家追求財富積累後在國內不同性別間的不公平分配等。此外，對民族主義者而言，軍事產業或策略性工業的發展不僅攸關國家生存，而且軍工複合體亦是國內經濟的重要組成部分，需要加以特別保護扶持。然而，國家財政資源畢竟有限，擴大軍事預算以追求國際權力必然會排擠教育、托育、老年看護與社工等福利預算支出，而這通常會增加女性在家庭內的工作負擔。換句話說，對婦女而言，軍事安全和經濟安全之間常是一個尖銳的交換（trade-off）選擇問題。[23]

　　女性主義和馬克思主義在知識論上同樣反對普遍抽象的理性概念與存在所謂的客觀知識，同時女性主義認為，經濟學不應只是研究理性計算或資源如何最佳配置，而應關心生產和分配的整個過程，以及生活必需品的供給（provi-

[22] J. Ann. Tickner, "On the Fringes of the World Economy: A Feminist Perspective," in Craig N. Murphy and Roger Tooze, eds., *The New International Political Economy* (Boulder: Lynne Rienner Publishers, 1991), 195-196.

[23] Ibid., p. 199.

sioning）問題，這也和馬克思主義政治經濟學類似。不過，女性主義仍認為古典馬克思主義較重視市場經濟中的生產力和生產階級關係，而未深入探討女性在社會中所扮演的再生產角色。此外，縱使馬克思主義脈絡的依附論（Dependency Theory）不像（新）現實主義和（新）自由主義傾向於關注核心資本主義國家間的生存安全與利益合作問題，而是探討核心與邊陲國家間的不平等交換關係如何造成後者的不發展，但主要還是從國際結構和階級不平等關係來理解婦女的處境和地位，並未直接重視第三世界國家婦女在全球市場生產分工過程中所扮演的重要角色，以及低估婦女在家庭私領域所從事的社會再生產活動之價值。[24]何況，女性地位的低下不全然來自於資本主義的生產方式，同時也受到社會的和文化的父權體制影響。因此，女性的解放不可能僅經由階級鬥爭來實現，而是必須爭取兩性不但在公領域也在私領域的平等地位。[25]

　　簡言之，女性主義主張重新定義「理性」、「安全」與「權力」等基本概念，[26]超越體系分析層次與國家中心主義，視國家與市場是鑲嵌於特定社會而運作，並非獨立自主的抽象實體。如此，才能跳脫吉爾平三方法研究途徑中潛在的男性特質認識論偏差，不至於忽略婦女在國際勞動力（或性別）分工中以及國內家庭中所扮演的經濟生產和社會再生產角色。

　　在實踐上，由於女性主義並非單一的理論，其內部存在不同的主張。自由主義的女性主義學者主張加強保障婦女的工作、教育與財產權利；馬克思主義的女性主義則認為，唯有推翻資本主義的生產體制才能徹底解決其將工廠有償生產活動與家庭無償勞動二分所導致的女性地位低下問題；一些社會主義的女性主義者認為，改善婦女處境不能單靠階級鬥爭，必須同時挑戰資本主義生產體制以及傳統社會上的父權體制才能達成。[27]蒂克納則是支持一種地方經濟

---

[24] Brenda G. Mcsweeney and Marion Freedman, "Lack of Time as an Obstacle to Women's Education: The Case of Upper Volta," in Gail P. Kelly and Carolyn M. Elliot, eds., *Women's Education in the Third World* (New York: State University of New York Press, 1982), pp. 88-106.

[25] J. Ann Tickner, "On the Fringes of the World Economy," p. 202.

[26] David N. Balaam and Michael Veseth, *Introduction to International Political Economy* ( New Jersey: Pearson Prentic Hall, 2001), pp. 89,98-99, 412.

[27] Jane S. Jaquette, "Women and Modernization Theory: A Decade of Feminist Criticism," *World*

（local economy）的發展型態，因這種生產方式通常沒有將市場生產與社會再生產活動，或者有償勞動與無償勞動做明顯地區隔，並且首先考量滿足地方的基本需求。這不僅使婦女在私領域的再生產角色能夠得到重視，同時也可減低跨國公司或出口導向政策下的女工剝削，使婦女較能夠掌握自己的命運，而不僅是全球化下的被動受害者。[28]當然，這種生產方式不見得就排斥全球化，而是主張「全球思考，在地行動」（global think, local action）以及「全球行動，在地思考」（global action, local think），將國際、國家與地方經濟聯結，[29]依據地方的人文、地理環境與資源特色，發展地方性產業行銷全球。

　　與之前的霸權穩定論或新自由制度主義採行國家中心的體系層次分析不同，1980年代中期以後，一些主流IPE學者試圖打開國家這個黑盒子（black box）而結合國際與國內層次分析。這方面的研究包括羅格斯基（Ronald Rogawski）的「社會聯盟理論」（Social Coalition Theory）、[30]普特南（Robert D. Putnam）的「雙層博奕論」（Two-level Games Theory）、[31]基歐漢等人的國際制度國內化研究，[32]以及萊克（David A. Lake）提倡的「開放經濟政治學」（Open Economy Politics）等。[33]事實上，早在1970年代後期卡贊斯坦（Peter

---

*Politics*, Vol. 34, No. 2 (1982), pp. 267-284.

[28] J Ann Tickner, "On the Fringes of the World Economy," p. 205.

[29] Jill Steans, *Gender and International Relations*, p. 78.

[30] Ronald Rogowski, "Political Cleavages and Changing Exposure to Trade," *American Political Science Review*, Vol. 81, No. 4 (1987), pp. 1121-1137.

[31] 「雙層博奕論」的分析框架假設，在國際談判中政府首腦或其談判代理人同時面對國際與國內兩個棋盤。在國際層次上，談判者之間相互博弈以達成對各自國家最為有利的臨時協議；在國內層次上，談判者面臨著各種追求自身利益的社會集團壓力，因而必須建立聯盟使協議得以被批准通過。簡言之，談判結果取決於國內社會集團的偏好、逐利聯盟、國內制度以及國際上談判者的策略，所共同決定的「獲勝集合」，即一組能夠被國內選民接受批准的國際協議。參見Robert D. Putnam, "Diplomacy and Domestic Politics: The Logic of Two-Level Games," *International Organization*, Vol. 42, No. 3 (1988), pp. 427-460.

[32] Robert O. Keohane and Helen V. Milner, eds., *Internationalization of Domestic Politics* (New York: Cambridge University Press, 1996).

[33] 「開放經濟政治學」的基本假定是，不同行為體的利益是由其在國際分工體系中的相對地位決定，主要研究行為體間的戰略互動及制度如何影響這些利益的實現。參見David Lake, "Open Economy Politics: A Critical Review," *International Organization*, Vol. 4, No. 3 (2009), pp. 219-244.

Katzenstein）的「國內結構理論」（Domestic Structure Theory）以及柯瑞維奇（Peter Gourevitch）的「第二意象翻轉理論」（The Second Image-Reversed Theory）就已將國際與國內層次結合研究，[34]只是1980年代以來學者採用的是更爲實證主義的理性選擇途徑（rational choice approach），不再如傳統現實主義將國家視爲理性合一的整體，而是拆解爲由追求己身利益的政治領導者、官僚或公部門組成。甚且，也不再將社會看作是鐵板一塊，而是依據研究議題的需要，分析利益團體、階級或生產要素持有者如何爲了自身利益的極大化而採取集體行動，如組成逐利聯盟以影響國家的對外經濟政策。顯然地，這些理性主義IPE研究雖然已進行國家內部分析，但仍未將性別因素納入，忽視婦女在世界經濟中的能動者角色，反而自認其研究爲價值中立，當然也就是性別中立的。同時仍沿襲前期作法，將國家、市場與社會視爲三個分立的領域，僅探討彼此間的外在聯繫關係，而忽略內在的互爲建構關係。例如，這些研究並沒有處理市場生產與社會再生產之間的互補關係，兩者均是當今資本主義生產體系的重要組成部分。如此，對於國際政治經濟的理解必然是片面的，而這部分正是女性主義IPE可以補充加強的。事實上，女性主義IPE研究正是華勒斯坦（Immanuel Wallerstein）等學者所主張的「開放社會科學」（Open the Social Sciences）之實踐，去除十九世紀以來政治學、經濟學與社會學的人爲學科界線，因爲此三個領域並沒有獨立的運作邏輯。在現實中，權力、理念、規則、

---

[34] 卡贊斯坦主張，不同國內政治社會結構的制約可能會導致國家在面對類似的外部壓力或機會時，採行不同的對外政策。譬如，美國的政治組織權力較爲分散，社會亦發展爲多元自主的面貌，因而對外經濟政策常由社會群體主導；相對地，法國的政治組織權力較爲集中，社會則相對個人化，中介的團體並不發達，所以對外政策通常是由國家主導。嚴格說來，卡贊斯坦的「國內結構理論」仍屬靜態的比較研究，並沒有提出結合國際與國內層次的分析框架。相對地，柯瑞維奇的「第二意象翻轉理論」試圖將國際體系分析途徑（由外而內）與卡贊斯坦的主張（由內而外）加以整合，提出從外到內，再由內到外的分析模式（國際體系→國內結構→對外政策）。比較而言，該模式是一種單向的線性分析，而普特南的「雙層博奕論」才是雙向的互動模式（國際談判←政府首腦或談判代理人→國內社會逐利聯盟）。參閱Peter Katzenstein, "International Relations and Domestic Structures: Foreign Economic Policies of Advanced Industrial States," *International Organization*, Vol. 30, No. 1 (1976), pp. 1-45; Peter Gourevitch, "The Second Image Reversed: The International Sources of Domestic Politics," *International Organization*. Vol. 32, No. 4 (1978), pp. 881-911.

結構、偏好和理性緊密結合，以至於不可能有任何研究模式能按照政治、經濟與社會的分類，孤立地看待這些因素，只處理其中一個變數，而把其他的當作常數。[35]


## 第四節　女性主義IPE與批判的IPE之關係

隨著IPE研究議題、方法與途徑的擴增，以及專屬期刊的成立和發展，IPE作為一門學科已經漸趨成熟。一般而言，由美國主導的IPE研究常被稱為正統的（orthodox）或主流的（mainstream）IPE，而反對其國家中心論和實證主義認識論者則被歸為新國際政治經濟學（New IPE）、非正統國際政治經濟學（Heterodox IPE）或批判的IPE。[36]IPE的研究論文主要發表在美國的《國際組織》（*International Organization*）以及英國的《國際政治經濟學評論》（*Review of International Political Economy*）和《新政治經濟學》（*New Political Economy*）等期刊，據此又有學者將IPE研究分為美國學派（IO學派）與不列顛學派。[37]不過，此種分法不是簡單依期刊發行地或學者的出生背景來區分，而是以學派來代表大西洋兩岸IPE研究的方法學差異。科翰2008年的專書試圖開啟兩學派間的對話，呼籲美國學派可學習不列顛學派擴展多元議題的視野，而後者可從前者學到更為嚴謹的研究方法。[38]當然，對於兩學派間互補的期待究竟該如何落實，仍是一大挑戰。卡贊斯坦雖然提出「分析的折衷主義」（analytical eclecticism），並得到不少學者的回響，但仍被批評為只是將不同

---

[35] Immanuel Wallerstein，劉鋒譯，《開放社會科學：重建社會科學報告書》（北京：三聯書店，1997）。

[36] Craig N. Murphy and Roger Tooze, "Introduction," in Murphy & Rooze, eds., *The New International Political Economy*, pp. 1-7.

[37] Geoffrey R.D. Underhill, "States, Markets and Global Political Economy: Genealogy of an (Inter-?) Discipline," *International Affairs*, Vol. 76, No. 4 (2000), pp. 805-824; Craig N. Murphy and Douglas R. Nelson, "International Political Economy," *British Journal of Politics and International Relations*, Vol. 3, No. 3 (2001), pp. 393-412. Benjamin J. Cohen, *International Political Economy*.

[38] Benjamin J. Cohen, *International Political Economy*, p. 177.

的觀點或因素攪拌（stir），並沒有做到真正的融合。[39]不過，這些各式各樣的後設分類卻也凸顯一個可以進一步思考的問題，即不列顛學派、批判的IPE和女性主義IPE之間的關係到底為何？可否將不列顛學派與批判的IPE等同起來？另外，就本章研究主題─女性主義IPE而言，是否能將其歸為批判的IPE下的一個分支？還是說兩者是分立的？

　　墨菲（Craig N. Murphy）和尼爾遜（Douglas R. Nelson）在其文章中提到，美國學派及不列顛學派IPE兩者在研究方法及議題上存有諸多差異，前者採用實證主義認識論，著重國際經濟關係研究，主要探討貨幣、貿易、發展（經濟轉型問題）與跨國投資等議題；而後者在研究方法及議題上採取更為開放多元的態度，盡量避免將IPE侷限在某一特定假設或研究途徑，且注重勞工、資本、種族、性別、環保以及公民社會運動等議題。雖然兩學派同樣研究全球化，但立場不同，美國學派肯定全球化的價值並重視全球治理問題，而不列顛學派更關注全球化所導致的社會不公平和極化現象（polarization），以及對民主和政府治理能力的衝擊，甚而質疑全球化的價值。此外，不列顛學派延續古典政治經濟學、馬克思主義、熊彼特主義、制度主義和奧地利學派等，尊重不同學術研究傳統（scholasticism）並且組織學術社群，這點跟美國學派崇尚新古典經濟學呈現明顯的對比。因此，墨菲和尼爾遜認為不列顛學派稱為批判的IPE可能較為合適，因為這更容易清楚識別其與主流IPE間的差異，該主張也為多數不列顛學派學者所接受。[40]

　　不過，將不列顛學派等同於批判的IPE之看法亦遭受質疑。總體而言，如同科翰專書所做的分類，學界雖同意史翠菊與考克斯為不列顛學派中最重要的兩位開創學者，但有些人認為史翠菊的立場較偏向美國學派。例如，從吉爾平討論美國霸權在國際體系所扮演的穩定性角色，到基歐漢和奈伊使用敏感性及脆弱性討論權力的不對稱依賴關係，史翠菊承認IPE主要仍然是國家中心、安

[39] Bill Dunn, *Global Political Economy*, p. 318.
[40] Craig N. Murphy and Douglas R. Nelson, "International Political Economy," pp. 393-412.

全優先的政治研究途徑。[41]在對美國霸權的分析中，史翠菊乃運用四個結構權力（安全、生產、金融及知識）來探討美國霸權及其建立的國際體制（international regime）是否穩定？是否眞的如後霸權論述所言，美國已面臨衰退？史翠菊認爲，美國實力僅相對衰退，其仍爲當今最爲強大的國家，國際秩序的穩定還有賴美國的維持。[42]史翠菊提出的這些問題意識、結構權力（structural power）概念和期待霸權的扈持角色，較能夠引起傳統IR/IPE學者的共鳴，也較願意和其對話。[43]對照之下，圍繞以考克斯爲核心所形成的新葛蘭西主義，除反對主流實證主義認識論之外，目的在探討（美國）霸權秩序的形成和發展，以及揭露既存世界秩序下的不平等現象。簡言之，談論不列顚學派至少應該分辨史翠菊與考克斯兩個不同的發展脈絡，更何況不列顚學派還有一部分研究是來源於古典政治經濟學遺產的啓發或重新詮釋。瓦特森（Matthew Watson）就認爲，藉由探討亞當・斯密（Adam Smith）、凡伯倫（Thorstein Veblen）以及博蘭尼（Karl Polanyi）等人的政治經濟學思想與日常經濟生活實踐的關係，可以作爲IPE研究的新基礎。[44]例如，重新解讀斯密常被忽略的道德情操論（The Theory of Moral Sentiments）中有關經濟倫理的討論，並將其適用於國際經濟關係中。所以，將不列顚學派和批判的IPE直接劃上等號是有疑義的，反倒是可以將批判的IPE研究，尤其是考克斯的新葛蘭西主義，歸爲不列顚學派底下的組成部分。不過，值得注意的是，批判的IPE並不是完全來自於英國，而是淵源於包括北美（特別是加拿大）、英國、歐洲以及其他地方的激進社會科學研究傳統（radical social science traditions）。[45]

---

[41] Owen Worth, "Reclaiming Critical IPE from the 'British' School," in Stuart Shields, Ian Bruff, Huw Macartney, eds., *Critical International Political Economy—Dialogue, Debate and Dissensus* (New York: Palgrave Macmillan, 2011), pp. 124-125.

[42] Susan Strange, "The Persistent Myth of Lost Hegemony: Reply to Miner and Snyder," *International Organization*, Vol. 42, No. 1 (1987), pp. 751-752.

[43] 史翠菊就曾被選爲美國國際研究協會（International Studies Association）主席的職務。

[44] Matthew Watson, "Theoretical Traditions in Global Political Economy," in John Ravenhill, ed., *Global Political Economy* (New York: Oxford University Press, 2008), pp. 27-66.

[45] Owen Worth, "Reclaiming Critical IPE from the 'British' School," pp. 125-126.

　　至於何謂批判的IPE？包含哪些研究途徑？學界目前仍沒有共識，但也不應該將所有批判美國學派的IPE研究都稱爲批判的IPE。一般而言，批判的IPE之「批判性」意涵到目前爲止並沒有具體的明確定義，而是持開放的立場，主張研究議題的多元與交叉學科的研究方法。不過，從現有的文獻來觀察，其包括現實與理論兩個批判層面的趨向：首先，批判既存國際經濟秩序或全球化所造成的結構偏差，尤其是質疑當今資本主義生產方式與生產關係中所產生的性別不平等、環境汙染及階級剝削等問題，這在強調軍事安全與利益合作研究的（新）現實主義及（新）自由主義中是被忽略的。對於這些討論可以數據或實例進行，並不一定都涉及批判的方法學問題。其次，批判主流IR/IPE對於國際政經秩序的理解方法，反對其國家中心的本體論與實證主義的認識論。考克斯將批判理論（Critical Theory）與問題解決理論（Problem-Solving Theory）所作的區分是最常被引用的。[46]前者質問既存國際政經秩序是如何形成的？在該秩序底下到底是誰獲益？秩序結構是否會改變以及如何變遷？而後者則是追求現有秩序的穩定，如主流IPE裡的霸權穩定論和新自由制度主義均是此類研究。更爲重要的是，批判途徑和其他理論的差異在於，其強調觀念、理念或意識形態所能起的作用以及行爲者的能動性，將追求自我解放的實踐與改造體系結構做爲共同的理論目標。[47]

　　批判的IPE在研究議題及研究方法上的多元開放態度促使其並非發展爲單一的特定理論，而是包括各式各樣的研究途徑或觀點的理論群。一般教科書認爲批判的IPE應包括女性主義、環境主義（Environmentalism）與新葛蘭西主義等三種途徑，不過，亦有少數學者主張可以將建構主義（Constructivism）納進來。[48]女性主義、環境主義及新葛蘭西主義分別著重於分析國際經濟中的

[46] Robert W. Cox, "Social Forces, States and World Orders: Beyond International Relation Theory," *Millennium: Journal of International Studies*, Vol. 10, No. 2 (1981), pp. 128-129.

[47] Catherine Eschle and Bice Maiguashca, "Rethinking Globalised Resistance: Feminist Activism and Critical Theorising in International Relations," *British Journal of Politics and International Relations*, Vol. 9, No. 2 (2007), p. 285.

[48] 請參閱B. Dunn, *Global Political Economy*, pp. 48-68. T. H. Cohn, *Global Political Economy: Theory and Practice* (New Your: Longman, 2009. Fifth Edition), pp. 103-129. R. C. Miller,

性別、環境或階級問題，相對地，建構主義並沒有特定的研究對象，而是強調理念（ideas）能起作用的一種研究方法，如此和IR的建構主義研究就不容易區分。此外，最爲廣義的批判的IPE還包括後現代（post-modern）、後結構（post-structural）與後殖民（post-colonial）思想。[49]毫無疑問，其中以考克斯爲首的新葛蘭西主義提出了自己較爲明確的研究議題、方法與分析框架，如此較容易進行學術積累，形成一個系統性的學派，受到主流IR/IPE學者的重視並與之進行對話。[50]

　　新葛蘭西主義主要是運用考克斯所建立的歷史結構分析（analysis of historical structure），從理念（ideas）、物質能力（material capabilities）和制度（institutions）等三個要素之間的辯證關係，來分析社會、國家和世界等人類活動的領域。實際上，考克斯的歷史結構分析不同於吉爾平的IPE三分法，例如：考克斯以國家／社會複合（State-Society Complex）的概念取代自由主義與經濟民族主義的國家中心分析途徑；[51]對於自由主義的制度理性與經濟民族主義的國家理性，考克斯則是透過理念及社會生產關係的分析，反對前兩者的實證主義方法；至於馬克思主義，考克斯摒除上層政治結構及下層經濟結構區分的傳統見解，認爲國家及市場是鑲嵌在社會之內的，階級不僅存在於國內，亦可成爲跨國階級，或者各階級結盟成歷史集團（historical bloc），推動霸權秩序。考克斯的歷史結構分析吸引了許多學者的參與，將其運用在區域整合、全球霸權、全球市民社會以及反霸權等議題上，形成獨樹一格的研究途徑。相較於女性主義、環境主義或建構主義，新葛蘭西主義對於IR/IPE研究的影響更

*International Political Economy: Contrasting World Views* ( London: Routledge, 2008), pp. 48-54. D. N. Balaam and M. Veseth, *Introduction to International Political Economy* (New Jersey: Pearson Prentic Hall, 2008), pp. 89-92.

[49] Ronen Palan and A. Amin, "Towards a Non-Rationalist International Political Economy," *Review of International Political Economy*, Vol. 8, No. 4 (2002), pp. 559-577.

[50] J. K. Jacobsen, "Duelling Constructivisms: A Post-Mortem on the Ideas debate in Mainstream IR/IPE," *Review of International Studies*, Vol. 29, No. 1 (2003), p. 40.

[51] 經濟自由主義者雖然不若民族主義者，將國家視爲國際關係的重心，但從亞當斯密到當代經濟自由主義學者，其研究重點仍然圍繞著國家，試圖尋找國家繁榮富強的法則，以及據此制訂國家政策。因此，本文仍視吉爾平所區分的經濟自由主義爲國家中心研究途徑。

大，也因此常被視爲批判的IPE之代表性研究途徑，甚至將兩者等同起來。

　　一些女性主義學者或許爲了方便討論，就直接將批判的IPE與新葛蘭西主義劃上等號，[52]並抨擊批判的IPE僅注重國家或市場公領域的問題，而忽略對私領域的家庭角色之關注，尤其是女性無償勞動與社會再生產活動對資本主義市場或全球化過程的建構作用。基於階級支配的歷史結構分析，新葛蘭西主義早期研究的確關心到婦女勞工遭受剝削的情形，但是女性主義IPE認爲須要更進一步說明，性別關係是如何結合正式／非正式經濟活動或公／私領域，以形成一個完整的分析架構或研究途徑的。更爲重要的是，新葛蘭西主義雖已認識到婦女勞動在全球化中的地位，談論婦女在社會生產中的無償勞動，以及強調女性在正式經濟部門中所構成的特別勞動分工，但仍然未能理解經由工作所建構的性別本質。簡言之，新葛蘭西主義忽略性別認同（男性、女性）是如何在日常生活實踐中形成的，包括在工作場域、家庭私領域以及其他社會和政治制度等。這樣的忽略是需要正視的，因爲性別認同是勞動分工、權力關係，甚至是經濟發展的基礎。可以說，性別認同是女性主義IPE的研究核心，亦是批評新葛蘭西主義無性別階級分析最主要的地方。[53]

　　儘管女性主義IPE學者批評新葛蘭西主義忽略女性所起的作用，以及目前兩者間少有對話，不過在同爲批判的傳統下，一些女性主義IPE學者還是希望能夠結合新葛蘭西主義研究途徑，建構理論並且指導社會運動。亦即，新葛蘭西主義以生產模式（經濟）和階級（社會團體）爲核心要素，在分析跨國歷史集團建立全球霸權的過程當中，女性主義IPE希望能將性別因素嵌入階級與意

---

[52] Sandra Whitworth, *Feminism and International Relations: Towards a Political Economy of Gender in Interstate and Non-Governmental Institutions* ( London: Macmillan Press Ltd, 1997). Georgina Waylen, "You Still Don't Understand," pp. 145-164. Penny Griffin, "Refashioning IPE: What and How Gender Analysis Teaches International(Global) Political Economy," *Review of International Political Economy*, Vol. 14, No. 4 (2007), pp. 719-736.

[53] Jill Steans and Daniela Tepe, "Gender in the Theory and Practice of International Political Economy—the Promise and Limitations of Neo-Gramscian Approaches," in Alison J. Ayers, ed. *Gramsci, Political Economy, and International Relations Theory* ( New York: Palgrave Macmillan, 2008), pp. 133-144.

識型態的分析，打破公／私領域、國家／市場與全球／地方等界線，以修正歷史結構分析的「性別盲」問題。再者，女性主義IPE認為市場從既存的不平等性別社會關係，包括女性無償勞動、社會再生產以及廉價女工薪資獲利外，經濟生產的運作同時也依賴其他的分工及不平等形式之存在，包括種族、階級和民族。[54]因此，女性主義IPE首要揭露性別不平等關係，但同時並未忽略其他類型的不平等關係，特別對女性主義運動而言，能夠與其他類型的社會團體結盟，將會是反霸權（counter-hegemony）社會運動的重要一環。相對地，新葛蘭西主義的反霸權運動實踐也應該體認到，除了階級之外，還存在包括性別在內的其他社會矛盾關係。因此，反霸權的歷史集團組成必須是一種聯合階級、性別、宗教與種族等議題的新社會運動。

　　總之，如女性主義IPE學者威蘭所言，相較於主流的IPE，批判的IPE（主要是指新葛蘭西主義）還是具有更大的可能性能夠將「性別」納入分析架構之內。因為，女性主義IPE與批判的IPE在方法學上是比較相容的，皆是從歷史結構來關注政治經濟活動，以及個人和其行動的本質。在本體論上，主張社會關係的建構（the construction of social relations）；認識論上，反對實證主義與理性選擇為唯一研究方法；而在方法論上，則採用交叉學科或跨學科的多元分析。兩者的差異在於，女性主義IPE更強調從個人與結構以及日常生活實踐來分析，而新葛蘭西主義的批判IPE往往是宏觀結構取向，由上而下（top-down）進行研究。[55]所以，女性主義IPE的一大挑戰即是如何將IPE轉為由下而上的分析，從個人日常生活經驗聯結地方、國家再到全球的不同層次。然而，這一過程並非簡單的單向因果關係，而是遠為複雜的雙向互為建構關係。設立這種跨層次研究綱領或理論並不容易，[56]這仍有待女性主義IPE學者的努力。

---

[54] Juanita Elias, "Critical Feminist Scholarship and IPE," in Stuart Shields, Ian Bruff, Huw Macartney, eds., *Critical International Political Economy*, p. 105.

[55] Georgina Waylen, "You Still Don't Understand," pp. 145-153.

[56] Peter Gourevitch, "Domestic Politics and International Relations," in Walter Carlsnaes, Thomas Risse, and Beth A. Simmons, eds., *Handbook of International Relations* (London: Sage Publications, 2002), p. 321.

## 第五節　結論

　　面對IPE學科的發展，女性主義學者也開始反思IPE研究中的性別因素，並試圖從對話與批判的過程當中，建立女性主義IPE的研究議題與方法學。然而，女性主義學者主張採取多元開放的交叉學科立場，因此很少會去刻意釐清女性主義IR和女性主義IPE之間的界線，常以女性主義IR/IPE表示兩者的類同。不過，本章認為既然出現了女性主義IPE這個研究途徑，探討女性主義IR與女性主義IPE之間的關係還是有價值的，這有助於我們更清楚女性主義IR發展為女性主義IPE的過程，及其間對於研究議題與研究方法所存在的繼承與創新。經由耙梳的過程也可以發現，女性主義IPE除了延續女性主義IR的研究外，同時也借鑑了女性主義PE的學術成果。從研究議題上來看，早先女性主義IR從性別視野出發，重新思索戰爭、和平、安全、權力、國家主權和國際體系等傳統IR所關注的議題。隨著冷戰的終結，女性主義學者亦開始關注PE研究的發展、全球化、全球治理、社會再生產和新自由主義結構調整計劃等問題，探討婦女在發展計畫與全球化中的角色，並強調性別權力及認同建構與全球化過程之間的互動關係。就方法學而論，女性主義IR是從批判現實主義IR理論出發，而女性主義IPE更側重批判新古典經濟學的「理性經濟人」假設，質疑這些理論背後所隱藏的男性特質，反對公／私、理性／情感、自利／利他、國家／市場、全球／地方或者國際／國內的二元區分研究。

　　此外，女性主義學者與主流IPE或批判的IPE學者間之論辯過程亦能突顯出女性主義IPE的研究特色。女性主義IPE反對主流IPE僅注重國家與市場的互動關係討論，且將兩者視為依循自我運作邏輯的實體或公領域，事實上，不論國家或市場都是鑲嵌於社會，且私領域的社會再生產活動是資本主義發展或全球化過程的重要組成部分，公／私領域的二元劃分貶低了婦女無償家務勞動的價值。

　　另一方面，一些女性主義學者將批判的IPE等同於以考克斯為首的新葛蘭西主義，主要是因其最具代表性，是為了凸顯其和主流的IPE一樣在全球化或發展研究中都忽略性別因素的討論。不過，女性主義與新葛蘭西主義的對話也出現了融合的可能性。貝克（Isabella Bakker）與吉爾（Stephen Gill）兩人編輯的論文集即迥異於過去新葛蘭西主義的研究，嘗試嵌入性別因素來探討全球化對父權體制和資本主義的影響。這項女性主義IPE的創新研究乃是引用考克斯的歷史結構要素（包括物質能力、理念和制度），將其轉化為市場生產／社會再生產、新自由主義（Neo-Liberalism）及新憲政主義（New Constitutionalism）三者間的辯證關係（如圖4-1所示），用以分析當今全球化下的歷史結構。首先，新自由主義意識型態加速全球化進程，鼓吹自由放任的市場機制，推動涵蓋人員、勞務、商品及資本之流通。其次，新自由主義政策經由國際及國內、正式及非正式組織給予制度化、正當化及合法化，例如國家層次的自由權、私有財產權保障、全球層次的條約協議、國際組織的援助計畫等。此種新自由主義治理架構又稱為新憲政主義，意即授權市場力量來重新塑造經濟和社會的發展。最後，則是全球化使得公／私領域的界線變得模糊，家庭社會再生產與市場經濟生產之間的互動更為密切。女性主義IPE應從社會再生產出發，尤須考慮到女性本身的階級、族群以及國籍背景，才能理解女性參與全球化背後所代表的意涵。[57]

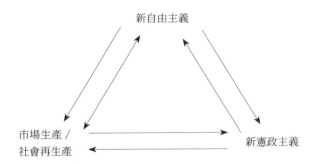

新自由主義

市場生產／
社會再生產　　　　　　　　　　　　　　　新憲政主義

**圖4-1　Feminist IPE的歷史結構分析**

資料來源：作者自行繪製。

---

[57] Isabella Bakker and Stephen Gill, eds., Power, *Production and Social Reproduction: Human In/Security in Global Political Economy* (New York: Palgrave Macmillan, 2003).

　　不過，該歷史結構途徑仍面臨相當的挑戰，其除將市場生產／社會再生產、新自由主義意識型態及新憲政主義制度等三要素的辯證關係用於解釋國內和國際的秩序結構外，更要解釋國內、國際層次彼此間的互動。問題是，女性主義IPE所建立的動態研究圖像（參見圖4-2），強調要素及層次之間的辯證關係（←→代表辯證關係）而非單向因果關係，與靜態分析比較，這雖然更能接近社會現實，不過想進行實際操作卻不太容易。譬如，女性主義IPE歸納出的市場生產／社會再生產、新自由主義、新憲政主義等三要素，想要具體釐清這些概念本身就不太容易，更遑論能夠清楚解釋要素之間的關係。再者，同樣的情形亦出現在如何解釋國際與國內層次的互動上，過去主流IPE嘗試克服跨層次分析上的困難，無論是卡贊斯坦的國內結構理論（國內→國際）、柯瑞維奇的第二意象翻轉理論（國際→國內→國際）、還是普特南的雙層博弈理論（國際←政治菁英或談判代理人→國內社會），都清楚地界定了國內與國際間的因果關係，但是女性主義IPE強調國際與國內兩層次間是互為因果的辯證關係。如此，由於變數及分析層次的增加，當然面臨的挑戰就愈大。事實上，如何在貼近經驗現實與理論邏輯嚴謹間取得平衡，是所有社會科學研究都會面臨的問題。正如基歐漢曾經建議的，如何超越二分法，包括批判理論和問題解決理論、詮釋／歷史途徑和實證主義，以及社會建構和去社會（asocial）的自然法

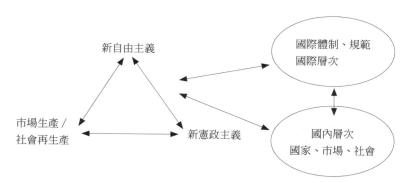

**圖4-2　女性主義IPE的動態研究圖像**
資料來源：作者自行繪製。

則等，是女性主義IR進一步發展必須面對的挑戰，[58]這項工作或許也是女性主義IPE必須接續承擔的。

　　本章從知識發展史來理解女性主義IPE的特點及其與女性主義IR、女性主義PE、主流IPE和批判的IPE的關係，研究方法上雖與「後設」（Meta-）方法一樣，都採取分類及比較的方式來釐清知識的本體論、認識論和方法論，然而不同的是，後設分類的目的在於以歸納和分類知識的方式，方便理解知識所屬的特色。而本章所進行的分類並非是僵固及不可逾越的，而是希望以全景圖像模式（Holograms），整體性地理解女性主義IPE的知識系絡以及與主流IPE以及批判的IPE之間的關聯性，而不至於陷入見樹不見林的狀況，或者僅理解當代發展，而未能掌握知識的變遷、如何發酵成為問題，以及為何學者想要去解決某個問題。總之，相信透過學術社群之間的對話以及更多學者的投入研究，女性主義IPE的發展將更為成熟，同時也能推動整體IPE研究水平的提升。

---

[58] Robert O. Keohane, Beyond Dichotomy: Conversations Between International Relations and Feminist Theory, *International Studies Quarterly*, Vol. 42, No. 1 (1998), pp. 193-198.

李政鴻、余家哲

## 第一節　前言

　　國際關係理論發展至今，美國學術界主導的態勢相當明顯，或許是意識型態及冷戰之故，馬克思主義學者雖不乏國關理論，卻被排除在主流的辯論外。[1]1970年代以前，馬克思主義國關理論主要探討資本主義金融帝國、依附關係以及世界體系等，缺乏與主流國關理論對話的機會，直至1970年代國際政治經濟學（International Political Economy, IPE）再次勃興，國際關係理論才重視馬克思主義思想對國際事務的理解，其中又以新葛蘭西學派（Neo-Gramscian school）最受重視。

　　新葛蘭西學派的理論基礎，根源於義大利左翼思想家安東尼奧・葛蘭西（Antonio Gramsci, 1891-1937）的政治理論，其思想在戰後廣泛地被運用在社會科學研究（見表5-1）。加拿大約克大學（York University）的羅伯特・考克斯（Robert W. Cox）進一步將其思想運用到國際關係領域，爾後其他學者也採用葛蘭西的觀點，如史蒂芬・吉爾（Stephen Gill）、[2]安德利斯・畢勒

---

[1] 國際關係理論可分成四次辯論：理想與現實主義（一戰後至1960年代）、傳統主義與行為主義（1950年代）、新現實主義與新自由主義（1970至1980年代）、實證主義與後實證主義（1990年代）。第四次辯論為方法論之爭，新葛蘭西學派屬於批判理論，但也僅能勉強算參與。

[2] 例如Stephen Gill, ed., *Gramsci, Historical materialism and International Relations* (New York: Cambridge University Press, 1993). *Power and Resistance in the New World Order* (New York: Palgrave Macmillan, 2003).

（Andreas Bieler）、[3]基斯・德比爾（Kees van der Pijl）、[4]馬克・魯伯（Mark Rupert）[5]等人，並進一步以此來探討全球化與區域化的現象。這些國關／國政經學者被稱為新葛蘭西學派或義大利學派（Italian school），方法學上則是探用歷史唯物主義（historical materialism）。[6]

表5-1　1945-2004年葛蘭西觀念運用在社會科學期刊狀況[7]

| 年份 | 1945-1970 | 1971-1980 | 1981-1990 | 1991-2004 |
|---|---|---|---|---|
| 總篇數 | 19 | 157 | 316 | 386 |
| 觀念運用擴及的新領域 | 政治哲學<br>義大利研究 | 教育 | 語言學<br>爵士樂<br>戲劇<br>農民研究<br>國際政治經濟<br>地理<br>其他國家研究<br>宗教 | 性別<br>文學<br>漁業<br>都市研究<br>非洲文化<br>老人<br>男人<br>穆斯林<br>兄弟關係<br>無政府主義<br>會計<br>網路<br>圖書館研究 |

資料來源：Kees Van Der Pijl, "Gramsci and Left Managerialism," in Andreas Bieler and Adam David Morton, eds., *Images of Gramsci: Connections and Contentions in Political Theory and International Relations*, p. 114.

---

3　例如 Andreas Bieler, *Globalisation and Enlargement of the European Union—Austrian and Swedish Social Forces in the Struggle over Membership* (New York: Routledge, 2000). Andreas Bieler and Adam David Morton, eds., *Social Forces in the Making of the New Europe* (New York: Palgrave, 2001). Andreas Bieler and Adam David Morton, eds., *Images of Gramsci: Connections and Contentions in Political Theory and International Relations* (New York: Routledge, 2006).

4　例如 Kees van der Pijl, *The Making of Atlantic Ruling Class* (London: Verso, 1984); *Transnational Classes and International Relations* (New York: Routledge, 1998).

5　例如 Mark Rupert and Hazel Smith, eds., *Historical Materialism and Globalization* (New York: Routledge, 2002). Mark Rupert, "Globalising Common Sense: A Marxian-Gramscian (Re-)vision of the Politics of Governance/Resistance," *Review of International Studies*, Vol. 29 (2003), pp. 181-198.

6　由於源自葛蘭西的思想，所以稱這些研究國際關係者為義大利學派，或者因為考克斯在研究架構的貢獻，亦有人稱為考克斯學派（Coxian School），總體而言，稱新葛蘭西學派最為普遍。

7　樣本母體為涵蓋數種語言、約四萬篇社會科學文章的學術性刊物，統計文章標題或是摘要包括「葛蘭西」一詞的總數。

　　新葛蘭西學派試圖整合國家與社會、政治與經濟和國際與國內等研究層次，希冀能提供國際關係研究另一種視野。為達到理論目的，考克斯建立歷史結構分析（analysis of historical structure），從觀念（ideas）、物質能力（material capabilities）和制度（institutions）等三個要素之間的辯證關係，來分析社會、國家和世界等人類活動的領域。隨著國際政治經濟學的發展，越來越多學者重視跨國行為者對國際關係的影響，歷史結構分析同時也符合政治與經濟結合的理論需求。再者，1970年代以後，主流國關理論和國際政治經濟學熱烈討論美國霸權存續與後霸權秩序等相關議題，新葛蘭西學派對霸權以及世界秩序獨特的看法，更可以增添國關／國政經理論的豐富性。

　　本章除前言外，將分成五個部分依次討論新葛蘭西學派。首先討論葛蘭西的公民社會、霸權和歷史集團等概念，這是新葛蘭西學派的理論基礎；第二部分探討新葛蘭西學派的歷史結構分析，尤其是考克斯將葛蘭西的概念延伸運用到國際關係之中，建立辯證的歷史結構分析方法；第三部分則回到認識論與方法論，新葛蘭西學派與主流國際關係理論的對話，不僅存在考克斯建立的歷史結構分析，更在認識論與方法論上有所差異；第四部分將介紹新葛蘭西學派在國際關係的研究現狀，特別是區域整合、全球霸權與全球公民社會這三大領域；最後，既然新葛蘭西學派的理論基礎為葛蘭西，因此從考克斯以降運用在國際關係領域的研究必然也會有所限制。當然，這些限制和時空發展所帶來的挑戰，另一方面也會更擴大新葛蘭西學派的研究範疇。

## 第二節　葛蘭西的政治思想

　　葛蘭西本人的著作對國際關係著墨不多，僅在國內變動這一部分提及國際因素之重要性。[8]不過，他的政治思想卻影響後來考克斯等人對國際事務的理

---

8　葛蘭西認為國內變動會受到兩項國際因素影響：意識形態與生產模式。先進國家源自生產模式改變而產生的意識形態，例如隱含在自由主義背後的福特大量生產模式，透過美國傳

解，尤其是公民社會（civil society）、霸權（hegemony）以及歷史集團（historical bloc）等三個概念，關鍵性地連結葛蘭西與國關／國政經新葛蘭西學派的發展。

## 一、公民社會

葛蘭西使用公民社會一詞泛指私部門，即不直接隸屬於國家的社會行動與制度之總合，如學校、教會、俱樂部、報社與政黨等。實質上，葛蘭西並非單從公民社會本身來探討構成要素以及能動性，而是藉由探討公民社會與國家之間的關係，逐一建立重要的概念。[9]葛蘭西試圖跳脫馬克思主義的工具論，他認爲經濟基礎不能完全決定上層結構的政治及意識形態，社會團體能透過意識形態支配另一團體，並且建立霸權統治。[10]

然而，想要釐清葛蘭西的思想並不容易，他的著作特性爲零碎、不連貫，而且常有前後想法不一致的現象。馬丁・卡諾伊（Martin Carnoy）整理葛蘭西的國家理論時發現其對「公民社會—國家」之間關係存在三組不同的形式看法：首先是對立關係，沿襲黑格爾年代對公民社會／國家間對立的看法，統治階級在公民社會中建立霸權，國家則享有強制權，兩者存在指導與統治的對立關係；其次爲國家包含公民社會，即國家等於政治社會（political society）加上公民社會，即以鎮壓和文化霸權，尤其是後者來進行統治；第三爲國家等同於公民社會，兩者間相互依存滲透，也就是鎮壓和文化霸權難以區隔使用。[11]

---

播以及國內知識份子的解釋、散布，使之成爲國內變動的國際要素。請參閱Quintin Hare and Geoffrey Nowell Smith, (eds. and trans.), *Selections from the Prison Notebooks of Antonio Gramsci* (New York: International Publishers, 1992), pp. 116-117.

[9] 若要理解葛蘭西的霸權及歷史集團等兩個關鍵詞，亦須從「公民社會—國家」間關係著手，理解葛蘭西與古典馬克思主義者間國家理論之差異，才能理解葛蘭西的霸權及歷史集團的特殊意涵。

[10] James Martin, *Gramsci's Political Analysis: A Critical Introduction* (London: Macmillan Press Ltd, 1998), pp. 65-66.

[11] Martin Carnoy，杜麗燕、李少軍譯，《國家與政治理論》（台北：桂冠圖書股份有限公司，1995），頁88-89。Quintin Hare and Geoffrey Nowell Smith, (eds. and trans.), *Selections from the Prison Notebooks of Antonio Gramsci,* pp. 207-208.

一般而言，葛蘭西這三組「公民社會—國家」關係的觀點，以第二種最常被提及討論。

談論公民社會與國家之間的關係時，葛蘭西強調要理解公民社會中知識份子的重要性，他認為知識份子並非單一社會階級，每個人皆可能成為知識份子，但不見得知識份子都具備社會功能。葛蘭西從社會功能論角度，區分兩種知識份子類型：第一種為傳統的專業知識份子，源自於既存的社會結構，並且依附在一至二個基層階級；第二種則為有機知識份子，存在於各個階級，扮演教育、領導和組織者的角色。[12]葛蘭西認為十九世紀後西歐資本主義社會的發展，致使公民社會與國家之間互動更頻繁，霸權範圍也更廣，意識形態的角色越為重要。因此，有機知識份子對意識形態之接納和傳播的功能，成為霸權建立的重要一環。

## 二、霸權

隨著資本主義的發展，馬克思與恩格斯預言的無產階級革命在當時並未實現，對此葛蘭西為尋求對真實世界的理論解釋，遂經由「公民社會—國家」的辯證關係，提出「文化霸權」（cultural hegemony）的概念。文化霸權是指一個政治階級成功地說服社會其他階級，接受自己的道德、政治以及文化的價值觀念。[13]就葛蘭西觀察，工人階級之所以未能取得勝利，並受限於資產階級的文化霸權，乃是政治領域零和競賽的結果。[14]這種基於文化而非經濟素材的霸權理論，葛蘭西坦承受到列寧思想啟發，特別表現在意識形態方面。文化霸權的主要功能在解決馬克思、恩格斯與列寧之間的思想差異。[15]

---

[12] Quintin Hare and Geoffrey Nowell Smith (eds. and trans.), *Selections from the Prison Notebooks of Antonio Gramsci*, p. 3.

[13] James Joll，石智青校閱，《葛蘭西》（台北：桂冠圖書股份有限公司，1994），頁106。

[14] Ernesto Laclau and Chantal Mouffe，陳墇津譯，《文化霸權和社會主義的戰略》（台北：遠流圖書股份有限公司，1994），頁95。

[15] 列寧在二十世紀初主要提出兩點對應古典馬克思主義：首先，駁斥其認為工人階級能從物質生活中自動獲得革命意識，強調發動革命中思想意識變革的重要性；另一點認為資本主義為帝國主義最高階段。請見James Joll, 石智青校閱，《葛蘭西》，頁105-106。Thomas R. Bates, "Gramsci and Theory of Hegemony, " *Journal of History of Ideas*, Vol. 36, No. 2 (Apr.-Jan., 1975), pp. 359-360.

　　直至去世爲止，葛蘭西並未有系統地闡述霸權，概念伴隨「公民社會—國家」間關係而有不同。如果單從黑格爾的國家與社會對立觀來看，統治階級在公民社會中建立的霸權，是對立於國家的政治霸權，兩者存在前述的指導—統治關係。然而，葛蘭西所謂政治霸權的立法、司法及行政等三項權力來源，卻與公民社會密切連結。[16]方法論上，葛蘭西區分公民社會與國家，不過兩者互爲實踐：一方面避免自由簡約論（liberal reductionism），單純視公民社會爲獨立於國家的實體；另一方面則避免班尼狄托・克羅齊（Benedetto Croce）的靜態史觀，以及法西斯主義者將公民社會全部事務歸於國家，並爲國家利益服務的功能簡約論（functional reductionism）。[17]簡言之，葛蘭西的文化霸權涵蓋公民社會及國家，意謂統治階級對從屬者的意識形態優勢。

　　相對於霸權，葛蘭西提出更清晰的「反霸權」概念，並借用軍事術語「運動戰」（war of manoeuvre）與「陣地戰」（war of position）來解釋反霸權的可能策略。這兩種策略分別對應國家與公民社會：運動戰爲直接對國家進行正面攻擊，歷史上典型成功的例子包括法國大革命和蘇維埃革命；陣地戰則是一種持久戰，戰場領域爲公民社會，其中意識形態的角色至關重要。葛蘭西認爲國家與公民社會相互滲透的程度愈高，採取正面攻擊運動戰的成功機會相對減少。而且，當統治者面臨危機時，既存霸權亦會遭受群眾（尤其是農民和小資產知識份子）質疑與對抗，屆時統治者將行消極革命（passive revolution）[18]以處理危機。

---

[16] 除行政權指文字法律及其執行外，立法權與司法權存在國會及政府間，民主國家之國會與公民社會密切互動，從這程度來看，政治霸權很難完全與公民社會切割。見Quintin Hare and Geoffrey Nowell Smith (eds and trans), *Selections from the Prison Notebooks of Antonio Gramsci*, p. 246.

[17] 從這裡也可看出，葛蘭西不認爲公民社會可以簡單地對立於國家外，或者僅是國家的工具，諸如此類用法都被他歸爲簡約論。見David Forgacs, ed., *A Gramsci Reader: Selected Writings 1916-1935* (London: Lawrence and Wishart Ltd, 1988), p. 224.

[18] 消極革命是指在不改變社會關係前提下，形塑政治新的秩序。葛蘭西舉加富爾（Camillo Benso Conte di Cavour）的義大利統一運動、和第一次世界戰後法西斯掌權爲例。

## 三、歷史集團

歷史集團一詞源自法國哲學家喬治‧索瑞爾（Georges Eugène Sorel, 1847-1922），葛蘭西用來說明上層結構具有自主性，而非上、下層結構間簡單的因果關係。葛蘭西視國家和公民社會等上層結構與下層經濟結構爲對等關係，另一方面，物質力量與意識形態亦呈現對等，在此條件下無論任何階級都很難單獨行使支配的權力。所以，統治階級爲建立和鞏固霸權秩序，就必須與其他階級合作。歷史集團意謂著各種不同的社會團體，在承認統治階級建立的霸權爲前提下，結盟後所形成的集合體。[19]換言之，葛蘭西透過解釋歷史集團的形成和運作過程，有機地結合霸權概念、國家、公民社會與經濟生產關係。

葛蘭西認爲上、下層結構形成歷史集團。[20]歷史集團不能簡約成不同團體之間的關係，而是具有干預社會結構的力量，實現霸權結構與具體社會的生產關係。[21]因此，成功的歷史集團具備一套有效的意識型態，結合社會力量並凝聚共識。運作過程中，知識份子經由意識形態聯繫統治者和被統治者，滿足社會生產關係轉變的需求。[22]換言之，歷史集團有機地結合上層與下層結構，並沒有固定的形式。

統治階級位居歷史集團核心，透過吸納和消弭反對的社會力量，建立或鞏固有利的霸權結構。[23]所以在某些時候，國家成爲統治階級的特定機關，用以創造有利條件，來協助統治與從屬階級之間的合作；同時國家也是衝突、協商

---

[19] James Martin, *Gramsci's Political Analysis: A Critical Introduction* (London: Macmillan Press Ltd, 1998), pp. 82-83.

[20] David Forgacs, ed., *A Gramsci Reader: Selected Writings 1916-1935,* p. 192.

[21] Jonathan Joseph, "A Realist Theory of Hegemony," *Journal for the Theory of Social Behavior*, Vol. 30, No. 2 (2000), p. 182.

[22] 葛蘭西所謂的意識形態，其實爲共識（common sense）的部分。葛蘭西文中以義大利爲例，說明自由貿易以及工會主義等兩個意識形態，前者屬於統治階級，後者屬於從屬階級，歷史集團可能包含兩者在內。

[23] 霸權結構指的是有利於統治階級的秩序，前文提及葛蘭西最常討論第二種國家與公民社會形式，即國家包含公民社會。因此，霸權結構不單限於公民社會中的霸權，而是涵蓋國家，甚至某些時候，國家還會成爲霸權統治的工具。

及妥協之處，成為實踐霸權的場域。[24]此外，統治階級也可能對其他階級讓步或作出犧牲，目的為擴大歷史集團的參與或修正意識形態，克服霸權危機可能導致的支配權喪失。簡言之，檢視統治階級的歷史，其實已經結合國家與社會團體，超越法律和政治層面，在國家與公民社會等上層結構組成有機的結合。

## 第三節　新葛蘭西學派的歷史結構

葛蘭西的學術興趣不在國際關係，但考克斯認為其思想能夠啟發並提供理解世界秩序的不同觀點。透過檢視葛蘭西的公民社會、霸權和歷史集團等重要概念後，考克斯在1981年和1983年發表的文章中，進一步詮釋葛蘭西的思想：觀念、物質能力和制度，與霸權和世界秩序的關連性，將之運用於國際關係領域，系統地建立一套理解世界秩序的新途徑，即為歷史結構分析。[25]

### 一、觀念、物質能力與制度

考克斯認為要理解世界秩序構成與變動原因，首要考察歷史結構的基本要素及其間的互動關係，才能更貼近現實。他使用觀念、物質能力和制度等三者之間的辯證關係，建立歷史結構（如圖5-1）。觀念包括主體間意義（intersubjective meanings）和集體意象（collective images），前者是一般人所接受的共識、規則或慣例，拓至國際關係可指國家間外交慣例，以及對現代國家之領土與主權看法；後者則為特定團體的意識型態，若不同團體間意識型態歧異，將攸關既存權力關係的正當性。物質能力包含生產與破壞的潛能，牽涉組織動

---

[24] Jonathan Joseph, "A Realist Theory of Hegemony," p. 183. David Forgacs, ed., *Gramsci Reader: Selected Writings 1916-1935,* p. 205.

[25] 這兩篇文章建立新葛蘭西學派的分析架構，Cox藉由Gramsci的霸權、歷史集團等概念解釋世界秩序。參閱Robert Cox, "Social Forces, States and World Orders: Beyond International Relations Theory," *Millennium*, Vol. 10, No. 2 (Summer 1981), pp. 126-155. "Gramsci, Hegemony and International Relations: An Essay in Method," *Millennium*, Vol. 12, No. 2 (Summer 1983), pp. 162-175.

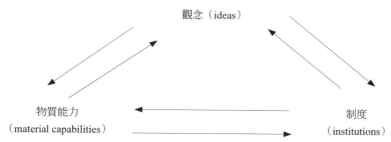

觀念（ideas）

物質能力
（material capabilities）

制度
（institutions）

**圖5-1　新葛蘭西學派歷史結構要素**

資料來源：Robert W. Cox, "Social Forces, States and World Orders: Beyond International Relations Theory,"
(1981), in Robert W. Cox and Timothy J. Sinclair, *Approaches to World Order* (New York: Cambridge
University Press, 1996), p. 98.

員、財富和使用技術能力。制度則混合觀念和物質能力，一方面作爲不同觀念
的戰場，另一方面亦是解決衝突的工具，制度化過程等同於鞏固特定秩序的過
程，制度成爲霸權的基石，不過霸權不可化約爲制度。[26]

　　上述歷史結構的三要素之間並非單向因果關係，而是複雜的辯證關係，考
克斯稱其爲行動架構，亦爲特定力量的結構圖像。進一步地說，考克斯連結葛
蘭西的霸權概念與其歷史結構，尋找現存規範、制度及慣例的起源與型塑過程
外，更將霸權擴充爲共識基礎，觀念受到物質資源和制度的支持，經由國家延
展到世界範疇。生產關係的模式爲分析霸權運作機制的起點，但並非簡單的經
濟化約論，而是包括知識、社會關係、道德、制度等要素間辯證關係。從這點
來說，考克斯的歷史結構亦可稱之爲霸權結構（hegemonic structure）。[27]

　　考克斯的歷史結構分析是要透過歷史情境理解各要素之間的辯證關係，
此方法又稱爲整體有限性（totality limitation），代表人類活動的研究存在
於特定範圍。[28]他將歷史結構運用在人類活動的三個領域：社會力量（social

---

[26] Robert W. Cox, "Social Forces, States, and World Orders: Beyond International Relations Theory",
(1981), in Robert W. Cox and Timothy J. Sinclair, *Approaches to World Order* (New York:
Cambridge University Press, 1996), pp. 98-99.

[27] 新葛蘭西學派考察世界秩序的方法，主要是從歷史結構當中，關注霸權存在與否。若是制
度、觀念或者階級之間偏好特定的秩序，這種歷史結構亦稱爲霸權結構。

[28] 新葛蘭西學派整體有限性的方法特色：一方面，反對將社會結構還原爲個別行爲者間的因果

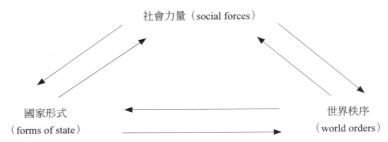

圖5-2　新葛蘭西學派歷史結構分析

資料來源：Robert W. Cox, "Social Forces, States, and World Orders: Beyond International Relations Theory," (1981), in Robert W. Cox and Timothy J. Sinclair, op. cit., p. 101.

forces）、國家形式（forms of state）和世界秩序（world orders）。社會力量指基於生產關係而締造的階級，生產模式轉變可能強化或弱化某特定階級，導致階級間可能的合作與衝突；國家形式則是國家／社會複合體（state／society complex），面對國內社會力量，國家採取何種立場因應；世界秩序指維持戰爭與和平的特定結構。[29]這三個活動領域無法單獨存在，彼此間關係亦非單向線性關係，同樣呈現辯證關係（如圖5-2）。

　　為更能釐清生產關係、國家與世界秩序間關聯，考克斯在1987年*Production, Power, and World Order-Social Forces in the Making of History*書中進一步闡述各相關概念，透過歷史分析方法展現各時期結構的轉變。考克斯反駁學界對「結構」的普遍看法，不認為結構是獨立於人類的固有觀念或是關係形式，人類只是結構的「承載者」（bearers）。無論是以語言、司法體系、生產組織或是政治制度等形式存在的結構，都是人類集體活動所創造。所謂的歷史結構，即是人類集體活動下，持續性的社會實踐。[30]換言之，歷史結構透過人類實踐

---

關聯，而是從整體的角度看待結構的作用，稱為整體性；另一方面，則是將人類活動聚焦在特定的時間與空間範疇，這有助於進行研究，稱之為有限性。

[29] Robert W. Cox, "Social Forces, States, and World Orders: Beyond International Relations Theory," in Robert W. Cox and Timothy J. Sinclair, *Approaches to World Orders*, pp. 100-101.

[30] Robert W. Cox, *Production, Power and World Order-Social Forces in the Making of History* (New York: Columbia University Press, 1987), p. 4.

活動建立，也能夠藉此改變。社會、國家與世界等三個人類活動領域當中，皆存在類似的歷史結構。考克斯之目的不是獨立研究各個領域，而是考察這三個領域間相互作用、探討結構改變的驅動力。也就是說，歷史結構的任何要素產生變化都會影響其他要素，經過時間的發酵與一定程度的累積，將可能成爲驅使結構改變的動力。

　　物質生產是所有人類團體的基本活動，分析歷史結構需從生產關係出發，從這點來看，可稱考克斯爲歷史唯物論者（historical materialist）。不過，考克斯的歷史唯物論與馬克思主義的歷史經濟論（historical economism）不同，堤姆斯・辛克雷（Timothy J. Sinclair）介紹考克斯的研究途徑時，就強調其生產並不限傳統農業、工業及商業等經濟意義，尙包括觀念、規範及制度等生產意義。[31]此外，在分析生產締造的社會關係上，考克斯仍延續階級分析，認爲馬克思主義談論的階級至今仍有效，只不過二十世紀後的階級內涵更爲廣泛，活動範圍更是超越國界。尤其需考量階級意識中的複合認同（complex identities），像是性別、種族（ethnicity）、宗教以及民族（nationality），這些認同常受國家與經濟權力支配或操控，呈現公開對立情形。[32]所以考克斯所談論的歷史集團雖源自葛蘭西的概念，但在解釋階級的聯盟關係上卻是更加複雜。換言之，考克斯從葛蘭西衍伸得到的觀念、物質能力與制度的互動關係，提供研究人類活動的架構與觀察世界政治變遷的結構分析。然而，這三種力量的複雜關係所形成的霸權結構是如何轉變的？對此考克斯進一步探討霸權與世界秩序的連結。

## 二、霸權與世界秩序

　　考克斯目的在理解社會力量、國家形式及世界秩序等辯證關係下的歷史

---

[31] Timothy J. Sinclair, "Beyond International Relations Theory: Robert W. Cox and Approaches to World Order," in Robert W. Cox and Timothy J. Sinclair, *Approaches to World Orders*, p. 9.

[32] Robert W. Cox and Michael G. Schechter, *The Political Economy of a Plural World—Critical Reflections on Power, Morals and Civilization* (New York: Routledge, 2002), p. 105.

結構，此特定結構是否穩定或是轉變，取決於霸權是否存在。他的概念受葛蘭西文化霸權影響，強調意識型態的作用，不同的是，考克斯的霸權不單限於國內，而是擴及全球層次，世界秩序的本質特別吸引他的興趣。因此，討論霸權與世界秩序的關係時，考克斯先釐清二種霸權不同用意：首先，霸權是一種支配關係，指一國支配另一個國家；另外，霸權僅是委婉用法，實際上指的是帝國主義。[33]考克斯的霸權並不是指強國對弱國的支配關係，而是包含國家與非國家行為者在內的結構，存在著對秩序本質共同的價值與理解。[34]換言之，霸權結構的穩定性並非單靠強制力達成，而是包含共識，即葛蘭西所謂的意識型態作用。

　　歸納過去歷史發展，考克斯將1845年後的世界秩序分成四個時期：（一）英國霸權時期（1845-1875），英國藉著強制手段，散布並實行比較利益、自由貿易及金本位等觀念，並且在歐洲大陸施行權力平衡政策，避免英國霸權受到挑戰；（二）非霸權時期（1875-1945），英國霸權受到挑戰，不穩定的權力平衡導致兩次世界大戰，各國拋棄金本位而採取貿易保護政策及形成經濟集團；（三）美國霸權時期（1945-1965）；（四）不穩定的美國霸權時期（1965年後）。[35]考克斯基於霸權穩定性所區分的歷史時期，其特性包括建立協調國家間衝突的規則，更從連結社會階級、生產模式轉變等方面，理解支配、從屬等社會階級關係。考克斯舉卡爾（E.H. Carr）的歷史研究為例，十八世紀工業革命致使工業勞工增加，國家面對新社會階級的國內壓力，致使在國際層次上更容易採行經濟保護主義或是帝國主義，導致世界經濟零碎、衝突增加。[36]

---

[33] Robert W. Cox, "Gramsci, Hegemony, and International Relations: An Essay in Method," in Robert W. Cox and Timothy J. Sinclair, *Approaches to World Orders*, p. 135.

[34] Robert W. Cox, "Towards a Posthegemonic Conceptualization of World Order: Reflections on the Relevancy of Ibn Khaldun," in Robert W. Cox and Timothy J. Sinclair, *Approaches to World Orders*, p. 151.

[35] Robert W. Cox, "Gramsci, Hegemony, and International Relations: An Essay in Method," pp. 135-137.

[36] Robert W. Cox, "Social Forces, States, and World Orders: Beyond International Relations Theory," in Robert W. Cox and Timothy J. Sinclair, *Approaches to World Orders*, pp. 100-101.

　　資本主義的發展使得世界秩序運作更複雜，因此，考克斯又提出「生產國際化」（the internationalization of production）和「國家國際化」（the internationalization of the state）等兩個概念，更細膩描繪跨國階級的互動關係。生產國際化指跨越國界投資的現象，跨國資本享有知識與技術，包括工業以及金融資本，建立跨國生產組織。根據比較利益原則，跨國生產組織向國外尋找成本低廉的投資機會，有時候則是國家提供政策誘因，吸引更多外資進入。考克斯亦將生產構造的社會關係擴大至全球層次，在國際生產過程中形成新的全球階級（global class），跨國管理階級爲其中的代表。另外，勞工階級本身並非鐵板一塊，從技術熟練、精巧程度可區分成建制／有組織（established）勞工與非建制／無組織（non-established）勞工，這兩類勞工面對跨國生產組織的態度不同，對國家政策看法也有所差異。

　　國家國際化是國家回應全球化和適應國際生產的過程，隨之調整政策和制度，民族國家並未消失在全球化的經濟運作中，反而是成爲更複雜的政治結構之一部分。[37]國家政策的產出其實是面對國際和國內結構雙重壓力的妥協結果，政府部門之間的意見就可能因分歧而激烈衝突。例如，應該採行保護主義或是自由貿易政策，在經濟部與環保署或勞委會之間就可能有不同意見。國家國際化牽涉到共同觀念、達成一致的協商與參與程序、以及國內結構改變。如此，要達到國際化政策一致的程度，考克斯認爲需要具備一套權力結構，從上至下、從觀念到制度面，來推動國際化政策。[38]所以，考克斯所謂歷史結構中的制度，是將問題處理程序化而建立的一套規則，亦就是指社會實踐的過程。這牽涉國內及國際兩個層面，在全球層次上指建制（regime），諸如國際組織以及國際規範等；[39]而國內層次則指國家形式，包括福利民族國家（the welfare-nationalist state）、法西斯統合主義國家（the fascist corporative state）與再

---

[37] Robert W. Cox, *Production, Power and World Order-Social Forces in the Making of History* (New York: Columbia University Press, 1987), p. 253.

[38] Ibid., pp. 254-257.

[39] Robert W. Cox, "Towards a Posthegemonic Conceptualization of World Order: Reflections on the Relevancy of Ibn Khaldun," p. 149.

分配政黨控制國家（the redistributive party-commanded state）等不同形式。[40]

　　為理解世界秩序背後是否存在霸權，考克斯引用葛蘭西的歷史集團概念，解釋霸權秩序的形成以及變遷。生產國際化與國家國際化等跨國趨勢產生新的全球階級，歷史集團突破傳統民族國家的領土界線，成為跨國性的階級聯盟，推動霸權秩序的建立與轉變。主流國關理論亦看到此種霸權特性，例如羅伯特‧基歐漢（Robert Keohane）認為，國關理論中的新現實主義單從物質力量構成的權力平衡出發，無法解釋後美國霸權秩序，而是需要去考量國內政治、經濟以及文化因素。不過，考克斯認為基歐漢尚未能提出合適的替代理論或是途徑，反而其提出的歷史結構概念，結合制度、觀念與物質權力，才能夠有機連結國際與國內因素，其中歷史集團居於核心地位。[41]換言之，霸權結構的穩定性要從歷史集團來考察，而跨國社會力量結盟與互相滲透現象，更增添霸權秩序的複雜性。

　　歷史集團成員並非固定不變，所建立的霸權秩序亦可能遭受挑戰。全球化衝擊所有的社會階級，具備新技術的勞工與傳統勞工、政府官僚間可能對全球化存有歧異的想像與回應。歷史集團所維持的國內霸權秩序，可能面對國內反霸權勢力的挑戰，同時還要面對跨國階級的滲透，如同葛蘭西提及的策略，歷史集團能夠執行消極革命或是陣地戰，擴大或吸收參與成員，以對抗敵對的社會力量。同樣地，歷史集團可能轉變為跨國階級，吸納國外社會力量，或者與跨國階級合作，整併成全球性歷史集團。不過，如果反霸權社會力量挑戰成功，將會衝擊原有歷史結構，包含國內到國際層次的霸權秩序都會面臨重組的命運。

　　總而言之，考克斯的歷史結構並非靜態，而是動態的演變過程。國內支配

---

[40] 福利民族國家是考克斯獨創名詞，一方面指涉國家干預市場、制訂社會政策，另一方面則對外具有保護性格；法西斯統合主義不單指國家主導地位，更指出經濟權力支配本質，透過專制方式鎮壓異見，凍結階級間衝突；再分配政黨控制國家包括蘇聯及中國，政黨經由革命方式奪取政權，並且以黨領政，然一段時間後，仍須與社會不同階層妥協。見Robert W. Cox, *Production, Power and World Order-Social Forces in the Making of History*, pp. 164-209.

[41] Robert W. Cox, "Social Forces, States, and World Orders: Beyond International Relations Theory," in Robert W. Cox and Timothy J. Sinclair, *Approaches to World Orders*, pp. 102-103.

階級不斷往外擴張所構成全球性歷史集團，推動並維持世界霸權秩序的整個過程，需要意識型態以及制度的配合。國際組織是維持霸權秩序重要的制度，而透過意識型態可以正當化既存世界秩序，馴服反霸權的社會力量。簡言之，新葛蘭西學派的世界秩序，實際上為「霸權—反霸權」不斷衝突的過程，與主流國關理論注重國家與國家間權力衝突不同，而是更在意此表象下非國家行為者的角色。

## 第四節　新葛蘭西學派的方法論

新葛蘭西學派所提出的歷史結構分析，與主流國關理論的研究並不相同。前者通常帶有道德色彩，批判或懷疑既有的秩序；而後者接受既存秩序，採取實證主義的方法論，並忽略對歷史過程的考察。然而，要深入理解新葛蘭西學派就必須先探討理論的目的和方法論，特別是考克斯提出來的問題解決理論（problem-solving theory）和批判理論（critical theory）的分野，以及理論的方法學包括本體論、知識論和方法論的獨特性，從而可以確認「歷史結構分析」所呈現出的特色。

### 一、問題解決理論與批判理論

考克斯認為理論總是為某人的某種特定目的而存在，任何理論都由於所處的時空位置而具備特定的視野。他認為依據理論的目的，可將當前國際關係理論區分成問題解決理論和批判理論，前者認為世界有著他們所組織優勢的社會與權力關係，以及制度作為行動的架構，其目標是協助解決在優勢地位的現狀下所產生的問題，且針對問題提出簡單和直接的解決之道，來保存既有現狀的持續性；後者不認同優勢的制度、社會與權力關係是理所當然的，關注的面向應該是關係的來源與變遷過程，且可以從歷史的研究中理解過去的演變過程。毫無疑問，考克斯是將其所提出的歷史結構分析途徑歸納為批判理論。

　　根據考克斯的分類，新現實主義與新自由主義都屬於問題解決理論，目的是維護特定秩序或解決衝突的問題。這兩者採取實證主義（positivism）的知識論（epistemology）立場，假定行為者依據經濟理性來追求利益極大化，因此理解世界的方式為計算國家利益、衡量權力大小等兩方面，所以這類理論又可稱為理性主義途徑。新現實主義視國家為主要行為者，世界秩序的本質是無政府狀態，穩定與否端賴國家之間能否達成權力平衡；新自由主義同樣假設無政府狀態、著重國家間權力互動，差別在於強調國際建制有助於國家間合作。這兩種問題解決理論適用於特定歷史時期，尤其是權力關係相對穩定之際，如冷戰時期的美、蘇兩極對抗體系，或者二戰後西方資本主義國家間的經貿合作。因為是從上述理論假定的範疇來解決問題，影響的變數自然較少，因此似乎有著強大的現實解釋力。[42]

　　換言之，理性主義為了解決問題採取區分國家與社會的簡單二分法，國家就是要維護內部社會秩序、捍衛外部國防安全並維持市場運作的條件，且將外交政策視為純粹反映超出社會之外的國家利益。[43]簡言之，理性主義世界觀的原則是國家中心，其忽略或缺乏對國家／社會複雜關係的整體分析。考克斯和吉爾等新葛蘭西學派學者並不全然否定理性主義，反而肯定其對行動指導的作用，質疑之處在於問題解決理論將政治與社會秩序視為靜態，雖有利於解釋因果關係，方法上卻是保守的和充滿意識型態偏見。[44]

　　考克斯本人將歷史結構分析歸類為批判理論，質疑既存世界秩序的起源與變遷，這在後設（meta-）分類上或許有疑問，就如珍妮佛・史特林芙克（Jennifer Sterling-Folker）所言，新葛蘭西學派仍維持馬克斯主義對經濟資本主義的分析。不過，其知識論與哈伯瑪斯（Jurgen Habermas）批判理論的立場一

---

[42] Ibid., pp. 88-90.

[43] Ibid., p. 86.

[44] 考克斯認為，問題解決理論希冀如自然科學般尋求精確的依變項與自變項關係，因此，錯誤地將秩序固定化，並宣稱「價值中立」地對待每項變數。此種方法論上的謬誤無異是一種意識型態上的偏見，根本未能達到其所謂的價值中立。詳請參閱Ibid., p. 89。

致，都要追求解放的目標。[45]雖存在新葛蘭西學派究竟屬不屬於批判理論的爭辯，新葛蘭西學派至少在道德關懷是與批判理論一致的。吉爾就認為，新葛蘭西學派採取從下到上（bottom-up）的視野，關注社會運動而非管理，堅持道德為前提的分析，將正義、正當性、道德可靠性等議題融入關鍵概念。[46]其實，這正呼應考克斯擴大對階級議題的解釋，將關懷的對象涵蓋到不同種族、族群、性別及宗教等，超越無產階級或勞工階級。

## 二、本體論、知識論與方法論

隨著國際政治經濟學門在1970年代後勃興，從相關研究文獻顯示出越來越多學者認同類似新葛蘭西學派的研究途徑，畢勒與亞當・莫頓（Adam D. Morton）稱之為開放式馬克思主義（open Marxism）。[47]新葛蘭西學派認為，社會科學的核心任務是解釋社會行動及轉變，卻要面對行動者所建立的世界秩序先於觀察者存在的重大挑戰，亦即社會科學所面對的秩序是第二序實在（a second order reality），相較於自然科學直接對應第一序實在，社會科學普遍性的解釋能力當然會受到限制。[48]如此，新葛蘭西學派認為企圖模仿或複製自然

---

[45] Jennifer Sterling-Folker, "Historical Materialism and World System Theory Approaches," in Jennifer Sterling-Folker, ed., *Making Sense of International Relations Theory* (London: Lynne Rienner Publishers, Inc, 2006), p. 199.

[46] 例如考察霸權或是世界秩序時，新葛蘭西學派的分析就會夾帶道德描述，顯現其中的不正義或不正當性。見Stephen Gill, "Epistemology, Ontology, and the Italian School," in Stephen Gill ed, *Gramsci, Historical Materialism and International Relations* (New York: Cambridge University Press, 1993), p. 24.

[47] 開放式馬克思主義乃是從批判角度研究國際政治經濟學，「開放」意謂非決定論的歷史觀，主要研究議題包括國家理論、主體與客體間辯證關係、理論實踐與社會世界的解放等。畢勒與莫頓認為新葛蘭西學派的研究途徑能提供理解世界秩序的不同視野。請參閱Andreas Bieler and Adam David Morton, "Globalisation, the State and Class Struggle: A 'Critical Economy' Engagement with Open Marxism," *British Journal of Politics and International Relations*, Vol. 5, No. 4 (2003), pp. 467-499.

[48] 「第一序實在」指的是當事人對知識的直接取得，自然科學家在研究室的成果即屬此類；「第二序實在」則指社會科學家面對事件後所建構的社會真實（social reality），但會隨概念變動而有不同。因此，社會科學僅能使用條件式話語，有限地歸納出普遍通則。請參閱Stephen Gill, "Epistemology, Ontology, and the Italian School," in Stephen Gill ed., *Gramsci, Historical materialism and International Relations* (New York: Cambridge University Press, 1993), p. 21.

科學的研究途徑，找尋社會科學的自然法則（laws of nature），是不需要也不貼近現實。

先就本體論而言，新葛蘭西學派的歷史結構分析建立在物質能力、觀念與制度等三要素之間的辯證關係，意圖超越理性主義國關理論的國家中心本體論，或主客二元對立的認識論。考克斯不喜歡「國際關係」（international relation）或「體系」（system）這類普遍用法，因爲這容易讓人誤以爲國家是國際的是唯一行爲者，所以他寧願使用「全球政治」（global politics）來替代；同時，考克斯認爲「政治經濟」（political economy）比狹隘的「政治」更適當。[49]總體而言，新葛蘭西學派解釋的歷史結構，融合國家與社會、公私領域、政治與經濟，並且將上述領域歷史地鑲嵌（embed）到資本主義社會關係之中。[50]

新葛蘭西學派以社會結構爲分析基礎，強調和其他要素之間的辯證關係，因此又稱爲社會本體論（social ontology）或實踐本體論（praxis of ontology）。理性主義國關理論將國家當作基本實體（entity）和以權力平衡爲機制的本體論，缺乏對結構實體以及實體間關係的基本假設，如此就難以定義全球政治。[51]社會力量往往是考察國家形式轉變和世界秩序的基本前提，亦即社會本體從生產關係出發，再審視個人與世界的關連。[52]同時，結構存在由人類思想和行動建構的話語之中，另一方面結構又是社會、經濟及政治生活的實踐產物。[53]簡言之，結構是人類集體行動的產物，結構與人（能動者）之間相互影

---

[49] Robert W. Cox, "Towards a Posthegemonic Conceptualization of world order: reflections on the relevancy of Ibn Khaldun," pp. 144-145.

[50] Mark Rupert, "Alienation, Capitalism and the Inter-State System: Towards a Marxian/Gramscian Critique," in Stephen Gill, ed., 1993, *Gramsci, Historical materialism and International Relations*(New York: Cambridge University Press, 1993), p. 84.

[51] Robert W. Cox, "Towards a Post-Hegemonic Conceptualization of World Order: Reflections on the Relevancy of Ibn Khaldun," p. 144.

[52] Mark Rupert, "Alienation, Capitalism and the Inter-State System: Towards a Marxian/Gramscian Critique," p. 83.

[53] Robert W. Cox, "Towards a Post-Hegemonic Conceptualization of World Order: Reflections on the Relevancy of Ibn Khaldun," p. 149.

響，呈現主體和客體之間動態的辯證關係。

　　新葛蘭西學派又是如何理解歷史結構呢？本體論是關於採取何種途徑取得知識的立場，亦即本體論決定了知識論。新葛蘭西學派反對實證主義，關注歷史結構轉變和潛藏的意涵。[54]實證主義採取經驗考察的研究方法，意味著主體與客體、觀察者與被觀察者分離的認識論立場，但這難於理解複雜的歷史結構。因此，考克斯認為詮釋學的知識論雖未能如實證主義那般精簡，但卻適合理解變動的結構。[55]總體而言，新葛蘭西學派的知識論著重歷史詮釋和解放關注，頗符合哈伯瑪斯的實踐旨趣（practical interest）與解放旨趣（emancipation interest），[56]加諸融入解釋（explaining）與理解（understanding），尋求因果關係解釋。

　　方法論部分，又稱為歷史唯物論的新葛蘭西學派的研究方法涵蓋歷史方法、階級分析與辯證法等。理性主義國關理論的方法論，被批評為過度個人主義（individualism）和簡約主義（reductionism）：前者也把實證主義作為方法論，強調量化、統計研究、細分理論、博奕互動等科學研究，亦即是行為主義（behavioralism）；後者透過抽象的概念描繪整體，如以體系結構解釋國家之

---

[54] 此處討論是國關理論中的實證主義，史密斯(Steven Smith)認為國關實證主義符合勞德(Christopher Lloyd)所歸納的四項特徵：（一）邏輯主義（logicism），符合演繹邏輯準；（二）經驗確認主義（empirical verificationism），唯有經驗上可肯定及否定，或是定義為真，才是科學的；（三）理論和觀察區別（theory and observation distinction），存在觀察中立；（四）因果關係建立的觀念，為發現固定時間內觀察事件的關係。（詳請參閱Steve Smith, "Positivism and beyond", in Steve Smith et al., eds., *International theory: Positivism and Beyond* (New York: Cambridge University Press, 1996), p. 15.

[55] Robert W. Cox, "Towards a Post-Hegemonic Conceptualization of World Order: Reflections on the Relevancy of Ibn Khaldun," p. 147.

[56] 實踐旨趣的目的並非是客觀化現實，而是維持相互理解的交互主觀性（inter-subjectivity），消除兩個面向的溝通破裂：縱的方向是某人的個人生活歷史與其所屬的集體傳統，橫的方向是不同的個人、集團與文化的傳統之間的傳達，所以實踐旨趣是要在實踐的行為領域發展起來的。解放的旨趣是人類對自由、獨立與主體性的旨趣，目的是將主體從依附於客體的力量中解放出來。一切批判性的科學就是在解放的旨趣之基礎上建立和發展起來的，這種是社會解放，是在人與人之間建立沒有統治的交往關係與取得一種普遍的、沒有壓制的共識。見 Jürgen Habermas, translated by Jeremy J. Shapiro, *Knowledge and Human Interests* (Oxford, UK: Polity Press, 1987), pp. 175-177. 不過實踐旨趣並非在任何情況下都能暢通無阻，在現今的社會制度中，經濟的、軍事的和政治的機構對社會的全面統治，壓迫著對話，使得相互理解是越來越困難，因此哈柏瑪斯後期發展溝通理性與溝通行動理論，意圖解決這樣的問題。

間的互動行為，和國際層次的限制。新葛蘭西學派的方法論是歷史方法，試圖綜合個人主義與簡約主義，藉由歷史來理解並分析歷史締造者的心理改變過程，即理解人類互為主體所產生的共同行動，和隨之建立的政治與社會制度。[57]換言之，新葛蘭西學派的歷史結構分析，乃是特定時期主體、客體有機結合的方式，同時與過去產生的歷史之間的辯證過程。[58]考克斯從社會、國家及世界等三種不同層次解釋人類活動的過程，這意味著新葛蘭西學派的歷史結構與理性主義的簡約結構不同。此外，強調辯證關係更是否定理性主義的「能動者—結構」（agency-structure）之二元論（參見表5-2）。[59]

表5-2　理性主義與新葛蘭西學派國關理論的方法學差異

|  | 本體論 | 知識論 | 方法論 |
|---|---|---|---|
| 理性主義 | 國家、無政府狀態、權力平衡機制等構成世界秩序 | 實證主義<br>經驗主義 | 個人主義<br>簡約主義<br>經濟學方法 |
| 新葛蘭西學派 | 物質力量、制度、觀念構成的世界秩序<br>社會本體<br>實踐本體 | 詮釋學<br>解釋途徑 | 辯證法<br>歷史方法<br>階級分析 |

資料來源：作者自行整理。

---

[57] Stephen Gill, "Epistemology, Ontology, and the Italian School," p. 24.

[58] Andreas Bieler and Adam David Morton, "The Gordian Knot of Agency-Structure in International Relations: A Neo-Gramscian Perspective." *European Journal of International Relations*, Vol. 7, No. 1 (2001), pp. 17-18.

[59] 新葛蘭西學派學者認為理性主義國關理論，特別是新現實主義，強調結構的制約功能，因而常忽略能動者對於結構的影響。就這點而言，新葛蘭西學派的觀點頗類似建構主義的論述。然而，新葛蘭西學派與建構主義者是存在方法論的差異，如亞歷山大·溫特（Alexander Wendt）是從物質與觀念來區分兩者。比較可惜的是，溫特的建構主義是與理性主義進行比較研究，且就筆者掌握的新葛蘭西學派學者文獻來看，如考克斯和吉爾等，也同樣是與理性主義比較；筆者認為，若新葛蘭西學派與建構主義能進行對話與深入探討兩派之間的結構能動等差異，此類研究將極富學術價值。

## 第五節　新葛蘭西學派的國關研究現況

　　新葛蘭西學派學者將歷史結構的分析運用在國際關係的研究上，且成果越來越豐富，特別是對於區域整合、全球霸權與全球公民社會等三個議題領域之研究最為明顯。當全球資本主義蓬勃發展，出現政治與經濟關係難以切割的國際社會後，強調統整政治與經濟的歷史社會結構分析備受重視。尤其是新葛蘭西學派並不認為「國家─市場」或「政治─經濟」是呈現二元對立關係，且更是包括廣義的公民社會概念。因此，從社會關係和歷史集團著手，研究政治、經濟與社會三者之間關係也就成為重要的議題。

### 一、區域整合

　　國關理論擁有豐富的區域研究，尤其是歐洲區域整合的領域，新葛蘭西學派也不例外。歐洲一向被視為區域整合的典範，主要的理論包括恩斯特‧哈斯（Ernst B. Haas）的新功能主義（neofunctionalism）與安德魯‧穆拉夫季克（Andrew Moravcsik）的自由政府間主義（liberal intergovernmentalism）。隨著1990年代國際關係理論由經濟學轉向社會學，亦有學者採用建構主義（constructivism）來解釋歐洲整合。在全球資本主義發展下，新葛蘭西學派認為上述研究仍存在「國家中心」或「社會中心」的理論界線。因此，畢勒和莫頓等新葛蘭西學派學者進行一系列的歐洲整合研究。

　　畢勒研究國內層次，主要是歐洲整合的經濟與廣化等兩大議題，特別重視勞工和工會在整合過程中的角色。例如，他針對加入歐洲貨幣聯盟此一重大議題，以德國、英國及瑞典等國的工會聯盟為例，探討國內社會力量對貨幣整合的不同看法。[60]畢勒在2007年更完整地探討歐盟擴大議題：以全球政經結構變

[60] Andreas Bieler, "Labour, Neo-Liberalism and the Conflict over Economic and Monetary Union: A Comparative Analysis of British and German Trade Unions," *German Politics*, Vol. 12, No. 2 (August 2003), pp. 24-44. Andreas Bieler, "Swedish Trade Unions and Economic and Monetary Union—The European Union Membership Debate Revisited?," *Cooperation and Conflict: Journal of the Nordic International Studies Association*, Vol. 38, No. 4 (2003), pp. 385-407.

遷為基礎，討論各國國內社會結構所受到的影響，進而從社會力量的競爭和衝突過程中，理解他們是如何設定和決定各國的政治議程。[61]其中，畢勒開始關注新自由主義（neo-liberalism）意識型態對推動歐洲整合的重要性。換言之，是否有特定集團或聯盟推動歐洲區域整合？還是存在葛蘭西所謂的文化霸權？這些已在畢勒的作品中呈現雛形。

　　另外，畢勒與艾倫·卡富尼（Alan W. Cafruny）各自主編的論文集，更將新葛蘭西學派運用在歐洲整合的不同層面。[62]新葛蘭西學派不是取代或否定主流的整合理論，而是認為在1980年代歐洲整合的深化與廣化進程取得關鍵性突破之際，[63]更應該著手分析全球政治經濟結構的改變，而主流理論固守國家／社會、政治／經濟以及國際／國內等分析界線，是無法解釋歐洲整合的現狀。因此，新葛蘭西學派思索是否存有特定的歷史結構在推動並維持歐洲整合。總體而言，新葛蘭西學派認為推動歐洲整合的霸權結構，主要是由鑲嵌新自由主義（embedded neo-liberalism）、歐洲企業家圓桌論壇（European Round Table of Industrialists, ERT）和歐盟執委會（Commission）所構成，分別代表歷史結構的觀念、物質能力及制度等三要素。

　　簡言之，歐洲霸權結構運作邏輯如下：1983年成立的ERT是最重要的歐洲跨國集團，目前由45位歐洲大企業執行長組成，其國內及跨國影響力非一般利益團體可以比擬，代表物質及社會力量。歐盟執委會具有法案起草的獨特權力，部長理事會或是歐洲議會僅能要求執委會提出草案，但難以要求修正法案。換言之，執委會的議題設定（agenda setting）能力使其成為歐洲整合的關鍵機構，這代表制度作用。此外，1980年代以後主導歐洲整合的意識型態雖為新自由主義，不過ERT提出折衷的鑲嵌新自由主義論述，在歐洲層次上透過執

[61] Andreas Bieler, *Globalisation and Enlargement of the European Union—Austrian and Swedish Social Forces in the Struggle over Membership* (New York: Routledge, 2000).

[62] Andreas Bieler and Adam David Morton eds. *Social Forces in the Making of the New Europe* (New York: Palgrave, 2001). Alan W. Cafruny and Magnus Ryner, eds. *A Ruined Fortress? Neoliberal Hegemony and Transformation in Europe* (Maryland: Littlefield Publishers, INC, 2003).

[63] 指的是單一共同市場、貨幣聯盟、以及東擴議程等。

委會運作，兩者合作將鑲嵌新自由主義融合在歐洲的整合政策。[64]

　　霸權結構之外，新葛蘭西學派還探討歐洲整合過程中的跨國階級和歷史集團的形成，將歐洲跨國精英、歐洲治理與歐洲整合視爲一整體，不偏重特定商業團體或政策領域。[65]國家有相對的自主性，但受到國內及國際條件的限制，使其自主權力侷限在本身創造的歷史結構當中。國內結構由歷史集團和社會力量所構成，國際結構則除了軍事和金融等限制外，更包括國內歷史集團受到跨國階級社會力量影響的程度。簡言之，建立和推動霸權結構的關鍵受到歐洲歷史集團左右，要理解歐洲整合的過程就必須從霸權秩序著手。

## 二、全球霸權

　　新葛蘭西學派長期關注霸權研究，經常利用歷史結構分析解釋當前美國霸權秩序的穩定性。例如，考克斯研究霸權時是闡述歷史結構三個要素：物質能力、制度與意識型態，和人類活動領域之間的辯證關係，同時納入豐富的歷史素材來考察霸權秩序形成和轉變的原因。考克斯在1987年之後的作品，著重九一一恐怖攻擊後美國霸權的穩定性，認爲可透過三種權力結構（configurations of power）來理解二十一世紀的世界秩序。[66]其中，美利堅帝國（或是美國霸權）結構是藉由聯合國、國際貨幣基金會、世界銀行與世界貿易組織等國

---

[64] 就像史密斯（Hazel Smith）檢視歐盟「阿姆斯特丹條約」（1997）中，關於個人權利議題，如自由、民主與人權等發展，將其描述爲規範的自由主義（regulated liberalism）。不過實際上，歐洲整合的菁英（指的是歷史集團）推動這些權利，其實眞正或最終目的仍是爲了幫助資本主義發展，終究還是有利於自身。請參閱Hazel Smith, "The Politics of Regulated Liberalism-A Historical Materialist Approach to European Integration," in Mark Rupert and Hazel Smith, eds. *Historical Materialism and Globalization* (New York: Routledge, 2002), pp. 257-283.

[65] Bastiaan Van Apeldoorn, "Transnational Business: Power Structures in Europe's Political Economy," in Wolfram Kaiser and Peter Starie, eds., *Transnational European Union* (USA: Routledge, 2005), p. 95.

[66] 即美利堅帝國、威斯特伐利亞的國家體系和公民社會（社會運動）。請參閱Robert W. Cox, "Beyond Empire and Terror: Critical Reflections on the Political Economy of World Order," *New Political Economy,* Vol. 9, No. 3 (September 2004), pp. 308-310. 這種概念有部分是源自於另一位國際政治經濟學者史翠菊（Susan Strange）的想法，她提出四種結構權力：安全的、生產的、金融的與知識的結構權力，見Susan Strange, "The Persistent Myth of Lost Hegemony," *International Organization*, Vol. 41, No. 4 (Autumn 1987), pp. 551-574.

際組織，向全球施展硬權力（如軍事、政治等權力）和軟權力（如文化、金融權力）來維持霸權地位。然而，美國雙赤字問題與處理1997-1998年亞洲金融危機的態度，使得美國霸權的正當性浮現危機。[67]

其他使用新葛蘭西學派途徑的研究者有吉爾、大衛・羅（David Law）、安利科・奧格力（Enrico Augelli）、克雷格・莫菲（Craig N. Murphy）和威廉・羅賓森（William I. Robinson）等。主要的研究內容是探討建立和維持全球霸權秩序的幕後推手：全球歷史集團。如奧格力與莫菲的研究發現，美國國內統治階級在二次世界大戰後所形成的歷史集團，在國際上藉著增加西歐和日本等國家內部統治階級、部分經濟合作暨發展組織（OECD）及第三世界國家的勞工參與，來擴充影響力進而形構全球歷史集團，並藉由主要的國際經濟組織來推動反凱因斯學說的意識型態。[68]吉爾與羅則討論全球層次的資本力量，特別是寡占市場的跨國公司，例如1920到1970年支配全球石油產業的七大石油公司，這些公司藉著遊說本國和目標國的政府，遂行政治和軍事影響力。[69]羅賓森則將霸權區分成四種形式：（一）霸權為國際支配，如前蘇聯支配東歐國家，和美國支配資本主義世界；（二）霸權為國家霸權，維持內部體系的運作，如荷蘭、英國、美國等特定霸權；（三）霸權為共識性支配或是意識型態霸權；（四）霸權為特定世界秩序內，實施領導權的歷史集團。[70]羅賓森認為霸權秩序不單指一種形式，相反地，同時期的霸權可能存在數種形式。

另一種全球霸權的研究，強調資本主義與全球階級的形成，並推動新自

---

[67] Robert W. Cox, "Beyond Empire and Terror: Critical Reflections on the Political Economy of World Order," pp. 311-314.

[68] Enrico Augelli and Craig N. Murphy, "Gramsci and International Relations: A General Perspective and Example from Recent US Policy Toward the Third World," in Stephen Gill, ed., *Gramsci, Historical Materialism and International Relations* (New York: Cambridge University Press, 1993), pp. 127-147.

[69] Stephen Gill and David Law, "Global Hegemony and the Structural Power of Power," in Stephen Gill, ed., *Gramsci, Historical Materialism and International Relations* (New York: Cambridge University Press, 1993), p. 103.

[70] William I. Robinson, "Gramsci and Globalisation: From Nation-State to Transnational Hegemony," *Critical Review of International Social and Political Philosophy*, Vol. 8, No. 4 (December 2005), pp. 559-560.

由主義（neo-liberalism）的意識型態。這類型的霸權又稱為新自由霸權（neo-liberal hegemony），概念上頗接近葛蘭西的文化霸權，又以漢克‧歐福畢克（Henk Overbeek）和迪耶特‧普列威（Dieter Plehwe）等編輯的論文集為代表作。[71]新自由主義又稱為新右派（new right）、新保守主義（neo-conserva-tism）或柴契爾主義（Thatcherism）等，標榜個人、自由選擇、自由放任、市場社會和小政府等自由主義的價值，而且加入強勢政府、社會威權（social authoritarianism）、紀律社會（disciplined society）、統治和從屬與民族等保守主義要素。[72]換言之，新自由主義是一充滿矛盾與模糊不清的意識型態，卻經常出現在國際社會。歐福畢克總結道，新自由主義的興起可解釋1980年代世界資本主義的重構與跨國現象，取代了關注國家各自發展的傳統研究途徑。另外，新自由主義也包括貨幣資本和生產資本等跨國金融資本的概念。藉此興起的跨國新自由主義認為，影響國內的結果並非單純由國際所決定，而是在調和全球資本、國內政治和社會關係後所產生的。[73]總體而言，新自由霸權主義的研究重視新自由主義意識型態的知識起源與製造，例如學術界與智庫等知識份子所扮演的角色，關注全球階級（跨國階級）如何結盟、影響國際與國內決策組織，與其所推動的新自由計畫（project）。

透過研究階級聯盟的形成、範圍和擴張過程，加諸制度與意識形態的作用後，合法化所偏好的秩序較為接近考克斯對霸權結構的看法。前述第一種類型的研究，全球霸權乃是由國家內部產生的歷史集團，逐步向外擴張所形成的。因此，考克斯等人以歷史集團的國內發源為基礎，標示特定國家在霸權結構內扮演的重要角色，美國霸權能夠維持與擴張其實是和其國內歷史集團的步調一

---

[71] Henk Overbeek, ed., *Restructuring Hegemony in the Global Political Economy—the Rise of Transnational Neo-liberalism in the 1980s* (New York: Routledge, 1993). Dieter Plehwe, eds., *Neoliberal Hegemony-A Global Critique* (New York: Routledge, 2006).

[72] Henk Overbeek and Kees van der Pijl, "Restructuring Capital and Restructuring Hegemony: Neo-liberalism and the Unmaking of the Post-War Order," in Henk Overbeek, ed., *Restructuring Hegemony in the Global Political Economy*, p. 15.

[73] Henk Overbeek, ed., *Restructuring Hegemony in the Global Political Economy*, p. xi.

致。[74]當然，歐福畢克和普列威的作品與考克斯對霸權的看法有所區別，他們研究誰（全球階級）、傳播內容（新自由主義意識型態）和傳播工具（有機知識份子與國際組織）等議題，來解釋既存的新自由主義霸權。這一新葛蘭西學派的分支認爲，新自由主義霸權是全球跨國階級所建立，更強調全球層次的意識型態霸權，而非全球跨國階級的國內根源。

## 三、全球公民社會

全球化理論勃興是新葛蘭西學派日益重要的另一個原因。傳統國家與國家之間的權力關係研究，經常無法解釋各種跨國行爲者的互動，相對地，隨著全球治理（global governance）、全球化與反全球化、全球公民社會等議題浮現，新葛蘭西「霸權—反霸權」的歷史結構分析能作爲理解全球化的替代途徑。全球化有兩層主要意義：（一）全球生產組織，亦即複雜的全球生產網絡，包含優勢成本、市場、稅務、勞工，以及政治安全；（二）全球金融，包括跨國金錢、信用以及股票交易。[75]全球化、全球治理與全球霸權常被學者共同討論，不過新葛蘭西學派認爲，這僅能解釋一半的全球化現象，另一半還需以反霸權角度來觀察。

考克斯認爲，葛蘭西的公民社會概念仍適用於現代，不過內涵受到全球化影響而有所改變。公民社會可從兩個面向來考察：首先是由下至上的意思，公民社會是指那些受到經濟全球化衝擊而處在劣勢的人，對抗並尋找替代方案的場域，最具野心的計畫是建立全球公民社會，亦即形成全球化的優勢與劣勢

---

[74] 全球霸權的歷史結構分析，與傳統國關領域對霸權、後霸權的研究不同。其觀察社會團體聯盟所建立的歷史集團，建立霸權與反霸權的動態過程中，找出既存秩序的穩定力量。對美國的全球霸權研究，新葛蘭西學派學者認爲，美國國內的歷史集團功不可沒，在往國外尋求跨階級聯盟過程中，其策略與作法常會依據外在環境變動，例如在對國際建制或意識型態的選擇方面。所以，雖說美國全球霸權的建立，可看到這一國內往國外的擴張過程，但並不意謂國內因素主導對外政策，而忽略「國內—國際」的辯證關係。

[75] Robert W. Cox, "Structural Issues of Global Governance: Implications for Europe," in Stephen Gill, ed., *Gramsci, Historical Materialism and International Relations* (New York: Cambridge University Press, 1993), pp. 259-260.

者。另外，由上至下的意思爲，國家和公司的利益影響公民社會，支配性霸權勢力滲入公民社會，並透過補助等手段拉攏個人及非政府組織來鞏固霸權的正當性。[76]換句話說，全球公民社會可能存在兩種形式，一是反對全球的霸權，另一是與全球霸權的結合。

　　究竟全球公民社會的性質爲何？儘管面對資料蒐集上的限制，凱茲（Hagai Katz）嘗試以量化統計方法，分析國際非政府組織與國際組織或其他國際非政府組織之間的連結密度，用以理解全球公民社會屬於霸權還是反霸權性質。凱茲的研究結果認爲，全球公民社會兼具霸權及反霸權性質，反霸權的歷史集團可能從國際非政府組織密切形成的全球網絡中產生，但不同地區的網絡密度並不相同，顯示可能存有霸權。[77]或許，凱茲的研究方法與新葛蘭西學派歷史結構分析差異頗大，而且無法理解意識型態或者特定階級與制度產生的作用，但他毫無疑問地完全接受考克斯的全球公民社會概念。

　　新葛蘭西學派對全球公民社會的研究，常與社會運動或階級聯盟等反霸權一起討論，除考克斯特別談論全球公民社會外，其他學者則置於反霸權或反全球化內討論。[78]也就是說，新葛蘭西學派聚焦在反霸權性質的全球公民社會，關注霸權發生變動的特徵：例如，全球反霸權歷史集團的成立，包括全球化衝擊下劣勢團體間聯盟；國際非政府組織調整成社會民主意識型態，對抗現存霸權中新自由主義的議程，並從地方到全球等不同的世界秩序層次，發動知識和政治的陣地戰，試圖緩慢地爲新體制建立社會基礎。[79]新葛蘭西學派對公民社會的研究，過去大多侷限在國內層次，相較於區域整合和全球霸權的豐富內涵，全球公民社會的研究仍待努力。

---

[76] Robert W. Cox and Michael G. Schechter, *The Political Economy of a Plural World—Critical Reflections on Power, Morals and Civilization* (New York: Routledge, 2002), p. 102.

[77] Hagai Katz, "Gramsci, Hegemony, and Global Civil Society Networks," *Voluntas*, Vol. 17 (Spring 2006), pp. 333-348.

[78] 例如魯伯從反抗全球治理的角度研究全球公民社會。請參閱Mark Rupert, "Globalising Common Sense: A Marxian-Gramscian (Re-)vision of the Politics of Governance/Resistance," *Review of International Studies*, Vol. 29 (2003), pp. 181-198.

[79] Hagai Katz, "Gramsci, Hegemony, and Global Civil Society Networks," p. 336.

## 第六節　結論

　　新葛蘭西學派源自於義大利思想家葛蘭西，經由考克斯將其公民社會、霸權和歷史集團等概念，運用在國際關係研究的歷史結構要素與歷史結構分析中。這種在認識論和方法論上有別於主流的理性主義國際關係理論，形成在區域研究、全球霸權和全球公民社會等領域的獨特社群。然而，葛蘭西只稍微提及國際關係，且他的思想和概念著重在國家內部，因此就沿著如何運用在國際關係領域而引起爭議。例如，瑞戴爾·德曼（Randall D. Germain）與麥可·肯尼（Michael Kenny）就質疑這種擴大運用的適用性，認爲葛蘭西本身的思想相當零碎也不連貫，學者詮釋其作品時就會產生分歧，如此要如何保證新葛蘭西學派的學者能夠正確的認識；其次，葛蘭西的作品主要思索國內的政治問題，要如何擴充到國際層面的適用性仍待討論；最後，葛蘭西的思想有特定的時空背景，要如何才能面對全球化帶來的新社會秩序挑戰。[80]

　　莫菲在回應德曼和肯尼的爭議時認爲，他本人受到葛蘭西思想的吸引，是因爲當前的國際關係研究欠缺歷史內涵與行爲者的能動性研究，而新葛蘭西學派的歷史結構要素概念和歷史結構分析方法正有助於理解國際關係現實。[81]的確，莫菲並沒有正面回應德曼和肯尼的質疑，而是肯定新葛蘭西學派的重要性，適用性關鍵並非源自能否正確詮釋葛蘭西的原始思想，而是透過閱讀葛蘭西的著作而能啓發新的想法，如這有利於理解生產結構、國家形式和世界秩序。正如同區域整合、全球霸權和全球化的研究，都必須注意到古典馬克思主義所重視的階級分析，問題在於階級的定義會隨時空而產生變化。隨著跨國階級定義的變化，也會產生不同的全球歷史集團，驅動著世界秩序的歷史轉變。換言之，新葛蘭西學派要深入歷史根據不同時代的內涵，來理解生產模式、國家形式和世界秩序的關連性，從而提供國際關係研究另一種理論視野。

---

[80] Bandall D. Germain and Michael Kenny, "Engaging Gramsci: International Relations Theory and the new Gramscians," *Review of International Studies*, Vol. 24 (1998), p. 4.

[81] Craig N. Murphy, "Understanding IR: Understanding Gramsci," *Review of International Studies*, Vol. 24 (1998), p. 420.

　　新葛蘭西學派的限制與挑戰，不僅來自於如何詮釋葛蘭西的思想，更多的是來自於研究的複雜程度。新葛蘭西學派對特定時間和空間的歷史結構與變遷看法，是超越國家與社會的傳統界線，但這可能正是問題所在。因為，當國家與社會、政治與經濟、國際與國內等傳統二元領域之間的鑲嵌程度越來越高，就必須蒐集越來越多的資料，解釋日益複雜的辯證關係。縱使限制了歷史結構的研究範圍，也不見得能全然辨別結構要素之間的關連性。另外，新葛蘭西學派多重因果關係的社會本體論，與詮釋學為主的知識論途徑，對國際關係的解釋能力不如理性主義國際關係清晰，解釋能力也有所不足，甚至可以說最弱的一環是理論建構中所強調的預測能力。

　　換句話說，對習慣實證主義的研究者而言，解釋能力和預測能力的侷限性就限制了他們對新葛蘭西學派的興趣。然而，正如考克斯的分類，新葛蘭西學派並非提供問題的解決理論，反而是思考能動性與變遷的批判理論。也就是這種批判特性讓歷史與能動性成為新葛蘭西學派的研究特色，開啟從歷史結構要素和歷史結構分析來探詢人類活動的另一扇窗。從這點而言，新葛蘭西學派的獨特性就意味著能豐富國際關係學和國際政治經濟學。若不同學派間有更多的對話機會，無論是新葛蘭西學派與理性主義或建構主義，甚至是與同為批判理論的歷史社會學派、新馬克思主義或後現代國關理論間的對話，相信都能燃起新一波的學術火花。

余家哲、李政鴻

## 第一節　前言

　　歷史社會學（historical sociology）與國際關係理論的交會，激起1970年代國際關係理論重返國家（bringing the state back in）研究的浪潮，擴大歷史社會學的領域和視野，發展成歷史社會學的國家理論。

　　國家理論的復興，是1970年代以來社會與政治思想界最重要的發展之一，這與國家權力、國內經濟、社會義務、軍事科技、政治社會本質與國家（機器）自主性等議題有關。[1]當時的國際關係學界正進行第三次大辯論：針對「基本假設」和「基本意象」（basic images）的跨典範辯論，其核心是探討「國際關係本質」。當時由現實主義、自由主義與馬克思主義（marxism or radicalism）針對關鍵行為者、系統的概念與主要行為動力等進行辯論（見表6-1），而這牽涉到認識論、本體論與方法論等層面。[2]

---

[1] Andrew Linklater, *Beyond Realism and Marxism: Critical Theory and International Relations* (London: The MacMillan Press Ltd, 1990), p. 140.

[2] 國際關係理論第三次大辯論之前，有兩次是針對不同實質內容的大辯論。第一次大辯論發生在1920-1940年代，亦即兩次世界大戰之間，由自由主義與現實主義針對政治的競爭與合作本質：亦即人性的善惡、權力平衡或集體安全等議題 進行爭辯；第二次大辯論則發生在1950-1960年代，由行為主義者（behaviouralist）發起，藉由引進心理學與其他實證主義的研究方法，更新當時主流的現實主義研究方法。參見Ole Wœver, "The Rise and Fall of the Inter-paradigm Debate," in Steve Smith and Marysia Zalewski, eds., *International Theory: Positivism and Beyond* (Cambridge: Cambridge University Press, 1996), pp. 150-154, 155-156.

表6-1　國際關係理論第三次大辯論

|  | 現實主義 | 自由主義 | 馬克思主義 |
|---|---|---|---|
| 分析層次 | 國家中心 | 多元中心 | 全球中心 |
| 基礎行為者 | 國家 | 次國家、跨國家與非國家行為者 | 資本主義世界經濟與階級 |
| 印象 | 撞球模型 | 蜘蛛網絡模型 | 章魚模型 |
| 國家觀 | 單一行為者 | 崩潰的構成要素 | 階級利益 |
| 行為動力 | 國家為追求最大利益與國家目標的理性行為者 | 外交政策跨國關係牽涉衝突、議價、聯合與妥協 | 關注主導國家社會內與中的模式 |
| 議題 | 國家安全為優先 | 多樣化，不只福利 | 經濟因素 |
| 現實的固性主觀或客觀 | 存在客觀的國家利益，操作與直觀擁有獨立生活 | 與現實有益，幫助發現理性與理想的政策 | 依賴經濟結構，領導人被認知（意識形態）所誤導 |
| 重複與改變 | 永恆律，再現的領域 | 改變與可能進步 | 穩定持續的模型到斷裂 |
| 衝突與合作 | 基本是衝突與競爭 | 潛在合作的可能 | 階級鬥爭導致國家衝突 |
| 時間 | 靜態的 | 進化的 | 革命的 |

資料來源：Ole Wœfver, "The Rise and Fall of the Inter-paradigm Debate," p. 153.

　　從表6-1可知第三次國際關係大辯論與國家有密切關聯，[3]如分析層次、主要行為者與行為動力等議題。然而，這次辯論卻沒有獲致滿意的國家理論。畢竟，馬克思主義者多將國家視為階級統治工具，因而無法解釋國家機器合法獨占內部暴力使用權與制定國家安全政策，更不承認降低國家內、外對暴力使用的解放政策之需求。另一方面，現實主義過分強調國家作為單一國際行為者，並忽略國家內部對政策制定的多元性。而在第三次大辯論之外的理性主義者（英國學派），強調歷史發展的脈絡與國際社會的互動過程，解釋外交政策、國際建制、國家起源、與再生產及轉變等形成原因，但仍非是令人滿意的國家理論。[4]主要問題是忽略歷史，也忽略歷史過程中的結構化因素。

---

3　其實政治學界的國家理論，自1950年代行為科學當道後，就逐漸被系統論與黑盒子所取代；這也發生在其他的政治理論，如多元論強調國家是各種利益團體與社會組織競爭場域，馬克思主義雖然加入文化、霸權等，卻仍視國家為資產階級的代言人。政治學界的國家論同時也影響國際關係理論的發展，最終的結果就是國家不再是研究的主軸。

4　國際關係理論的用詞並不一致。多數學者主要分成三大類：現實主義、自由主義與馬克思主

　　僅從歷史途徑理解國際關係是不充足的，卻不代表不需要歷史途徑。尤其是國際關係領域越來越趨向理論化，而忽略敘事的重要性之際，更需要歷史的內涵。因為國際政治情勢多是單一事件，而非以普遍命題的例子作為基礎；國際政治情勢也都以時間定位，必須了解時間的順序，何者是前項情勢以及連續性的決定因素等。最重要的，歷史是社會科學的實驗室，提供驗證命題的政治情勢，而理論本身就包括著歷史。[5]換言之，第三次大辯論結構現實主義的永恆性（timeless）命題，就是將歷史途徑排除在理論之外。也因此，歷史社會學從1970年代逐漸興起於國際關係理論，就是要對國際結構、國家機器與國內社會之間的本質與關聯性展開辯論。

　　簡單地說，歷史社會學是研究過去，找出社會如何運作與變遷，這必須考慮社會生活的時間面向與社會結構的歷史特性，理解過去與現在、事件與過程，和行動與結構之間的相互滲透性，最終融合為單一整合的分析計畫。[6]根據丹尼斯‧史密斯（Dennis Smith）的分類，二次世界大戰後的歷史社會學可分為三個階段：第一階段是1950年代中期之前，以派森斯（Talcott Parsons, 1902-79）與馬歇爾（T. H. Marshall, 1893-1981）為代表，透過和集權主義的論戰而逐漸成形的。正統自由主義堅持無須基本的制度變遷，資本主義的民主就

---

　　義；然而，這是忽略繼承自葛老秀斯，強調國際社會互動的理性主義與英國學派。因此，林克雷特（Andrew Linklater）重新將國際關係理論分類，第一類是現實主義，包含主流的現實主義與自由主義，在新新綜合後，這兩個有著更多的相同點；第二類理性主義，以英國學派為主，強調國際社會的互動；最後一類則是馬克思主義。參見Andrew Linklater, *Beyond Realism and Marxism: Critical Theory and International Relations*, p. 140.

[5] Hedley Bull, "The Theory of International Politics, 1919-1969," in James Der Derian ed., *International Theory: Critical Investigations* (New York: New York University Press, 1995), pp. 182-183.

[6] Dennis Smith, *The Rise of Historical Sociology* (Philadelphia: Temple University Press, 1991), p. 3. 歷史社會學在二次世界大戰左右興起有著長期的歷史脈絡，19世紀末期以來，歷史學和社會學的研究就逐漸朝著不同方向，歷史學轉向特定時間與區域（places）的專門化研究，因而產生許多史料、語言和制度的專業學者；社會學者則分成觀察居住區域的結構與過程兩種領域，亦即研究家庭、宗教、工業化、犯罪等議題。有一批學者反思這種專業化而興起，認為必須觀察現在（present）與過去，並試圖結合上述史密斯所謂的「過去和現在、事件和過程，以及行動與結構」，逐漸興起歷史社會學派。參閱Charles Tilly, "Historical Sociology," in Neil J. Smelser and Paul B. Baltes ed., *International Encyclopedia of the Behavioral and Social Sciences* (Amsterdam: Elsevier Ltd, 2001), p. 6753的討論。

能解決任何主要的人類問題。第二階段則興起於1960年代早期，與當時的政治氛圍：學生權利、黑人民權、越戰等有關，主題多是結合馬克思主義研究途徑，重新發現支配（domination）、不平等與反抗運動等。主要代表人物有摩爾（Barrington Moore, 1913-2005）、布洛赫（Marc Bloch, 1886-1944）、湯普森（E. P. Thompson, 1924-93），還有1970與1980年代出版國家理論作品的史卡西波（Theda Skocpol）與剃利（Charles Tilly）等人。第三階段與第二階段重疊，興起自1970年代中期，與兩極體系分裂有著密切的關係。華勒斯坦（Immanuel Wallerstein）利用中心、半邊陲與邊陲的世界體系視角解釋第一、第二與第三世界的關聯；[7]安德森（Perry Anderson）從新的角度探索歐洲內的東、西方分裂；曼恩（Michael Mann）與布迪厄（Pierre Bourdieu, 1930-2002）則探討權力的基礎來源，包括文化、意識形態、經濟、軍事與政治等，同時曼恩更以鉅觀視角理解不同時代的權力組成。此外，紀登斯（Anthony Giddens）無論是討論國際關係、國家與戰爭的關係，或現代性制度權力的理論，都有助於擴大歷史社會學的視野。最後，則是第二波的史卡西波與剃利兩人，藉由革命研究將歷史、地緣與意識形態等要素融合組成一套說明架構。[8]

　　為什麼史密斯分類的二次世界大戰後的第三波歷史社會學家，會逐漸轉向世界體系、歐洲的東西分裂、國家的權力來源、國際關係中的國家與戰爭，甚至是歷史和地緣政治的研究呢？這與整體社會科學的發展史有密切關聯，當1950年代行為科學主導社會科學後，「國家」的角色日益沒落，甚至被認為是黑盒子，不具主動性和自主性，因此史卡西波和剃利等人掀起「重返國家理論」的研究浪潮。他們首先要面對的是——國家是什麼和具有什麼特質？在這

---

[7] 華勒斯坦多數時候被認為是國際關係領域的馬克思主義（常被稱為結構主義），雖然世界體系論關注世界經濟的依賴面向，解釋起點也是法蘭克（Andre Gunder Frank）提出的剝削依賴論，但對國家的論述卻採取韋伯的觀點：國際無政府狀態下，主權國家的競爭體系決定歐洲資本主義的興起，亦即世界經濟資本主義的上層結構是一個國際體系。因此，華勒斯坦也常被視為歷史社會學者。見Stephen Hobden, *International Relations and Historical Sociology: Breaking down Boundaries* (New York: Routledge 1998), pp. 142-166和 John Hobson, *The State and International Relations* (Cambridge: Cambridge University Press, 2000), pp. 133-141的討論。

[8] Dennis Smith, *The Rise of Historical Sociology*, p. 4-7.

樣的基礎上，就必然要處理國家具備國際社會與國內社會的交會點特質，因此也就進入國際關係理論的範疇，同時也將世界歷史、地緣政治與國家權力等帶入歷史社會學的領域。

　　如前所述，史密斯將二次世界大戰後的歷史社會學派發展分爲三個階段。然而，若論到歷史社會學派與國際關係理論的交會，就必須把前兩個階段刪去。因此，探討國際關係中的歷史社會學時，霍布森（John M. Hobson）就以與現實主義的親近性分爲兩階段：第一階段是史卡西波與剃利探討國內社會與政治變遷之新現實主義國際關係理論；第二波的代表是曼恩與霍布森，前者發展出多型態（polymorphous）的國家理論，後者則逐漸邁向複合的（complex）國家理論，也是非現實主義的國際關係社會學。[9]然而，霍布森的分類並未考慮到紀登斯的貢獻，事實上紀登斯在戰爭與國際關係脈絡下，討論民族國家的內、外演變歷史，其基礎是現代性的四種主要制度：資本主義、工業主義、監督與戰爭。[10]此外，曼恩與霍布森的國家理論有許多不同之處，因而曼恩與紀登斯可列爲同一階段。

　　透過上述回顧二次世界大戰後的歷史社會學派，以及歷史社會學派與國際關係理論的交會，本章將歷史社會學派的國家理論分成三波，第一波是重返國家理論：主張國家擁有自主性與職能性的史卡西波與剃利之觀點；第二波發展出權力分散於國際、國家與社會體系內的多型態（polymorphous）國家與準鑲嵌內涵，以及民族國家與現代性制度權力的發展，代表人物爲曼恩和紀登斯；第三波則是反對將國家化約爲某種整體的特性，並以歷史社會學的途徑理解國家，最終得到非現實主義的國家與國家力量的複合國家理論，此包括霍布森、

---

9　霍布森認爲上述四人是主要代表人物，但他認爲還有許多作者也可列入這兩波的歷史社會學者，見John Hobson, *The State and International Relations*, pp. 174-214。由於本文將歷史社會學的國家理論分成三波，而霍布森僅分成兩波，因此曼恩介於重返國家理論和複合國家理論之間，並以其「多型態」國家的特質爲名。

10　蕭（Martin Shaw）認爲霍布登（Stephen Hobden）1998年的著作，僅列出史卡西波、剃利、曼恩與華勒斯坦等四人爲代表，忽略紀登斯是難以自圓其說的遺漏，參見Martin Shaw, "Historical Sociology and Global Transformation," in Ronen Palan ed., *Global Political Economy: Contemporary Theories* (New York: Routledge, 2000), pp. 235-236.

表6-2　三波歷史社會學的國家理論

|  | 名稱 | 年代 | 代表 | 主題 |
|---|---|---|---|---|
| 1 | 重返國家理論 | 1970 | 史卡西波、剃利 | 國家自主性與職能性 |
| 2 | 多型態國家 | 1980 | 曼恩、紀登斯 | 國家的不同型態、準鑲嵌 |
| 3 | 複合的國家論 | 1990 | 霍布森、伊曼斯、衛斯 | 非現實主義的國家理論 |

資料來源：作者自製

伊曼斯（Peter Evans）與衛斯（Linda Weiss（參見表6-2）等。

　　1970年代興起的歷史社會學國家理論，不僅賦予國家更多的觀察面向，且提供國際關係研究更廣泛的視野。因此，要理解國際關係理論的發展，就無法逃避歷史社會學帶來的衝擊，這意味著必須回到歷史的脈絡，重新發現國際層次、國家層次與社會層次之間的互動關係，特別是具有對內與對外雙重特性（janus-faced）的國家或國家機器（state apparatus）。而歷史社會學派與國際關係理論交會之後，透過不斷地創新重返國家理論，並產生多型態的和複合的國家理論。本章將根據歷史社會學的發展脈絡，探討不同時期國家理論的特色，從而理解歷史社會學與國際關係理論的關係。除前言與結論外，本文將依序討論重返國家研究的第一波歷史社會學，第二波的多型態國家和民族國家的發展，最後則是第三波歷史社會學如何邁向複合的國家理論。

## 第二節　帶回國家？

　　歷史社會學遲至1970年代才引起國際關係理論學派的注意，卻有著源遠流長的歷史。自二次世界大戰後，歷史社會學開始復興，遂不斷地與各學科進行對話，如年鑑學派的布洛赫、論公民權的馬歇爾等，[11]1960年代興起社會學與歷史學的科技整合風潮，1970年代則以國家中心論擁護者的角色進入國際關係

---

[11] Dennis Smith, *The Rise of Historical Sociology*, pp. 1-3.

理論，開啓新一波的學科整合研究。本節將探討贊成國家中心論並與國際關係理論相會的第一波歷史社會學派，並評估該學派對國家理論發展的影響。

## 一、重返國家理論

　　國家理論一度沒落，被多元論者（pluralist）或傳統馬克思主義者（Marxist）等社會中心論者所忽略，這兩派多認爲應以政治輸入輸出項或社會階級的研究來取代國家研究。直到1970年代中葉再度興起國家理論的熱潮，除了不認同社會中心論者認爲國家（機器）是被動、不具自主性，甚至視之爲黑盒子（black box）的看法，認爲這是忽略國家具有自主制度與組織的行動者，並會對社會產生重大的影響。因此，重返國家理論重視下述幾個特點：一、國家所處的位置十分重要，是位於內部社會政治秩序與生存於跨國關係領域的交會處（intersections）。[12]二、國家的自主性（autonomy）與職能性（capacity）問題，國家自主性意指國家並非僅簡單地反映社會利益團體或階級的需求暨利益，而是會產生或追求其他政策目標。然而，這僅是具相對的而非絕對的自主性。國家職能性指涉國家作爲一個重要的行動者，能排除有權力團體的反對，設定並完成官方訂定的目標。[13]三、對國家的定義本質上採取韋伯（Marx Weber, 1864-1920）式的，[14]目的並非要強調國家官僚和科層制的角色，而是將國家視爲權威與強制的正式名詞，具有本身自主性的統合性單元、社會衝突的場域和普遍利益的保護者，同時在國家組織結構與整體社會結構的互動中，決定了國家的有效性（efficacy），[15]這進一步說明國家的相對自主性。總體而言，

---

[12] Theda Skocpol, "Bringing the State Back In: Strategies of Analysis in Current Research," in Peter B. Evans, Dietrich Rueschemeyer and Theda Skocpol, eds., *Bringing the State Back In* (Cambridge: Cambridge University Press, 1985), p. 8.

[13] Theda Skocpol, "Bringing the State Back In: Strategies of Analysis in Current Research," pp. 9-20.

[14] 此處提到的韋伯式的國家概念爲「國家是一組特定領土上對人民與組織具有法制性決策的權威機構，有必要的時候能動用武力完成該決策。」（Rueschemeyer & Evans, 1985: 46-47）。

[15] Dietrich Rueschemeyer and Peter B. Evans, "The State and Economic Transformation: Toward an Analysis of the Conditions Underlying Effective Intervention," in Peter B. Evans, Dietrich Rueschemeyer and Theda Skocpol, eds., *Bringing the State Back In* (Cambridge: Cambridge University Press, 1985), pp. 49-50.

重返國家理論的風潮重視上述三個國家的特點，並運用在經濟發展、社會重分配、國際關係與社會衝突等領域的研究。[16]

　　這一波重返國家理論的主要人物是史卡西波與剃利，兩人都受到摩爾的重大影響，維繫摩爾與湯普森對社會內部主導與反抗的研究，進一步發展全球觀點的國家與社會之關係。[17]史卡西波的作品《國家與社會革命》（States and Social Revolutions, 1979）充分反映重返國家理論的三個特點，認為要解釋社會革命或社會變遷，不能僅從國內階級鬥爭或內部經濟因素理解。[18]首先，必須注意國際背景：世界資本主義體系與競爭的國際國家體系，前者向全球擴張，貿易、商業與資金的跨國流動自十九世紀以後就將全球邊陲地區捲入，而不斷地、有差別地影響各個國家的經濟發展；後者影響現代世界歷史的不平衡動態進程，國際體系最後形成以民族國家為主要行為者，維持疆域內的控制權而與他國進行實際或潛在的軍事競爭，表現在國家機器的行政效率、動員能力與地緣位置等方面。[19]這意味著國家所處的位置十分重要，舊政體、新政體與國際舞台的交會點就是國家。

　　其次，國家是種宏觀結構，不僅是解決社會經濟鬥爭的舞台，更是以行政權威為首的，並由該行政權威在某種程度上妥善協調的一套行政、治安與軍事組織。這個國家組織至少擁有潛在獨立於支配階級直接控制的地位，這是對內部社會的面向；對外部分是國家存在於特定的地緣政治環境，與其他實際或潛

---

[16] 本章認為這一波歷史社會學最重要的論文集是*Bringing the State Back In, 1985*，該書除前言與結語外，共分為三個段落討論，分別是國家作為經濟發展與社會重分配的促進者、國家與跨國關係，以及國家與社會衝突的模式。

[17] Dennis Smith, *The Rise of Historical Sociology*, pp. 68-69.

[18] 史科克波檢視馬克思主義、聚眾心理理論（aggregate-psychological theories）、系統價值共識理論（systems/value consensus theories）與政治衝突理論（political-conflict theories）等解釋社會革命的四個主要理論，她認為都存在著某些缺點，例如相對剝奪感的產生與革命並沒有直接關係，因為革命仍需要領導階層。最後，她接受馬克思主義與政治衝突理論的部分觀點，因為階級關係一直是社會與政治衝突的潛在根源，而政治衝突可從集體行動的觀點補充階級分析的不足。然而，史卡克波最後認為必須融入歷史社會學的國家理論（帶回國家），才能真正地理解社會衝突，參見Theda Skocpol, *States and Social Revolutions: A Comparative Analysis of France, Russia, and China* (Cambridge: Cambridge University Press, 1979)。

[19] Theda Skocpol, *States and Social Revolutions: A Comparative Analysis of France, Russia, and China*, pp. 19-24.

在的競爭者互動。事實上，國家被捲入競爭國家的國際體系中，這就是國家具有潛在自主性的基礎。[20]史卡西波認爲國家處於對內與對外的交接點，因此擁有潛在自主性，若遭逢國際軍事危機或重大事件，則國家對內部的資源汲取與運用的自主性，就決定著社會革命的可能性。換言之，有系統地理解國際結構和世界歷史發展的影響，並將國家看作一種行政和強制組織，擁有潛在獨立於社會經濟利益和結構的自主性，是史卡西波重返國家理論的出發點。

相對地，剃利對國家的定義非常明確，國家是在特定領土上最有強制力、最有影響力與最強大的組織，並在某些領域行使最高的優先權。[21]問題是，爲何歐洲與全球的國家型態，最終都以民族的國家（national state）的形式出現。也就說，所有國家都有固定的特徵，如疆界的固定性、主權的完整性與最高的統治性等。剃利早期就探討此類問題，[22]認爲英國、法國、德國等歐洲國家的形成，都與「國家組織」有密切的關係。國家具有雙面保護（doubled-edged protection）的特質，一方面藉由外部威脅而激起內部的團結，另一方面則藉此威脅敲詐內部的資源以避免危害，這就如同虔誠的捐獻與強收保護費的行爲。循此，歐洲國家就以保護作爲事業（business），無論是全體公民、自利的唯一君主、政府官僚或統治階級掌控國家機器，都會考慮戰爭與國家形成的利益得失。[23]這如同史卡西波的觀點，國家處在內部經濟社會秩序與外部國際體系競爭的交會點。

既然國家是以保護爲志業的強制性組織，那麼國家做了什麼？至少有四個不同的活動：製造戰爭（war making）、製造國家（state making）、保護與

---

[20] Theda Skocpol, *States and Social Revolutions: A Comparative Analysis of France, Russia, and China*, pp. 24-33.

[21] Charles Tilly, *Coercion, Capital and European States, AD 990-1990* (Cambridge, Mass.: Basil Blackwell, 1990), p. 1.

[22] 相關著作請參見Charles Tilly, ed., *The Formation of National States in Western Europe* (Princeton, N.J.: Princeton University Press, 1975). Charles Tilly, *Coercion, Capital and European States, AD 990-1990*。

[23] Charles Tilly, "War Making and State Making as Organized Crime," in Peter B. Evans, Dietrich Rueschemeyer and Theda Skocpol, eds., *Bringing the State Back In* (Cambridge: Cambridge University Press, 1985), pp. 170-171, 175-176.

汲取（extraction）。製造戰爭與製造國家，分別是去除外部力量對內部領土的威脅，和綏靖內部勢力；保護則是排除或中立化被保護者的敵人；汲取是抽取內部資源以應付前面三種活動。[24]從西元990年後，國家擴張、鞏固或是創立新型態的政治組織都與戰爭有關，隨著軍事科技的轉變，國家機器的財政、稅務、動員與後勤部門等也漸次形成。歐洲各國家取得上述權力的過程並不相同，但十七世紀以後都產生類似的國家機器。[25]換句話說，剃利以長期的歷史資料討論競爭的國際體系、國家組織與國內社會之間的關係，提供歐洲（民族的）國家的形成、本質與運作研究。這正好說明了重返國家理論的三個特點：重視競爭的國際體系，特別是戰爭與國家的關係；將國家視爲具有強制力的保護性組織；並因爲戰爭而有不同的國家自主能力。

## 二、帶回國家？踢出國家？

歷史社會學派所掀起的重返國家理論，確實將國家帶回社會科學的研究範疇。如前所述，這波歷史社會學的國家理論有三個特點，重新思索國家在競爭國際體系與社會經濟秩序所扮演的角色。從長期的辯論中尋找研究問題、概念與因果假設等，並透過比較研究與歷史研究，逐步理解「國家」。國家理論的比較研究需要跨國與跨時間的比較，因爲任何鉅觀社會現象不會重複出現在某社會內；這就顯示歷史研究的必要性，特別是危機的研究，因爲許多社會結構是相互糾纏的。[26]其次，這波研究帶回國家自主性與職能性的探討，並透過歷史研究發現這與過去的歷史息息相關，理解國家必須從歷史的途徑著手。國家對內的行動牽涉到公共領域的研究，因此確認國家擁有自主性與職能性之後，得進一步探討國家的行動與干預。[27]最後，國家並非存在於眞空環境，其內部

---

[24] Charles Tilly, "War Making and State Making as Organized Crime," p. 181.

[25] Charles Tilly, *Coercion, Capital and European States, AD 990-1990*, pp. 68-70.

[26] Peter B. Evans, Dietrich Rueschemeyer and Theda Skocpol, "On the Road Toward a More Adequate Understanding of the State," in Peter B. Evans, Dietrich Rueschemeyer and Theda Skocpol, eds., *Bringing the State Back In* (Cambridge: Cambridge University Press, 1985), p. 348.

[27] Peter B. Evans, Dietrich Rueschemeyer and Theda Skocpol, "On the Road Toward a More Adequate Understanding of the State," p. 357.

結構也十分複雜，並與社會有著眾多的聯繫關係，對外也因著跨國關係與地緣政治，如戰爭或經濟危機等，而產生國家的雙重特性。總體而言，重新將國家理論帶回社會科學的研究領域，就這層意義而言，這一波歷史社會學的國家理論是十分成功的。

　　回顧歷史社會學國家理論的發展，會發現重返國家理論僅是發軔，還有後續的理論發展。前述重返國家理論的浪潮假設國家具有潛在自主性，也認為社會經濟關係影響並限制國家的結構與行為，卻沒能仔細地描述什麼是國家，而是以國家自主性的高低與強弱表示國家，並未深入討論國家組織內部的權力分布、責任與對義務的理解。這表示確實帶回國家，卻只是強調國家的重要性而已。綜觀重返國家理論的內容，並沒有形成完整和明確的理論，而是各研究有著不同的國家理論。換言之，這很可能只是一波浪潮，並未提供明確的方法論與研究指南。[28]此外，歷史社會學派國家理論的缺點是，無法進一步理解國家是什麼的規範性（formal）答案，也就無法有效地回答是否必須有國家理論，因為這有賴於公權力（public power）的理論研究，不過歷史社會學能提供經驗的理論。[29]

　　然而，歷史社會學的複合國家理論者霍布森認為，史卡西波與剎利所領導的重返國家理論，其實是把國家踢出去（kicking the state back out），因為運用新現實主義以理論化國家自主性，解釋社會經濟暨政治變遷，並未能以歷史途徑解決新現實主義的化約性和靜態問題。重返國家理論雖認為國家有雙重特性，卻過分強調外部軍事與經濟危機對國家的影響，這忽略具有國際能動性的國家，就認為所有國家的主要任務是適應或順從競爭性的國際政治體系與資本

---

[28] Forrest D. Colburn, "Statism, Rationality, and State Centrism," *Comparative Politics*, Vol. 20, No. 4 (1988), pp. 485-491.

[29] 相對於歷史社會學的國家理論，絕對主義理論、憲法理論、倫理學、階級理論與多元主義理論等，可探討公權力的規範性答案。這意味此波歷史社會學比較能回答國家是什麼（state-as-it-is）的實然性議題，而非國家應該是什麼（state-as-it-ought-to-be）的應然性議題，參見 Andrew Vincent, *Theories of the State* (New York: Basil Blackwell Inc, 1987), pp. 220-225。

主義邏輯。[30]亦即，重返國家理論確實將國家研究帶回社會科學領域，卻接受新現實主義的觀點，認爲國家並沒有國際能動力，國家的內部行動只是適應或順從國際的制約，即使國家擁有自主性與職能性，並不能將國家視作國際關係領域可被解釋的變項。

## 第三節　轉折：多型態國家

　　歷史社會學的重返國家理論，已重新將國家帶回社會科學的研究領域。此後的發展，除了要解釋重返國家理論的議題外，也必須跳脫國家受制於國際體系的結構制約，亦即要將國家視爲國際體系的能動者。曼恩所提出來的國家力量模型，試圖檢討國家力量的來源與國家、社會關係的連結性，讓國家無法被簡化成僅順應國際體系，而是以內部的關係來回應國際體系。紀登斯解釋民族國家的發展歷程、現代性與暴力的互動過程，亦提供更完整的國家概念、內涵與轉變的國家理論。

### 一、多型態國家：IEMP模型[31]

　　曼恩主張的是多型態國家理論，[32]要理解就必須從頭分析國家的概念、權力的來源以及國家與社會之關係。曼恩的國家概念受到韋伯的重大影響，對國家制度性的定義有四點：1.國家是一套功能分化的制度與人員組織；2.實現政治的向心性（centrality），政治關係由一個中心向另一個中心伸展；3.國家擁有明確的界線區域；4.國家在領域內行使某種程度的權威性與強制性規範的制定能力，並受到某些組織化物質力量的支持。[33]衍伸出當前國家或政治制度共

---

30 霍布森製作清晰詳盡的說明圖，見圖6.1、6.2與6.3，John M. Hobson, *The State and International Relations*, pp. 177, 179 and 186。

31 IEMP分別是Ideology, Economy, Military and Politics的縮寫。

32 John M. Hobson, *The State and International Relations*, p. 198.

33 有趣的是，曼恩1993年的定義與1988年有些不同，差別在第二點僅有向另一個中心延伸的單向過程，第四點是以暴力手段壟斷權威性的強制規範之制定。換言之，曼恩擴大國家

享的四個特質：在領土範圍內是中央集權、具有內部決策過程與外在社會的雙重性（duality）、制度是功能分化且對不同利益團體承擔不同的功能，以及擁有地緣政治的國與國關係。[34]由此可看出曼恩的國家理論，具有重返國家理論所強調的雙重特性——自主性與職能性之外，也重視國家的非化約性質，如政治關係是由國家與社會互動而來，外在於國家的社會影響著國家的行動，並將社會權力的影響力置入功能分化的國家之中。

　　既然社會權力與現代的國家有密切的關係，那麼社會權力是什麼呢？曼恩在解釋人類興起到十八世紀中葉的權力歷史時，提出IEMP模型：意識形態權力（I）、經濟權力（E）、軍事權力（M）與政治權力（P）等四種權力的來源，[35]所有人類的歷史都可以見到這四種社會權力的影響。人類的社會是由多樣交疊（multiple overlapping）與交錯的（intersecting）社會空間權力網絡所組成，並非是一元性的。[36]首先，意識形態權力源自相關的三個社會學傳統，對集體與個體權力的壟斷解釋（meaning），共同所分享人類該如何互動的規範（norms），與審美暨儀式的實踐（aesthetic/ritual practices）；經濟權力來自滿足生存的需求，透過社會組織的汲取、轉換、分配與消費來達成，以上述任務所形成的團體就稱為階級，該權力通常不是由某個中心控制，而是分散在各個團體；軍事權力因對組織化的防禦與侵略之需求而產生，是關係著生存與死亡的問題，由於必須在廣大的地理與社會空間進行攻擊與防禦，於是有深度與廣度的不同面向；政治權力的來源是對領土內，眾多社會關係的向心性與制度化規則，雖然意識形態、經濟或軍事權力的組織可能都擁有政治權力的功能，但曼恩特別將政治權力提出為國家權力，並且擁有一個外在於社會網絡的中心位

---

與社會之間的互動過程，兩者具有更密切的交往關係。參見Michael Mann, *States, War and Capitalism: Studies in Political Sociology* (New York: Basil Blackwell Ltd, 1988), p. 4 和 *The Source of Social Power: Volume II, The Rise of Classes and National-States, 1760-1914* (Cambridge: Cambridge University Press, 1993), p. 55。

[34] Michael Mann, *The Source of Social Power: Volume II*, p. 56.

[35] Michael Mann, *The Source of Social Power: Volume I, A History of Power from the beginning to A.D. 1760* (Cambridge: Cambridge University Press, 1986), pp. 22-28 and figure 1.2.

[36] Michael Mann, *The Source of Social Power: Volume I*, p. 1.

置。特別的是，政治權力可區分為國內組織的國內政治，以及國際組織的地緣政治，兩者都會影響社會的發展。[37]

　　就國家權力而言可分成兩種：一種是專制權力（despotic power），為國家精英被賦權進行的行動，不須與公民社會團體舉辦定期與制度化的協商，如中國皇帝（天子）、羅馬帝國的元老院和前蘇聯的黨國精英等，[38]這是國家具有高度國內能動力的國家自主性。不過，還存在著另外一種國家權力，稱之為基礎建設權力（infrastructure power），特別存在資本主義民主制度中，是國家穿透到公民社會的能力，並在領土內執行後勤建設的政治決定。[39]該權力並非犧牲任何國家或社會的行為者，既然對社會有穿透的能力而實現國家的政策，這表示國家在某種程度上擁有自主性，且來源並非是競爭國際體系的交接點，而是源自於國家內部。換言之，國家自主性權力的來源很可能是因為內部社會秩序、財產權、經濟分配、基礎建設等需求，也可能因為處於交接點所需的軍事防衛或對外侵略。曼恩對國家自主性的見解，就超越重返國家理論的史卡西波與剃利等，將國家僅視為國際政治或經濟結構的被動適應者，從而提供國家在國際結構的國際能動力，達成帶回國家的目的，為歷史社會學的國家理論開啟新的視野。

　　此外，IEMP模型並非是經濟學式的理性計算或數理模型的推導，而是從歷史經驗所萃取的結果。就這點而言，歷史社會學是堅定的經驗主義，這四種社會權力的來源出自於大量的歷史經驗。其次，國家與社會並不可簡化成單一意義，須藉由時間與空間分散地比較，亦即要相對化而非具體化國家與社會，如分離政治權力與軍事權力方能理解，現代軍事主義許多的殘酷形式並非由國家所壟斷，而是分散在社會之內。最後，理解歷史的發展才能明白各種概念的演變，如「社會」在早期指涉一國疆界內的社會關係，如今疆界卻越來越模

---

[37] Michael Mann, *The Source of Social Power: Volume I*, pp. 22-28.
[38] Michael Mann, *States, War and Capitalism: Studies in Political Sociology*, p. 5.
[39] 同時，專制權力與基礎建設權力所形成的2*2矩陣，代表著四種不同的國家統治型態：帝國、封建制度、現代資本主義民主國家的官僚統治與獨裁統治等，參見Michael Mann, *States, War and Capitalism: Studies in Political Sociology*, pp. 5-8。

糊；相同地，處理軍事主義也須隨著年代不同而適當地理解內涵的轉變，使用組織化軍事暴力的強度就隨著時代消長。[40]換言之，歷史社會學並非僅是強調國家中心論，或者國家介於國際與國內的雙重特性，而是從歷史的經驗中找尋國際、國家與社會之間的關係，而且社會權力是分散在國家與社會之中，並非由特定對象所掌控，這已經有準「鑲嵌」（embedded）的內涵。簡言之，歷史社會學將更強調多型態與多因果的概念與分析途徑。

## 二、多型態國家：民族國家

從國家理論的角度而言，國家指的是「國家機器」，其主要特徵爲：凡是國家機關都會牽涉到對其管轄的社會體系再生產的各個領域，進行反思性的監控（reflexively surveillance）。[41]亦即國家會以國家機器所掌控的監控能力，如軍事武力、司法體系與行政體系等，逐漸地穿透到所轄領土內社會的各種日常生活。而國家機器的力量來源是在戰爭與國際關係的發展下產生的，透過對內部的監控與對外部的戰爭，逐漸形成現代的民族國家體系，不過因對內部的監控日趨完整，因此暴力（戰爭狀態）會逐漸從領土內的社會關係中排除。[42]紀登斯更從現代性的四項主要制度著手，就如同曼恩的IEMP模型，細緻地理解現代民族國家的權力基礎與運作。

民族國家處在現代性的時空環境下，而現代性的各種制度權力構成國家的行政權力。紀登斯認爲現代性有四項主要制度，且這是無法被化約的，各種制度之間有著密切的聯繫。這四種制度爲：資本主義、工業主義、軍事權力與

---

[40] 曼恩認爲歷史社會學派至少有上述三個導向原則（orienting principles），雖然歷史社會學者的分析途徑各有不同，但都不脫離這三個原則。此外，曼恩所提出的IMPE模式就依循上述的原則，強調歷史的分期、歷史經驗的重要性與社會權力在國家內部的分散性。參見Michael Mann, "Authoritarian and Liberal Militarism: A Contribution from Comparative and Historical Sociology," in Steve Smith, Ken Booth and Marysia Zalewski, eds., *International Theory: Positivism and Beyond* (Cambridge: Cambridge University Press, 1996), pp. 221-224。

[41] Anthony Giddens, *A Contemporary Critique of Historical Materialism: Vol. II, The Nation-State and Violence* (Cambridge: Polity Press, 1985), p. 17.

[42] Martin Shaw, "Historical Sociology and Global Transformation," in Ronen Palan, ed., *Global Political Economy: Contemporary Theories* (New York: Routledge, 2000), p. 235.

監控。前面兩者透過人類對物質慾望的追求而影響著現代的社會，資本主義是商品生產體系，以私人資本與生產者的生產關係為核心，透過不同方式的市場競爭而運作，最終達成資本的積累。工業主義則是商品的生產過程中，利用機械對自然資源的轉換，同時提高競爭效率到最佳狀態，達成「被創造的環境」（created environment）之發展。軍事權力具體展現在民族國家能在領土範圍內成功地壟斷暴力工具，特別是工業化大量生產與兩次世界大戰之後，以軍事武器為首的暴力工具已然工業化。監控是國家機器對社會內人民控制力量的擴張，將暴力狀態從領土內的社會關係中排除，最重要的是控制資訊與監督。[43] 這四種制度性的權力深刻地影響現代性與國家的發展歷程，國家從擁有支配、軍事力量、官僚體系與意識形態的傳統國家，因為競爭性國際體系越來越強的軍事競爭，而逐漸走向絕對主義國家。後來又因為資本主義與工業主義兩者興起，導致商品交易與世界體系的勃興，促成近代民族國家之發展。

　　從國家的發展過程而言，紀登斯似乎超越重返國家理論的觀點，賦予國家在國際政治與經濟競爭上的自主性。早期資本主義與工業主義的興起，多來自社會團體的力量，而國家又以軍事權力與監控滲透到領土內的社會，以行政權力逐步達成資訊的控制與內部的綏靖，發展出更有內部自主性的國家機構。直到十九與廿世紀，因戰爭規模擴大到總體戰，更緊密連結外部因素的戰爭與內部的社會，國家的行政權力日益擴張，終至今日所見的國際秩序、國家主權與民族國家等。這種歷史社會學的解釋途徑是透過歷史的層層累積，以前述的四種制度性力量來完成的。這意味著國家理論的發展，是從國家順應國際體系，逐漸轉向重視各種力量的交互作用，而國家是最強大的組織力量，居於社會與國際的交會點，且國家的自主性可以來自內部也可以來自外部，如此完成歷史社會學派國家研究的轉折過程。

---

[43] Anthony Giddens, *The Consequences of Modernity* (Standford: Standford University Press, 1990), pp. 55-59.

## 第四節　複合的（complex）國家理論

　　1980年代歷史社會學的國家理論，似乎過於強調國家在政策產出時所扮演的角色，雖然國家能暫時壟斷或終止內部社會的權力運作，政策產出的最終目的仍是符合社會需求以維繫政權。也就是說，國家的運作會形塑部分的社會，社會也會再塑造國家，這部分已經展現在歷史社會學國家理論的轉折過程。因此，除多型態國家與民族國家理論的發展，1990年代初期開始有不同的國家理論出現，例如史卡西波提出的「政體中心」（polity-centered）分析可理解更多的社會因素，她舉出英、美兩國有許多社會團體提出類似的要求但結果卻不相同，循此逐漸發展出國家、政黨、選舉、經濟、壓力團體等連結的研究。[44]這再次的轉變與眾多歷史社會學者的共同努力，最後形成「複合國家論」的發展。

### 一、複合國家論的發展

　　「複合的」國家理論是相對於「化約的」國家理論而產生。歷史社會學派在1990年代之後逐漸朝向複合的國家理論發展，認為國際政治暨經濟、國家與社會關係的理論必須符合歷史社會學派的「六項一般原則」（詳細內容見下一節），[45]國家則重新被帶回為具有國際與國內的能動者。此波國家理論的主要作者有伊曼斯、霍布森與衛斯等。[46]

---

[44] Theda Skocpol, *Protecting Soldiers and Mothers: the Political Origins of Social Policy in the United States* (Cambridge, Mass.: Belknap Press of Harvard University Press, 1992), pp. 24-25.

[45] John M. Hobson, *The State and International Relations*, p. 194.

[46] 這幾位學者也被視為「新制度論者」或「發展型國家論者」。本文則認為他們也是歷史社會學派的複合國家論者，因為他們同時重視國際、國家與社會的互動關係，國家具有雙面特性並鑲嵌在社會網絡內，最重要的是他們的分析途徑利用並符合「六項一般原則」。而霍布森則認為自己是（韋伯）歷史社會學派。

### 1.鑲嵌自主性

　　首先是伊曼斯所提出「鑲嵌自主性」的理想型，[47]透過研究南韓、台灣、印度與巴西的資訊科技產業發展，試圖釐清國家機關結構、國家與社會關係和工業轉型的連結，提出掠奪型國家（predatory state）與開發型國家（developmental state）兩種理想類型，並認為國家扮演四種角色：傳統管理者的監護人（custodian）、在特定商品、公共財與市場競爭的造物主（demiurge）、協助開創新舊企業團體的助產者（midwifery）和協助私人企業團體面對全球挑戰的細心管理者（husbandry），[48]國家機器會依照時期與部門的區別而採取不同的角色。伊曼斯的研究發現，經濟轉型牽涉兩個層面；一是私人企業是否能夠累積資本與其他資本，一是國家機器是否能有效地協助私人企業並透過福利政策協助重分配。[49]

　　若國家越深入經濟轉型，就越成為資本主義運作的一環。從這層意義而言，國家不僅是因應國際無政府狀態下生存需求的主權國家，也涉及國際與國內的經濟運作過程，顯示國家是多種型態的複合體。在此過程，國家與社會的關係必然更為複雜，因為資本主義市場運作是鑲嵌於社會關係，國家涉入市場與社會也就會彼此鑲嵌。總體而言，伊曼斯的國家理論有幾個特點。第一，國家機器不僅是一個實體，也是依賴特殊的制度結構與外在社會關係的歷史產物；第二，在某些歷史情境，國家參與資本累積的過程是經濟成長與轉變所不可或缺的要素；第三，國家與社會是相互構成的（constitutive），利益與階級在邏輯上並非先於國家與國家政策。[50]

---

[47] 伊曼斯提出「鑲嵌自主性」是描述國家和社會的互動關係，這個詞帶有「矛盾的」（contradictory）的意思，意指「國家必須保有自主性，但也必須與社會保有適當的連結」，如此的國家才能扮演經濟發展的細心管理者和助產者。兼具鑲嵌和自主性的國家就被稱為「發展型」國家。參閱Peter Evans, *Embedded Autonomy: States and Industrial Transformation* (Princeton, N.J.: Princeton University Press, 1995), p. 12。

[48] Ibid., pp. 12-14.

[49] Ibid., pp. 5-6.

[50] Ibid., p. 35.

## 2.國家與經濟發展

霍布森與衛斯研究國家與經濟發展的核心問題是，政治制度如何影響經濟的表現、現代國家在市場經濟所呈現的面貌、國家為何與如何鼓勵工業發展、國家自主性與職能性的本質為何與經濟景氣變遷的重要性等。最關注的對象是經濟發展先進的國家之變遷，越是強大的經濟就有越強勢（strong）的國家，[51]同時社會的力量也就越強大，國家穿透—汲取（penetrative-extrac-tive），如協調能力等越強，就越能強化與主導經濟團體之關係；反之，則會侵蝕國家權力的來源。[52]此外，有三種不同基礎結構的國家權力，首先穿透權力是國家可直接與人民相互作用的能力，傳統的或封建的國家僅有微弱的穿透權力；第二種是汲取權力，意指從社會汲取物資與人力資源的能力，以用於稅務、戰爭、福利與發展等；最後也是最重要的是溝通（negotiated）權力，這牽涉到相互合作與協調的可能性，越是現代的工業國家就越重視溝通權力。總體而言，這三種國家權力的強與弱，最終產生不同的國家／社會關係型態，專制（弱）國家與社會是分離的自主性，會損耗國家力量或逐漸轉向軍事獨裁政權，如毛澤東與史達林統治下的國度；而有機（強）國家與社會是鑲嵌的自主性，比較中等的權力會形成國家與社會相互合作的關係，如二十世紀的英國與美國，若國家有比較強的權力則會形成國家統治的協調能力，如戰後的日本與東亞新興經濟體。[53]

---

[51] 國家的強勢與否之標準會隨時代變動；現代與前工業化國家的區別在於前者是軍隊數量、中央集權與控制社會行動的權力與能力，包括經濟活動的規範等。又如前文提到的專制力量與基礎建設力量亦是如此。

[52] Linda Weiss and John M. Hobson, *States and Economic Development: A Comparative Historical Analysis* (Cambridge: Polity Press, 1995), p. 5.

[53] 不僅伊曼斯的「鑲嵌自主性」和魏斯與霍布森的「國家與經濟發展」提供理解台灣與東亞的國家本質，或東亞國家與社會互動的文獻。例如在*Bringing the State Back in*這本書，愛莉絲·安士敦（Alice H. Amsden）探討台灣的國家與台灣經濟發展的關連性，認為殖民遺產、國民黨、農業基礎、外援和教育等因素，影響台灣的經濟發展，參見Alice H. Amsden, "The State and Taiwan's Economic Development," in Peter B. Evans, Dietrich Rueschemeyer and Theda Skocpol, eds., *Bringing the State Back In*, pp. 78-106；羅伯特·魏德（Robert Wade）研究東亞區域的國家與工業化之關係，因東亞國家的領土和資源遠不如歐洲或美洲，因此國家機關必須扮演阻止外國產品競爭、分配國家資源到特定工業產業與發展外銷產業等的角色，特別是本書大量提及台灣的經濟發展，參見Robert Wade, *Governing the Market: Economic Theory and*

　　這樣的研究是將國家視為依變項，與主要社會權力行為者的互動中，形成如上述四種的不同權力結構。歷史社會學的複合國家理論是重視國家的，但並不是要排除社會，無論是政治制度、公私部門的劃分都存在著社會的影子，且國家權力必須與社會互動方能行使。因此，複合國家理論必須將國家整合到國際體系，納入戰爭、軍事主義、安全與生存，以及國際間經濟關係的互動，特別是緊急時刻與危機對國家的衝擊。[54]同時，也要整合國家結構或社會變項的互動過程，在該過程中國家與社會不必然採取對立的角度。霍布森隨後也以財政社會學的途徑，強調多重因果關係與時空的變項，特別是經濟權力、軍事權力、地緣政治等在國際、國家與社會的發展。[55]

　　回顧複合國家理論的伊曼斯、霍布森與衛斯的著作，都有著非常類似的分析架構，這是因為要能充分理解國際、國家與社會關係之互動，必須回歸到歷史社會學的複合途徑分析架構（六項一般原則）。

## 二、複合途徑的分析架構

　　歷史社會學派國家理論的興起，與第三次國際關係大辯論有密切的關係，究竟歷史社會學派的發展是要繼續在大辯論中逗留，如霍布森所言「重返國家理論」是將國家踢出去，僅是在順應競爭性國際關係下所產生的國家對內自主性與職能性嗎；或是進一步在多型態國家理論與複合國家理論中，反過來豐富

---

the Role of Government in East Asia (Princeton, N. J.: Princeton University Press, 1990)；愛莉絲·安士敦與瞿宛文合著的《超越後進發展》以台灣為例進一步描寫發展型國家面臨基礎工業建設完畢後的走向，當國家介入、低廉工資或出口導向已無法推動發展型國家的經濟發展後，產業升級就成為更重要的目標，這本書解釋政府、企業與產業政策在發展型國家產業升級的回應，參見Alice H. Amsden and Wan-wen Chu, Beyond Late Development: Taiwan's Upgrading Policies (Cambridge, Mass.: MIT Press, 2003).

[54] Linda Weiss and John M. Hobson, States and Economic Development: A Comparative Historical Analysis, pp. 247-249.

[55] 例如十九世紀，國家採取保護貿易或開放貿易的一個重要考量就是稅收，若汲取的來源多為土地稅或所得稅等直接稅，就較不須考量關稅等間接稅的重要性，因此傾向採取開放貿易；若來源多為間接稅，較可能重視關稅。這也說明國家汲取權力與滲透權力，如何影響著國際（貿易）關係的運作，因此國家就擁有國際能動性，參見John M. Hobson, The Wealth of States: A Comparative Sociology of International Economic and Political Change (Cambridge: Cambridge University Press, 1997)。

國際關係理論。這也是霍布登（Stephen Hobden）的疑問：國際體系如何理論化歷史社會學？歷史社會學能提供新現實一套國家理論嗎？歷史社會學與國際關係學有什麼關聯性特徵？[56]甚至可以說，若歷史社會學派的國家理論無法提供有別於新現實主義的選擇，那麼這樣的發展還有什麼意義呢？然而，重返國家理論、多型態國家理論到複合國家理論的進程，提供了清晰而又非化約性的國家面貌，釐清國際、國家與社會的互動關係與本質。[57]

　　基本上，複合國家理論已經賦予國家的國際能動性與國內能動性，並以雙重特性回應國際與國內層次的結構需求，還會反過來利用不同領域以重新安排這些結構。歷史社會學派能提供完整的國際、國家與社會關係理論，是因爲遵循六項一般原則：[58]

### 1.歷史與變遷

　　透過歷史探索現代國內與國際制度和實踐，理解經濟與政治的變遷過程；該變遷可發生在體系，也可能在次體系之內。

### 2.多重因果（multi-causality）

　　堅持社會與政治變遷僅能透過多重力量來源，而非化約爲單一因素來理解，如曼恩與紀登斯的多型態權力就是多重因果。

### 3.多重空間（multi-spatiality）

　　這與多重因果有密切關係，重視各種不同的空間，如政治與經濟的社會、國家與國際體系，因爲體系之間是互相連結、彼此鑲嵌的。

---

[56] Stephen Hobden, *International Relations and Historical Sociology: Breaking down Boundaries* (New York: Routledge, 1998), p. 167.

[57] 越來越高的鑲嵌自主性程度中，若分別這三種層次很可能失去意義，因爲無法抽離任何一個層次進行討論。

[58] John M. Hobson, "The Historical of the State and the State of Historical Sociology in International Relations," pp. 286-295.

### 4.部分自主性（partial autonomy）

因爲權力與行動者都是多重的，並不斷以複雜的方式互動和形塑彼此，無論是交雜、建構或多型態的關係，經濟與政治行爲都有多重的聚合現象。

### 5.複合的變遷（complex change）

新現實主義特別強調世界的連續性，然而社會與國際政治最好被視爲變遷的內在秩序，因爲各種力量與空間彼此互動的行動後果，經常不是連續性或重複的，很可能是意外或隨機的非連續性。社會發展絕對不是單線，而是複合的。

### 6.非現實主義者的國家自主性

現實主義者並不是沒有國家理論，而是與重返國家理論非常類似；曼恩所發展的兩種國家位置（精英國家主義與制度國家主義），就讓國家擁有不同的國家自主性。換言之，歷史社會學的國家理論絕對是非現實主義的，無論是多型態的力量來源或複合的國家論，都是非化約的國家理論。[59]

總體而言，要將國家帶回社會科學領域，就不能如新現實主義者抽離國家的國際能動力，也不能將國家僅視爲主導階級的工具或社會力量的競爭場域。而必須利用上述六項一般原則，從歷史的軌跡中理解國家的本質、發展、權力來源與運用等，並考慮到國際、國家與社會的互動連結關係。歷史社會學的國家理論就是以這樣的原則，逐漸從重返國家理論、多型態國家，發展到當前所見的複合國家理論。

---

[59] 霍布森明確化歷史社會學在國際關係的危機，要超越非歷史主義（ahistoricism）的對即刻的迷信（chronofetishism）與時間的中心主義（tempocentrism），避免具體化（reification）的幻想、排斥歷史演變的幻想、永恆的命題的幻想與同質化的幻想。由此看來，歷史社會學與其國家理論，在國際關係領域仍有許多待努力之處。參閱John M. Hobson, "What's at Stake in 'Bringing Historical Sociology Back into International Relations?' Transcending 'Chronofetishism' and 'tempocentrism' in International Relations," in Stephen Hobden and John M. Hobson eds., *Historical Sociology of International Relations* (Cambridge: Cambridge University Press, 2002), pp. 3-41。

## 第五節　結論

歷史社會學的國家理論是伴隨著第三次國際關係大辯論而逐漸發展的，最早期的目的是將國家帶回來，主張國家處於國際與國內的雙重特性，特別是戰爭或危機發生時賦予國家自主性與職能性。不過這種被動順應競爭國際體系的國家理論，似乎也落入將國家踢出去的窘境，畢竟沒有國際能動性的國家充其量只是一個中介變項。隨後多型態國家從社會權力的結構與現代性制度權力的分化，也就是多重因果與多重空間的途徑，來分析國家與社會的關係，但也認為競爭國際體系的防禦或侵略是非常重要的。這個轉折過程影響到複合國家理論的出現，這種非化約的國家理論賦予國家來自於內部與外部的自主性，從而能對內與對外行動，將國家真正地帶回社會科學領域。

比較有趣的是，複合國家論多數是經濟轉型、經濟發展與國家權力的研究，而非強調競爭國際體系如何迫使國家順從，再轉而影響國家與社會的關係。最主要的因素是歷史社會學的複合國家理論認為，國家自主性的來源並非是戰爭或危機時才有的，而是與社會的滲透與互動中所形塑產生的。若將這兩種不同面向：由外而內和由內而外的國家理論與曼恩及紀登斯多型態的社會權力與制度性權力結合，則可描繪出更完整的國家理論。

另外，歷史社會學是採用社會學的途徑解釋或研究歷史，這意味著該國家理論將是實然性的。史卡西波認為歷史社會學也採用比較與歷史的研究途徑，如求同法與求異法等，這就要回歸所發生過的歷史，也因此真實存在人類歷史的國家才會被視為研究對象，無論是人類原初的國家型態、傳統帝國與封建主義、絕對主義國家或民族國家等，都是可以被觀察。那麼，歷史社會學的國家理論就不會是應然性的，雖然複合國家理論的研究與經濟發展有關，也提供發展型國家的理想型，但這是政策建議與發展策略，並非是應然性的國家理論。其實，歷史社會學派確實可以發展理想型，但仍須觀察歷史的軌跡。

最後，歷史社會學只能回顧過去嗎？就前述六項一般原則而言，歷史社會學派確實用於回顧國家的歷史；就研究的層次而言，多半停留在研究框架，尚未形成一個具有邏輯推演的理論，可供解釋過去、描述現在與預測未來。然而，歷史社會學的國家理論是開放性的研究，當前全球化與全球性的轉變都會影響到國家理論，這意味著可不斷地與時俱進，從最早期的國家結構、帝國型態、封建主義到民族國家，甚至擴大到全球範圍的研究。就是這種開放的態度，讓歷史社會學派不斷地創新與發展，只有一套研究的框架而沒有詳細規範的國家理論，讓歷史社會學充滿生機而有著更豐富的未來展望。

李政鴻、余家哲

## 第一節　前言

　　歐洲整合從政治、經濟到社會等不同層面，並深化到不同的政策領域，地理範圍廣化至中東歐區域，整合的界線不斷地變動，而被學者視爲區域整合的典範。換言之，歐洲整合研究需要能夠觀察和理解這動態過程的理論，方能解釋歐盟現在的發展和未來的可能性。

　　過去研究歐洲整合理論多以哈斯（Ernst B. Haas）的新功能主義（neofunc-tionalism）、莫拉維斯克（Andrew Moravcsik）的自由政府間主義（liberal in-tergovernmentalism）爲主；隨著1990年代國際關係理論由經濟學轉向社會學，亦有學者採用建構主義（constructivism）來解釋歐洲整合。前兩者可歸納爲理性主義理論，亦即新功能主義和自由政府間主義均接受經濟學的假設，即行爲者依據理性去追求最大利益，於是可從國家利益的計算和權力的大小等兩方面理解歐洲整合的過程。建構主義則是認爲國家偏好的形成不能單純從利益極大化或是權力追逐解釋，而應該是從社會層面所建構的集體共識向外延展。1990年代共產主義崩解和歐盟決議東擴，對此建構主義者就認爲是基於規範和集體認同，而非理性計算的結果。[1]

　　首先，Haas舉歐洲煤鋼共同體（The European Coal and Steel Community）爲例，說明特定政治團體與制度間的互動能驅動整合。就其而言，歐洲煤鋼共同體能被接受，乃因提供多面向利益，滿足包括企業、政治或勞工團體的基本

---

[1]　Dorothee Bohle, "Neoliberal Hegemony, Transnational Capital and the Terms of the EU's Eastward Expansion," *Capital and Class*, No. 88 (Spring 2006), p. 59.

需求，一旦團體認為傳統國家無法滿足需求或制定合適政策時，就會轉向尋求聯邦政府的協助，進而補強聯邦政府功能。[2]哈斯建構「團體—政黨—各國政府—聯邦政府」互動的圖像，解釋外溢（spill over）的必然性，試圖綜合多元論（pluralism）、團體理論（group theory）和系統論（system theory），當中政治整合及外溢現象為新功能主義最大研究特色。

　　然而，哈斯的新功能主義卻無法解釋1970年代歐洲整合的相對停滯現象，其抽象地假設人類為理性、追求效用極大化的個體，這種缺乏歷史基礎的理論前提，暗示外溢現象無可避免。也就是說，新功能主義從經濟理性出發，勾勒一線性歐洲整合圖像，但過於強調歐洲內部政治動態整合過程，無從理解宏觀結構轉變，諸如全球化以及冷戰結束所造成的影響。[3]哈斯爾後也承認新功能主義已經過時，歐洲整合包括國際、國家及國內不同行為者所交織的網絡，產生的結果並非簡單地依循理性決策，整合理論解釋及預測能力顯然不足。他建議從議題面向來研究整合，甚至認為區域整合理論應該附屬在廣泛的相互依賴理論（general theory of interdependence）底下。[4]簡言之，新功能主義將外溢現象視為理所當然，無法解釋外溢背後的驅動力。所以當法國政府杯葛歐洲整合之際，新功能主義的解釋能力遭受嚴厲批評，整合理論的發展遂轉向以國家為中心的政府間主義。

　　其次，莫拉維斯克主要反對超國家制度主義（supranational institutionalism）途徑，這種結合新功能主義與國內政治理論的解釋，認為歐洲整合過程是由超國家機構（特別是執委會）、歐洲利益團體（歐洲企業家組織）和各國

---

[2]　Ernst B. Haas, "The Uniting of Euorpe," in Brent F. Nelsen and Alexander Stubb, eds., *The European Union:Readings on the Theory and Practice of European Integration* (Colorado: Lynne Rienner Publishers, 2003, Third Edition), pp. 141-142.

[3]　Andreas Bieler and Adam David Morton, "Introduction: Neo-Gramscian Perspectives in International Political Economy and the Relevance to European Integration," in Andreas Bieler and Adam David Morton, eds., *Social Forces in the Making of the New Europe* (New York: Palgrave, 2001), pp. 13-14.

[4]　Ernst B. Haas, "Turbulent Fields and the Theory of Regional Integration," *Internatonal Organization,* Vol. 30, No. 2 (Spring 1976), pp. 173-212.

政府精英所共同推動。[5]不過，莫拉維斯克認為整合乃是政府間談判的結果，對外依循最小公約數（lowest-common-denominator）與保護主權（protection of sovereignty）原則，對內則是強調國家自主性。[6]

　　莫拉維斯克所發展自由政府間主義，目的是修正政府間主義過度偏重國家行為者，其從結合自由主義理論有關國家偏好形成，與政府間主義關於國家間談判的分析。政府官員首先匯集國內偏好，再將其帶入政府之間談判，最後達成的協議反映出國家間的權力關係，這意味著超國家組織並無直接影響力。[7]換言之，國家是連結國內和國際層次的中介面，實際上歐洲整合過程為各會員國及申請國間不斷重覆的賽局，自由政府間主義強調國家不斷進行雙層賽局（two-level game）。然而，自由政府間主義的解釋能力仍受到限制，例如利益團體的遊說活動通常被歸為國內層次，忽略跨國行為者能施加的影響力。此外，國家進行協商談判時，談判過程本身雖然重要，但是更重要的部分應是促使談判發生的原因，以及進行議題設定的過程。[8]自由政府間主義的雙層賽局為國家中心理論，針對特定政策進行分析，欠缺對歐洲整合的整體解釋能力。

　　最後，另有些學者嘗試使用社會建構主義觀點研究歐洲整合。不同於新功能主義和自由政府間主義，此部分尚欠缺具代表性學者和整套論述。例如，契克爾（Jeffrey T. Checkel）就認為歐洲整合衝擊歐洲國家體系及構成單位，要理解行為者的認同與興趣須從動態的社會學習（social learning）、社會化（socialization）、慣例化（routinization）及規範散布（normative diffusion）著眼，不是像理性主義單純設限在策略或行為；[9]此外，柯爾莫（Hartmut Kaelble）檢

---

5　Wayne Sandholtz and John Zyman, "1992: Recasting the European Bargain," in Brent F. Nelsen and Alexander Stubb, eds., *The European Union:Readings on the Theory and Practice of European Integration* (Colorado: Lynne Rienner Publishers, 1998, Second Edition), pp. 196-198.

6　Moravcsik從政治領導者、官僚、政黨及經濟功能論（economic functionalism）等四方面，說明德國、法國及英國在單一歐洲法談判過程，國家在形塑國內偏好的自主性。

7　Ibid., p. 15. Mark A. Pollack, "International Relations and European Integration," *Journal of Common Market Studies*, Vol. 39, Issue 2 (Jun 2001), p. 225.

8　Andreas Bieler and Adam David Morton, "Introduction: Neo-Gramscian Perspectives in International Political Economy and the Relevance to European Integration," pp. 16-17.

9　Jeffrey T. Checkel, "Social Construction and European Integration," in Brent F. Nelsen and

閱大量不同體裁的文獻著作，探討十九、二十世紀歐洲自我認識的形成。柯爾莫透過文本分析，討論不同作者論述的歷史背景、形成原因和演變，從中尋求歐洲認同的來源。[10]

建構主義者認為世界政治結構源自於社會內部所形成的共識更甚於物質基礎，理性主義的世界無政府狀態之假設，其結構特質並非固定的，而是由國家間互動產生的主體間性（inter-subjectively）所建構。國家行為不僅受到外在無政府狀態的影響，更可能進一步再影響並強化其結構。[11]使用建構主義解釋歐洲整合，則必須發展一套聯結語言、論述（discourse）、規範（norms）及物質能力的概念，用以解釋動態的制度演變。更明白的說法是，建構主義目的在解釋歐洲區域層次的學習和社會化之過程，以及在國家層次上如何運用柔性和規範性的方式進行歐洲化。[12]不過，建構主義雖提到觀念與結構之間的動態互動過程，然而最大問題在於分析層面。與理性主義相較，建構主義確實較難以進行實證研究，而是停留在抽象概念的階段。契克爾本身就承認建構主義的確欠缺實證資料，但他強調建構主義並非否定理性主義的價值，而是鼓勵兩者間的對話。不過，莫拉維斯克就批評建構主義無法成立一清楚可驗明的假設，並且缺乏方法論。[13]

然而，從理性主義與建構主義解釋歐洲整合，會過於偏重「國家中心」（state-centric）或「社會中心」（society-centric）的解釋。本章將以國際政治經濟學中的新葛蘭西學派（new Gramscian school）來研究歐洲整合的動態過程，希望能提供新的理論視野。新葛蘭西學派思想源於義大利思想家葛蘭西

---

Alexander Stubb, eds., *The European Union: Readings on the Theory and Practice of European Integration* (Colorado: Lynne Rienner Publishers, 2003, Third Edition), pp. 352-352.

[10] Hartmut Kaelble，柯燕珠譯，《歐洲人談歐洲》（台北：左岸文化出版，2005），頁20-25。

[11] Ben Rosamond, *Theories of European Integration* (London: Macmillan Press Ltd, 2000), pp. 171-174.

[12] Jeffrey T. Checkel, "Social Construction and European Integration," in Brent F. Nelsen and Alexander Stubb, eds., *The European Union: Readings on the Theory and Practice of European Integration,* pp. 355-360; Steve Smith, "Social Constructivisms and European Studies: a Reflectivist Critique," *Journal of European Public* (Special Issue 1999), p. 685.

[13] Mark A. Pollack, "International Relations and European Integration," p. 226.

（Antonio Gramsci, 1891-1937），透過檢視物質力量、制度和觀念等三個要素之間的辯證關係，進而理解世界秩序變動的本質。新葛蘭西學派運用葛蘭西的文化霸權（cultural hegemony）及歷史集團（historical bloc）之概念，能夠解釋動態的世界秩序，並且試圖超越現存「國家中心」及「社會中心」理論研究的界線。

因此，本章希望藉由新的理論途徑，審視歐洲經濟整合與東擴議題。新葛蘭西學派與理性主義整合理論不同之處在於前者統整國內／國際與國家／社會的界線，從社會力量的衝突與跨國階級的形成來理解歐洲整合。此外，新葛蘭西學派將「結構─能動者」（structure-agency）視為辯證關係，以脫離實證主義的認識論，並將思想視為辯證過程的部分，這和建構主義類似。[14]也就是說，新葛蘭西學派可當成平台，提供理性主義和建構主義之間的對話，亦可成為理解世界秩序的運用工具。

事實上，歐洲整合深化和廣化在近二十年得到顯著成果，其包括單一共同市場、經濟暨貨幣聯盟、中東歐國家加入歐盟。經由執委會和歐洲企業界的書面報告、活動、學界相關研究可以理解，執委會與歐洲企業家圓桌論壇為主，結合成跨國歷史集團，並採用鑲嵌新自由主義作為意識形態，合法化為然形成的歐洲霸權結構並且影響近二十年的歐洲整合。[15]

因此，本章試圖透過新葛蘭西學派的研究途徑來探討歐洲整合過程，理

---

[14] Henk Overbeek, "Transnational Historical Materialism: Theories of Transnational Class Formation and World Order," in Ronen Palan, ed., Global Political Economy: Contemporary Theories (New York: Routledge, 2000), pp. 168-69. Stephen Gill, "Gramsci and Global Politics: Towards a Post-Hegemonic Research Agenda" in Stephen Gill, ed., Gramsci, Historical Materialism and International Relations (Britain: Cambridge University Press, 1993), p. 28.

[15] 透過整合機構、政治領袖及政府間談判過程所進行的研究雖能夠解釋歐洲整合，然而在包含經濟整合、東擴等議題方面，卻無法忽略民間力量，尤其大企業的影響力更不容忽視，文內所提ERT影響更甚。對此，相關作者如Bastiaan Van Apedoorn, Maria Green Cowles, Andreas Bieler, David Morton在其文章中均提及，而Cowles更直指ERT在歐洲共同體之議題設定的重要性；此外，前祕書長Keith Richardson亦特別撰文強調ERT與執委會聯繫密切，所提的政策建言更成為執委會提案的重要參考，Sussex European Institute: Big Business and the European Agenda, SEI Working Papaer, No. 35 (September 2000)。另外，本章所提新葛蘭西學派學者亦強調意識形態作用，就經濟整合與東擴議題上，鑲嵌新自由主義則是歐洲社會所能接受的最大公約數。

解整合的驅動力和特色。新葛蘭西學派解釋歐洲整合不同於理性主義與建構主義之處在於提供清楚的分析架構，其結合理性主義的物質基礎與建構主義的觀念，從而能以整體性的視角理解歐洲整合的圖像以及背後的驅動力。將新葛蘭西學派的制度、社會力量和意識形態三者運用在歐洲整合中可發現一組對應的要素，亦即「執委會（European Commission）[16]——歐洲企業家圓桌論壇（European Round Table of Industrialists, ERT）——鑲嵌新自由主義（embedded neo-liberalism）」。本章將以此為研究架構，理解這三項要素之間的辯證關係將如何驅動歐洲整合，章節安排除前言外，第二部分探討新葛蘭西學派與歐洲整合研究的內涵與架構，第三部分主要探討歐洲社會內部所形成的跨國歷史集團及其推動的歐洲經濟整合，第四部分則是分析跨國歷史集團與歐盟東擴的關係，最後部分為結論。

## 第二節　新葛蘭西學派與歐洲整合研究

　　本章嘗試以新葛蘭西學派解釋歐洲整合，透過歷史結構分析的霸權結構與歷史集團，提供與前述主流理論不同的論點。[17]此派思想根源於義大利思想家葛蘭西的政治理論，加拿大約克大學（York University）考克斯教授（Robert W. Cox）在1981年和1983年發表的文章中進一步詮釋葛蘭西思想，[18]並將其運

---

16 原先稱為歐洲共同體執委會（the Commission of the European Communities），1992年歐盟條約生效後改名為歐洲執委會（the European Commission）。為避免混淆，本章一律採用通行的執委會用法。

17 國內關於整合理論研究如下：洪德欽，〈歐洲聯盟之理論與實踐：方法論之分析研究〉，載於沈玄池、洪德欽編，《歐洲聯盟：理論與政策》（台北：中央研究院歐美所，初版，1998）盧倩儀，〈區域整合理論〉，載於黃偉峰編，《歐洲聯盟的組織與運作》（台北：五南，2003）。曾怡仁，〈區域主義研究與國際關係理論〉，《全球政治評論》，第8期（2004年10月），頁25-48。曾怡仁、張惠玲，〈區域整合理論與發展〉，《問題與研究》，第39卷第8期（2000年），頁53-70。黃偉峰，〈歐盟政治研究中理論方法之分類與比較〉，《人文及社會科學集刊》，第15卷第4期（2003年12月），頁539-594。

18 這兩篇文章建立新葛蘭西學派的分析架構，Cox藉由Gramsci的霸權、歷史集團等概念解釋世界秩序。詳請參閱Robert Cox, "Social Forces, States and World Orders: Beyond International Relations Theory," *Millennium* Vol. 10, No. 2 (Summer 1981), pp. 126-155. "Gramsci, Hegemony

用在國際關係研究領域。爾後其他學者也採用新葛蘭西學派之研究，如吉爾（Stephen Gill）、畢勒（Andreas Bieler）、德比爾（Kees van der Pijl）等人，並進一步探討全球化與區域化的現象。這些國際關係學者被稱爲義大利學派（Italian School）或新葛蘭西學派，方法學上則是採用歷史唯物主義（historical materialism）。歷史唯物主義的特色爲動態辯證關係，反對主客二元對立，認爲社會事實應從整體、多維度和非決定論概念來理解，而社會生產關係則是本體論的基礎。[19]

考克斯思想中受葛蘭西影響最爲關鍵的部分是「霸權」，葛蘭西認爲霸權實際上是一種反映統治者與被統治者之間關係的秩序，統治者制定具體制度及傳播無形觀念用以鞏固霸權統治，特別是資產階級，其擁有的價值和規範優於附屬階級、並支配時代的思想與生活方式，構成霸權所必須的基礎。[20]葛蘭西認爲西方統治階級的政治權力基礎並不在國家的強制權力，而是分散地處於制度和公民社會，核心集團是由生產關係導致，結合社會力量和階級治理以締造一霸權秩序。[21]若是霸權統治能力遭受挑戰時，葛蘭西使用消極革命（passive revolution）來表示「非霸權」社會，面對潛在活躍群衆及改組的權力關係，實施消極革命乃資產階級霸權衰弱時所採取的一種技術方法。[22]統治階級並不是狹隘的經濟階級，而是結合不同社會團體的聯盟，稱之爲歷史集團。

新葛蘭西學派要理解世界秩序和霸權的產生，尋找現存規範、制度及慣例的起源與型塑過程。考克斯進一步將霸權擴充爲共識基礎，觀念（ideas）受

---

and International Relations: An Essay in Method," *Millennium*, Vol. 12, No. 2 (Summer 1983), pp. 162-175.

[19] Bastiaan Van Apeldoorn, Henk Overbeek and Maguns Ryner, "Theories of European Integration A Critique," in Alan W. Cafruny and Magnus Ryner, eds., *A Ruined Fortress? Neoliberal Hegemony and Transformation in Europe* (USA: Littlefield Publishers, 2003), p. 33.

[20] Martin Carnoy, 杜麗燕、李少軍譯，《國家與政治理論》（台北：桂冠圖書股份有限公司，1995），頁80-85。

[21] Bastiaan Van Apeldoorn, Henk Overbeek and Maguns Ryner, "Theories of European Integration: A Critique," p. 1, 36, 89 and 91.

[22] Martin Carnoy, 杜麗燕、李少軍譯，《國家與政治理論》（台北：桂冠圖書股份有限公司），頁93。

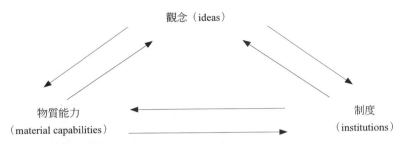

**圖7-1　新葛蘭西學派霸權結構**

資料來源：Robert W. Cox, "Social Forces, States and World Orders: Beyond International Relations Theory" p. 136.

到物質資源和制度的支持，經由國家延展到世界範疇。生產關係的模式為分析霸權運作機制的起點，但並非簡單的經濟化約論，而是包括知識、社會關係、道德、制度等要素間辯證關係。

　　考克斯使用觀念、物質能力和制度三者之間的辯證關係呈現霸權結構（如圖7-1），觀念包括主體間意義（intersubjective meanings）和集體意象（collective images），前者是一般人所接受的共識、規則或慣例，後者則為特定團體的意識形態；物質能力包含生產與破壞的潛能，牽涉組織動員、財富和使用技術能力；制度則混合觀念和物質能力，一方面作為不同觀念的戰場，另一方面亦是解決衝突的工具，制度化過程等同於鞏固特定秩序的過程，制度成為霸權的基石，不過霸權不可化約為制度。

　　為避免陷入問題解決理論（problem-solving theory）[23]的假設，考克斯將自己提出的研究途徑歸為批判理論（critical theory），[24]認為理論目的不是要維持既存的政治暨社會關係，而是要理解世界秩序。新葛蘭西學派承認人類行為並非絕對自由，而是在行動架構內受到限制，並具有不確定特性。因此，研究

---

[23] 問題解決理論認為世界就如同他所發現的，有著他們所組織優勢的社會與權力關係及制度，並成為行動的架構，其目標是幫助解決具優勢地位的現狀之中所產生的問題，簡單地、直接地回應問題後提出解決的方式，既有的現狀將被持續地保存。

[24] 批判理論不認為優勢的制度、社會與權力關係是理所當然的，而去關注該關係的來源與變遷過程，從歷史的研究中理解過去與變遷。

分析是從歷史調查或人類經驗價值著手，理解特定歷史結構（historical struc-
ture）內的思想模式、物質條件和人類制度的演變，由下層或是外部來觀察結
構內部的衝突及轉變。[25]換言之，新葛蘭西學派採納動態歷史觀，不僅關注過
去，更重視持續進行的歷史變動。

歷史結構分析是要透過歷史情境理解各要素間辯證關係，此方法又稱為有
限的整體，代表人類活動的特定範圍。考克斯討論社會力量（social forces）、
國家形式（forms of state）和世界秩序三者辯證關係（如圖7-2），生產組織改
變引發新的社會力量，導致國家結構重組，並影響世界秩序。全球生產分工現
象使國家日益國際化、形成跨國階級，跨國階級所能施加的影響力涵蓋國際和
國內層次。[26]所以，理解跨國階級的形成及其影響是洞察世界秩序的關鍵，跨
國階級即葛蘭西所謂的歷史集團，了解其採取何種策略來維護自身利益，以及
如何鞏固霸權結構，就可理解世界秩序變動的本質。

如上所述，考克斯的學術旨趣在於理解世界秩序，他本人並無特別關注
歐洲整合，而是畢勒和墨頓（David Morton）等其他學者將其想法擴展至歐洲
整合研究，[27]試圖透過歷史研究，分析社會階級、制度和觀念間辯證關係，建
立一非決定論的歷史結構分析。新葛蘭西學派學者們的研究偏向特定議題（貨
幣整合）、社會力量（勞工階級）或意識形態（新自由主義和鑲嵌新自由主
義），對歐洲整合的影響。換言之，新葛蘭西學派強調動態分析，影響整合的
變數並非一成不變。

因此，從考克斯衍生而出的新葛蘭西學派研究歐洲整合，若能從霸權結構
為核心，可以幫助理解歐洲秩序變動。歐洲整合過程可從跨國階級與霸權結構
的形成來觀察，即可以透過考克斯所建立的模型來解釋歐洲整合，以歷史分析

---

[25] Robert W. Cox and Timothy J. Sinclair, eds., *Approaches to World Order* (New York and
Melbourne: Cambridge University Press, 1996), pp. 88-99.
[26] Ibid, pp. 101-112.
[27] 兩人合編的"*Social Forces in the Making of the New Europe:the Restructuring of European Social
Relationsl in the Global Political Economy*"，是目前使用新葛蘭西學派研究歐洲整合最為詳盡
的論文集，主題包括理論概念及方法論、歐洲跨國資本及生產社會關係、貿易聯盟及新自由
整合問題、歐洲整合及新自由主義擴張等四部分。

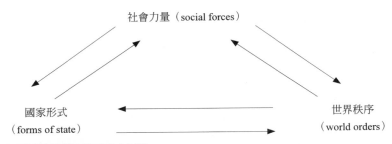

**圖7-2　新葛蘭西學派歷史結構**

資料來源：Robert W. Cox, "Social Forces, States and World Orders: Beyond International Relations Theory" p. 138.

觀念、物質能力及制度等三者間互動。跨國階級亦非狹隘的經濟階級概念，而是跨部門、領域的連結，其中包含國家政治精英、國際組織管理者、貿易聯盟幹部和跨國企業精英等。[28]然而，新葛蘭西學派強調歷史偶然性，理論解釋力無法涵蓋所有攸關整合的議題，並且該學派對現狀的解釋能力明顯優於預測未來，但就批判理論而言，新葛蘭西學派仍不失其價值。

　　所以，借用新葛蘭西學派歷史分析結構研究歐洲整合，首要觀察標的為霸權結構。歐洲社會內部形成的霸權結構，已經影響歐洲垂直與水平整合，不過霸權結構並非固定狀態。1980年代開始，歐洲社會凝聚一股由跨國集團、超國家組織及意識形態信念結合而成的霸權結構，其中最重要的三部分為鑲嵌新自由主義、歐洲企業家圓桌論壇（簡稱ERT）和執委會，分別代表觀念、物質能力及制度，歐洲整合受到這三要素互動關係影響極大（如圖7-3）。[29]1983年成立的ERT是最重要的歐洲跨國集團，目前由45位歐洲大企業執行長組成，其國內及跨國影響力非一般利益團體可以比擬。執委會具有法案起草的獨特權力，部長理事會或是歐洲議會要求修正法案的門檻極高，換言之，執委會的議題設

---

[28] Otto Holman, "The Enlargement of the European Union Towards Central and Eastern Europe: The Role of Supranational and Transnational Actors," in Andreas Bieler and Adam David Morton, eds., *Social Forces in the Making of the New Europe,* pp. 165-166.

[29] 霸權結構的形成乃是新葛蘭西學派所謂歷史偶然，這三個要素間的互動關係推動歐洲整合，尤其在本文所提的經濟整合與東擴議題方面，但並不意謂這三要素在未來整合仍扮演重要角色。

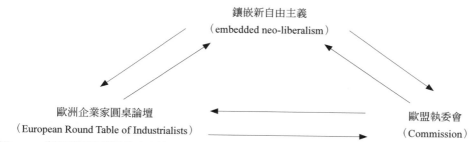

**圖7-3 新葛蘭西學派歐洲整合研究模式**
資料來源：參閱圖7-1、圖7-2後，作者自繪。

定（agenda setting）能力使其成為歐洲整合的關鍵機構。[30]此外，1980年代以後主導歐洲整合的意識形態雖為新自由主義，不過ERT提出折衷的鑲嵌新自由主義論述，在歐洲層次上透過執委會運作，兩者合作將鑲嵌新自由主義融合在歐洲的整合政策。

　　除了霸權結構，新葛蘭西學派對於歐洲整合過程還討論跨國階級和歷史集團的形成。新葛蘭西學派將歐洲跨國精英、歐洲治理、歐洲整合視為一整體，不偏重特定商業團體或政策領域。[31]國家本身擁有某些自主性，但是受到國內及國際條件限制，其自主權侷限在本身創造的歷史結構當中，國內結構是指歷史集團，國際結構除了軍事、金融等限制外，更包含國內歷史集團受到跨國階級社會力量影響的程度。[32]

---

[30] 《羅馬條約》規定，執委會擁有獨占提案權力，同時可在立法程序中隨時變更提案；《單一歐洲法》賦予歐洲議會與理事會共同立法權限，面臨歐洲議會修正提案，執委會可選擇再審議或是撤銷提案，最後理事會可以條件多數決通過執委會提案、一致決修改執委會之提案、一致決通過議會之修正案、或是未作成決議造成提案失敗；《歐盟條約》則賦予各會員國在刑事事件之司法合作、海關合作、警政合作上有獨立提案權，並在移民、邊界管制、民事事件司法合作等事項與執委會分享提案權，歐洲議會直接與理事會進行修正案協商，執委會的立法角色稍有減弱，但仍可利用撤銷提案權的方式杯葛協商。王泰銓，《歐洲共同體法總論》（台北：三民書局，1997），頁250-270。

[31] Bastiaan Van Apeldoorn, "Transnational Business: Power Structures in Europe's Political Economy," in Wolfram Kaiser and Peter Starie, eds., *Transnational European Union* (USA: Routledge, 2005), p. 95.

[32] Robert Cox, *Production, Power and World Order*, pp. 399-400.

　　由於金融和生產穿越國界，新的跨國社會力量之重要性與日俱增。對跨國部門而言，國界不再是障礙，跨國社會力量可能支持區域整合或合作；相對地，仍依賴國家補助或保護的內部社會力量，則害怕國家自主性受到影響，因而較不支持區域整合。[33]歐洲內部兩股衝突的社會力量不斷較量，直到1980年代，跨國階級主導並透過歐體（歐盟）傳播鑲嵌新自由主義的意識形態，合法化歐洲霸權結構。[34]跨國階級建立與鞏固所偏好的霸權結構過程，即是歐洲整合過程，跨國階級成為推動整合的最大動力。

　　簡言之，新葛蘭西學派整合模式打破國際／國內與國家／社會的界線，歐洲社會內部跨國階級的結合，再加上特定意識形態，形成霸權結構。

## 第三節　歐洲整合的推手－跨國歷史集團

　　回顧歐洲整合過程，1958年1月1日西德、法國、義大利、荷比盧等六國簽署的羅馬條約正式生效，規定以12年三階段的過渡方式實現單一市場，達成人員、勞務、貨物和資金四大流通的目標。[35]直至1970年代，羅馬條約實質成果並不理想，歐洲各國面對外在美國、日本、東亞新興工業國等競爭壓力，內部失業率亦逐年攀高的情況下，歐洲國家擴大非關稅障礙措施，應用在電子、汽車、鋼鐵和農業部門。[36]若此趨勢持續進行，歐洲內部不但難以完成單一市場目標，更可能會造成以民族國家為單位的堡壘群。可是，1980年代的發展卻是將歐洲推向垂直整合路徑，單一歐洲法（1987）及歐洲聯盟條約（1992）的

---

[33] Andreas Bieler, "European Integration and the Transnational Restructuring of Social Relations: The Emergence of Labor as a Regional Actor?" *Journal of Common Market Studies*, Vol. 43. No. 3 (2005), p. 465.

[34] 歐洲霸權結構主要由ERT、執委會及鑲嵌新自由主義構成，執委會與ERT共同推行符合鑲嵌新自由主義政策，諸如單一共同市場、經濟暨貨幣聯盟。三者結合目的要推動及合法化歐洲整合，並且進一步鞏固歐洲霸權結構。

[35] 請參閱歐洲共同體條約第一部分第6、7條。

[36] Brian T. Hanson, "What Happened to Fortress Europe? External Trade Policy Liberalization in the European Union," *International Organization*, Vol. 52, No. 1 (Winter, 1998), p. 58.

施行，宣告歐洲整合向前一步。該如何理解此一轉折？根據新葛蘭西學派分析架構，之前歐洲缺乏一股霸權力量，整合的步伐在社會力量相互衝突情況下停滯，後來歐洲整合從單一市場到單一貨幣的過程，乃是跨國歷史集團及其霸權推動而成，即ERT、執委會與鑲嵌新自由主義三者合力促成，其中首要因素爲ERT。

　　起初是Volve執行長吉倫哈瑪（Pehr Gyllenhamma）公開呼籲歐洲企業界應積極行動，共同面對國際競爭和成長議題，強調企業界需要在歐洲層次上進一步合作。1982年，吉倫哈瑪與歐體執委會執委大維格南（Etienne Davignon）幾次碰面中，就談到成立跨部門執行長團體的可能性，最後Volve與執委會代表在執委會辦公室敲定名單，並由吉倫哈瑪的助理艾克曼（Bo Ekman）出訪各企業進行遊說。[37]1983年4月6、7日，17位歐洲大企業家執行長在巴黎的Volve會議室正式成立ERT（表7-1），目的是喚醒各國政府對於歐洲經濟危機的關注。目前ERT由45位歐洲大企業執行長所組成（表7-2），所屬企業年營業額高達1兆5千億歐元，僱用員工約450萬人，在歐洲十八個國家設立總部。[38]1970年代末期，歐洲大企業在國際競爭的壓力下，逐步將企業體質調整以適應全球競爭，並尋求歐洲層次的合作與公共政策執行。[39]ERT即希望藉由國內和跨國遊說，推動歐洲朝向單一市場和單一貨幣方向整合，使符合其長期利益。不過，ERT的力量無法單獨構成霸權，驅動歐洲整合仍然需要一套意識形態及制度的支持以合法化歐洲整合政策。擁有議題制定與政策執行能力的執委會，以及鑲嵌新自由主義意識形態，這兩者就成爲ERT最佳的合作夥伴。

---

[37] Maria Green Cowles, "Setting the Agenda for a New Europe: The ERT and EC 1992," Vol. 33, No. 4 (December 1995), pp. 503-505.

[38] 請參閱http://www.ert.be/structure.aspx. (2007/9/19)

[39] Thomas C. Lawton, "Uniting European Industrial Policy: A Commission Agenda for Integration," in Neill Nugent, ed., *At the Heart of the Union, Studies of the European Commission* (Britain: Macmillan Press Ltd, 2000), p. 134.

表7-1　1983年歐洲企業家圓桌論壇創始成員

| 姓名 | 企業 |
|---|---|
| Umberto Agnelli | Fiat |
| Peter Baxendell | Royal Dutch Shell |
| Cario De Benedetti | Cofide-Cir Group (Olivetti) |
| Wisse Dekker | Philips |
| Kenneth Durham | Unilever |
| Roger Fauroux | Saint-Gobain |
| Pehr Gyllenhammar | Volvo |
| Bernard Hanon | Renault |
| John Harvey-Jones | ICI |
| Olivier Lecerf | Lafarge Coppée |
| Ian MacGregor | National Coal Board |
| Helmut Maucher | Nestlé |
| Hans Merkle | Robert Bosch |
| Curt Nicolin | ASEA |
| Louis von Planta | Ciba-Geigy |
| Antoine Ribound | Danone （BSN） |
| Wolfgang Seelig | Siemens |

資料來源：http://www.ert.be/all_members_since_1983.aspx（2007/10/17）

表7-2　歐洲企業家圓桌論壇成員

| 姓名 | 企業 | 國籍 | 參與年份 |
|---|---|---|---|
| Jorma Ollila Chairman | Nokia | 芬蘭 | 1997 |
| Leif Johansson Vice-Chairmen | AB Volvo | 瑞典 | 2002 |
| Peter Sutherland | BP | 英國 | 1997 |
| Paul Adams Vice-Chairmen | British American Tobacco | 英國 | 2005 |
| César Alierta Izuel | Telefónica | 西班牙 | 2001 |

| 姓名 | 企業 | 國籍 | 參與年份 |
|---|---|---|---|
| Nils S. Andersen | Carlsberg | 丹麥 | 2001 |
| Belmiro de Azevedo | SONAE, SGPS | 葡萄牙 | 2004 |
| Jean-Louis Beffa | Saint-Gobain | 法國 | 1986 |
| Wulf Bernotat | E.ON | 德國 | 2003 |
| Franz Humer | F. Hoffmann-La Roche | 瑞士 | 2001 |
| Henning Kagermann | SAP | 德國 | 2004 |
| Gerard Kleisterlee | Royal Philips Electronics | 荷蘭 | 2001 |
| Thomas Leysen | Umicore | 比利時 | 2003 |
| Gary McGann | Smurfit Kappa Group | 愛爾蘭 | 2006 |
| Gérard Mestrallet | Suez | 法國 | 2000 |
| Hans Wijers | Akzo Nobel | 荷蘭 | 2003 |
| Jacob Wallenberg | Investor AB | 瑞典 | 2005 |
| Zsolt Hernádi | MOL | 匈牙利 | 2002 |
| Antti Herlin | KONE Corporation | 芬蘭 | 2007 |
| Jürgen Hambrecht | BASF | 德國 | 2007 |
| John Elkann | Fiat | 義大利 | 2005 |
| Ben Verwaayen | BT Group | 英國 | 2004 |
| Jeroen van der Veer | Royal Dutch Shell | 荷蘭 | 2004 |
| Bülent Eczacibaşi | Eczacibaşi Group | 土耳其 | 2003 |
| Thierry Desmarest | TOTAL | 法國 | 1997 |
| Jean-François van Boxmeer | Heineken | 荷蘭 | 2005 |
| Paul Skinner | Rio Tinto | 英國 | 2005 |
| Rodolfo De Benedetti | CIR | 義大利 | 2006 |
| Dimitris Daskalopoulos | Vivartia | 希臘 | 1998 |
| Louis Schweitzer | Renault | 法國 | 1995 |
| Manfred Schneider | Bayer | 德國 | 1994 |
| Paolo Scaroni | Eni | 義大利 | 2005 |
| Wolfgang Ruttenstorfer | OMV | 奧地利 | 2002 |
| Gerhard Cromme | ThyssenKrupp | 德國 | 1992 |

| 姓名 | 企業 | 國籍 | 參與年份 |
|------|------|------|----------|
| Bertrand Collomb | Lafarge | 法國 | 1989 |
| Patrick Cescau | Unilever | 英國 | 2007 |
| Antonio Brufau | Repsol YPF | 西班牙 | 2005 |
| John Rose | Rolls-Royce | 英國 | 2003 |
| Eivind Reiten | Norsk Hydro | 挪威 | 2002 |
| Martin Broughton | British Airways | 英國 | 2001 |
| David Brennan | AstraZeneca | 英國 | 2007 |
| Benoît Potier | Air Liquide | 法國 | 2007 |
| Manuel Pizarro | Endesa | 西班牙 | 2005 |
| Peter Brabeck-Letmathe | Nestlé | 瑞士 | 1999 |
| Carlo Bozotti | STMicroelectronics | 義大利 | 2006 |
| Aloïs Michielsen | Solvay | 比利時 | 2006 |
| Wim Philippa Secretary General | | | |

資料來源：http://www.ert.be/all_members_since_1983.aspx.(2007/9/19)

　　ERT是歐洲內部最龐大的社會力量，一般工會、利益團體所締造的影響力無法與之抗衡。ERT的優勢表現在幾個方面：首先，相較於其他跨部門的工會與協會，ERT成員利益相近，行動靈活較有彈性，這意味著由執行長組成ERT更能實踐政策；其次，不同於「歐洲工業暨雇主聯盟」（Union of Industrial and Employers' Confederation of Europe, UNICE），[40]ERT能根據自我偏好，自由地設定政治優先順序；第三，ERT成員所代表的產業規模與經濟影響力，遠超過其他利益團體；最後，ERT具有獨特精英特質，使其超越狹隘的遊說或利益團體。[41]

---

[40] 1958年3月成立，2007年1月改名「商業歐洲」（BUSINESSEUROPE），支持歐洲整合。商業歐洲由各國產業公會組成，目前具有36個會員，不過內部複雜的利益糾葛，使得商業歐洲難以凝聚共識，其造成的影響力難以和ERT相比。

[41] ERT成員具有強烈的精英意識，認為自己和利益團體不同，而是代表整個歐洲利益，其想法可由ERT前主席Wisse Dekker, Jérôme Monod及Helmut Maucher接受訪問或信件內容看出。詳見Bastian Van Apeldoorn, "Transnational Class Agency and European Governance: The Case

在關鍵三角組合中的制度為執委會，其提議法案的獨特權力遠非其他機構能比。執委會前身為歐洲煤鋼共同體重要機構—高級公署（the High Authority），1967年7月歐體（European Economic Community）通過合併條約（the Merger Treaty），將歐洲煤鋼共同體的高級公署，以及歐洲經濟共同體暨歐洲原子能共同體的執委會，合併成為單一的執委會。執委會的職能雖有所變化，基本上卻依據羅馬條約第155條規定的職能，主要負責新法案研究和提議，並執行理事會通過的規則。[42]雖不具備最後決策權力，卻因擁有法案起草權力與出席各階段立法之過程，而實質地影響立法進度和內容，目的在確保立法過程符合組織偏好及利益。[43]

ERT成立時，負責工業暨單一市場的執委會委員大維格南和負責經濟暨貨幣事務的同僚歐托利（Francois-Xavier Ortoli）蒞臨成立大會，並於會中展開首次ERT－執委會的意見交流。ERT成員利用此機會向執委們抱怨歐洲企業經營困難，認為高成本、低利潤、政府干預、歐洲市場區隔化等不利因素影響歐洲企業的競爭能力。1983年6月1日，ERT在荷蘭阿姆斯特丹舉行第二次會議時，確立組織章程與財政架構，此後每年集會兩次，以決定工作計畫、設定議題優先順序和組成專門團體執行任務，會議為共識決。此外，由前任主席、現任主席及兩位副主席與五位遴選成員組成「領航委員會」（Steering Committee），於集會中提出ERT活動的檢討報告及建議。[44]

甚至在ERT成立之前，時任執委會副主席的大維格南即有與大企業合作之經驗。1979年，以大維格南為首的執委會官員與歐洲12大電子企業代表舉行圓桌論壇，主旨為促進歐洲資訊產業發展。該論壇主導日後執委會所設立的「歐洲資訊科技研發策略計畫」（European Strategic Programme for Research and

---

of The European Round Table of Industrialists," *New Political Economy*, Vol. 5, No. 2 (2000), pp. 160-165.

[42] 宋燕輝，「執委會」，載於黃偉峰編，歐洲聯盟的組織與運作（台北：五南，2003），頁226。

[43] Neill Nugent, "At the Heart of the Union," in Neill Nugent, ed., *At the Heart of the Union, Studies of the European Commission* (Britain: Macmillan Press Ltd, 2000), p. 7.

[44] 請參閱http://www.ert.be/structure.aspx (2007/9/19)

Development in Information Technology, ESPRIT），電子企業認爲這可擴大經濟規模及分擔研發成本而有利企業發展，遂支持執委會之提案，並向各國政府施壓，將一向由國家主導的資訊政策權力移轉至布魯塞爾。[45]電子企業與執委會成功的合作模式，已經具備新葛蘭西學派所謂的跨國歷史集團雛型。

　　ERT成立後，歐洲企業的力量進一步整合，意味著所代表的龐大經濟力將更有效地轉化成政治影響力。爲散布理念，位於布魯塞爾的ERT辦公室定期針對特定主題印製書面報告，並經常遞送信件或公報給個別政治人物或是組織（如部長理事會、高峰會），表達支持或反對的意見。[46]不過更具威力的是面對面的溝通，ERT前秘書長李察森（Keith Richardson）就認爲執行長們與重要政治人物、決策者之間面對面交談是最有效的方法。他認爲ERT成功的關鍵是「管道」（access）：

> 「管道」意謂能打電話給德國總理Helmut Kohl，建議他閱讀某份報告；
> 「管道」又意謂英國首相John Major來電致謝，感謝ERT的觀點；
> 「管道」或意謂瑞典申請加入歐盟前，能與瑞典總理共用午餐。[47]

　　在歐洲層次上，ERT代表每年兩次定期和執委會主席會面，並不定期地與特定執委會面，甚至某些退休執委轉任企業執行長，[48]成爲聯繫ERT與執委會的重要管道。而國家層次上，ERT則經由個別成員實踐政策，例如透過與理事會輪值主席與重要官員的餐會表達主張。[49]小型貿易聯盟、商業團體及環保團

---

[45] Thomas C. Lawton, "Uniting European Industrial Policy: A Commission Agenda for Integration," in Neill Nugent, eds., *At the Heart of the Union, Studies of the European Commission*, pp. 134-138.

[46] ERT經常提出關於歐洲整合的建言，重大報告如「重塑歐洲」、「更大單一市場」、「開啓歐盟擴大的商業契機」等，内容通常呼應執委會的白皮書或是報告案，信件或公報則常選在高峰會議前發布，以表達其立場。

[47] Ann Doherty and Olivier Hoedeman, "Misshaping Europe: the European Round Table of Industrialists," *Ecologist*, Vol. 24, No. 4 (July/August 1994) 轉引自http://www.itk.ntnu.no/ansatte/Andresen_Trond/finans/others/EU-ecologist-24-4(2008/05/01)

[48] 例如Peter Sutherland卸任後轉任BP執行長；Etienne Davignon卸任後轉任比利時興業銀行；Xavier Ortoli卸任後轉任法國石油公司Total。

[49] Bastian Van Apeldoorn , "Transnational Class Agency and European Governance: The Case of The

體，往往需等待數星期，才可能與布魯塞爾官員見上一面，ERT能將政治接觸管道轉變為常態性，光從這點而言，其他遊說團體根本難望其項背。[50]

1983年6月1日，ERT成員在第二次會議中通過致大維格南的「歐洲工業未來之基石」備忘錄（Foundations for the Future of European Industry），指出歐洲工業無法和美、日相比的主要原因乃市場規模太小，受政府管制之障礙，與額外支付的成本而削弱歐洲企業的競爭力。因此，備忘錄呼籲採用共同歐洲途徑，解除人員、貨品、資本等流通管制，整合各國市場成為單一歐洲市場，提升歐洲企業之競爭力。[51]ERT之後發表「遺漏的連結」（Missing Links, 1984）報告書，指出歐洲交通基礎建設的貧乏，將會損害經濟與社會進步，強調加速交通建設有益歐洲單一市場的達成。

ERT成員對執委會而言，所代表的不僅為經濟權力，其豐富的市場經濟資訊與科技技術，可支援並協助執委會研究相關議題。而且，大企業對國內的影響力經常成為支持執委會政策的重要力量。執委會與ERT建立起夥伴關係並且主導歐洲整合的發展，在迪羅斯（Jacques Delors）擔任執委會主席期間（1985-1995）達到最高峰。迪羅斯完成歐洲整合兩大重要成就：單一內部市場與經濟暨貨幣聯盟。曾在迪羅斯領導下的執委蘇舍南德Peter Sutherland曾表示：「ERT與執委會間存在互賴關係，ERT的權力相當龐大，甚至必要時能夠直接當面對各國領袖進行遊說，而執委會所擁有的倡議權能夠滿足ERT政策需求。」[52]因此，歐洲整合從單一市場到經濟暨貨幣聯盟過程中，隨處均充滿著ERT與執委會合作的身影。

1985年1月11日，Philips執行長迪克爾（Wisser Dekker）在演講中提出

European Round Table of Industrialists," *New Political Economy*, Vol. 5, No. 2 (2000), pp. 164-165.

[50] Ann Doherty and Olivier Hoedeman, "Misshaping Europe: the European Round Table of Industrialists."

[51] ERT, *Memorandum to EC Commissioner E. Davignon: Foundations for the Future of European Industry*, 1983.

[52] Bastian Van Apeldoorn, "Transnational Class Agency and European Governance: The Case of The European Round Table of Industrialists," pp. 164-165.

「歐洲一九九〇」（Europe 1990）計劃，面對包括執委會委員在內的500位聽眾，迪克爾提出五年內達到單一市場的四項關鍵：貿易促進、開放公共採購市場、科技標準協調、稅務協調。迪克爾將書面資料寄送給各國領袖及歐體機關，同時計劃內容引起ERT內部論壇熱烈討論。6月份ERT所發表「改變規模」（Changing Scales）之評論，即是依據迪克爾計劃與「遺漏的連結」報告書而制定。[53]「改變規模」在56頁的內容中，分別從市場、基礎建設、科技、就業、環境和金融等領域讚揚歐洲整合的優勢。在市場領域的評論內容提出五年行動計畫，[54]建議在1990年實現歐洲單一市場。

迪羅斯就任執委會主席前，就已經著手準備歐洲單一市場資料，研擬達成目標所需的行動計畫、發展藍圖及時間表，就任後公開宣示新的執委會以完成單一市場為目標。迪羅斯相當重視ERT，他在3月份邀請ERT成員和執委會進行會議，在全程錄音情況下，談論ERT目標。ERT秘書和執委密切接觸，甚至6月份ERT一執委會正式會議前，吉倫哈瑪曾私下與迪羅斯會面，討論會議相關細節安排。[55]

1985年6月米蘭高峰會前，迪羅斯執委會提出「完成內部市場」（Completing the Internal Market）白皮書，大力宣揚透過制度改革以達成單一歐洲市場。然而，執委會白皮書卻和ERT評論內容相似度極高，差異僅在時間表。[56]白皮書的起草與制定工作是由執委寇克菲爾德（Lord Cockfield）及其三位成員負責，寇克菲爾德事後坦承白皮書內容受到ERT評論影響，迪羅斯在1993年接受電視專訪時亦承認，ERT持續施壓是單一市場背後主要驅動力之一。[57]

---

[53] Maria Green Cowles, "Setting the agenda for a New Europe: the ERT and EC 1992," Vol. 33, No. 4 (December 1995), pp. 514-515.

[54] 包括促進貿易計畫（Programme for Trade Facilitation）、附加價值稅計畫（Programme for VAT）、標準化計畫（Programme for Standardisation）及政府採購計畫（Programme for Government Procurement），各計畫均有實行步驟與時間表。

[55] Maria Green Cowles, "Setting the Agenda for a New Europe," p. 515.

[56] 執委會白皮書計劃於1992年完成單一市場，ERT則希望提早在1990年完成。

[57] Ann Doherty and Olivier Hoedeman, "Misshaping Europe: the European Round Table of Industrialists."

　　身為執委會主席的迪羅斯，雖非政府首長而不具備投票資格，僅能列席參與，卻在會議期間利用職權向當時輪值主席義大利總理克拉西（Bettino Craxi）施壓，迫使會議進行重大表決。[58]最後，「完成內部市場」白皮書成為《單一歐洲法》（Single European Act）的主要內容，在迪羅西的推動下，1985年12月盧森堡高峰會通過該法案，並於翌年2月正式簽署，1987年7月1日正式生效，[59]再度啟動歐洲整合。

　　迪羅西的下一個目標是建立歐洲貨幣聯盟（European Monetary Union）。《單一歐洲法》通過後締造相當有利的環境，為實現聯邦歐洲目標，迪羅西在馬德里和史特拉斯堡高峰會上積極遊說，促成1989年召開政府間會議討論歐洲貨幣聯盟事宜。[60]此外，ERT成員在迪克爾帶領下成立「內部市場支持委員會」（Internal Market Support Committee, IMSC），性質類似看守團體，目的為監督及向各國政府施壓，確保執委會白皮書事項能夠進行。[61]同時，企業界以ERT成員Fiat、Philips、Siemens、Total為核心組成「歐洲貨幣聯盟協會」（Association for European Monetary Union），作為支持迪羅斯執委會貨幣政策的組織。協會成員與迪羅斯的執委會密切接觸，於1988年4月出版歐洲貨幣聯盟藍圖，詳列各項細則和時間表，並在6月高峰會議舉行之前，以公報的方式公開支持歐洲中央銀行之成立。[62]1991年12月9日至10日，荷蘭馬斯垂克舉行的高峰會通過《歐洲聯盟條約》（Treaty on European Union），在經濟暨貨幣聯盟部分完全採納1989年迪羅斯的報告為藍圖，設定實施具體內容和時間表。

　　ERT與執委會聯手推動整合的深化進程，並非僅依賴一套固定的觀念或意識形態。檢視ERT與執委會所發表的書面報告，內容以降低各國政府干預、解

[58] Desmond Dinan, "The Commission and the Intergovernmental Conferences," in Neill Nugent, ed., *At the Heart of the Union, Studies of the European Commission*, pp. 255-256.
[59] 《單一歐洲法》的重要指標為：1992年前完成歐洲單一市場、部長理事會表決改為多數決、歐洲議會擁有部分立法權、設立秘書處以輔助外交。
[60] Desmond Dinan, "The Commission and the Intergovernmental Conferences," pp. 256-257.
[61] Maria Green Cowles, "Setting the Agenda for a New Europe," pp. 518-519.
[62] Bastian Van Apeldoorn , "Transnational Class Agency and European Governance: The Case of The European Round Table of Industrialists," p. 170.

放市場力量、提高歐洲企業的競爭力為主軸，具備新自由主義特色；另一方面，報告所制定完成內部市場的目標，卻隱含著透過新重商主義的保護措施來保衛歐洲企業面對美、日的競爭。[63]實際上，新重商主義與新自由主義衝突的根源來自於企業的歐洲或全球傾向，歐洲派（Europeanist）企業亦可能具有跨國規模，但是主要依賴歐洲市場，與歐洲外的對手競爭，因而較支持新重商主義方案；全球派（Globalist）的企業由跨國資本組成，依賴全球市場而較支持新自由主義方案。[64]ERT歐洲派與全球派成員的結構變動影響其支持何種方案，1980年代早期ERT較偏重新重商主義，尤其在Unilever、Shell、TCI等全球派企業退出之後更為明顯。1988年之後，ERT立場轉向新自由主義，除了Shell、Unilever、BP、La Roche和Bayer等企業再度加入ERT外，原屬歐洲派的企業亦逐漸轉型為全球派企業。[65]匹吉爾將歐洲資本區分成三種取向：全球資本，面對全球市場和全球對手；歐洲－全球資本，以歐洲為基地面對全球市場；歐洲資本，建立歐洲堡壘。[66]表7-3所列的歐洲大企業中，當時具備ERT成員資格者多屬於全球資本（Royal Dutch Shell, BP, Nestlé），或者是不排斥全球競爭的歐洲－全球資本（Siemens, Fiat, Unilever, Philips）。換言之，這些大企業在ERT內部支持新自由主義方案是符合企業之利益。

---

[63] 實際上ERT對參加成員資格限制就相當具有保護主義色彩，美國在歐洲不乏大企業分布，例如IBM、FORD等，但因美商背景而不得加入ERT。

[64] Bastiaan Van Apeldoorn, "The Struggle over European Order: Transnational Class Agency in The Making of 'Embedded Neo-Liberalism'," in Andreas Bieler and Adam David Morton, eds., *Social Forces in the Making of the New Europe*, p. 77.

[65] Ibid, pp. 79-80.

[66] Kees van der Pijl, "What Happened to the European Option for Eastern Europe?" in Andreas Bieler and Adam David Morton, eds., *Social Forces in the Making of the New Europe* (USA: Palgrave, 2001), p. 190.

表7-3　1992年歐洲資本三種取向

| 全球資本 | 歐洲－全球資本 | | 歐洲資本 |
|---|---|---|---|
| 資產排名 | 資產排名 | 員工排名 | 員工排名 |
| Royal Dutch Shell（ERT） | Daimler-Benz | | ABB Asea（1996-2002加入ERT） |
| British Telecom | Siemens（ERT） | | Alcatel Alstom（ERT） |
| Glaxo | Hanson | Fiat（ERT） | Gén des Eaux |
| BP（ERT） | Deutsche Bank | Unilever（ERT） | Hoechst |
| Allianz | Elf Aquitaine | Philips（ERT） | Bayer（1994加入） |
| British Gas | Guinness | Volkswagen | Peugeot |
| Nestlé（ERT） | Bat Industries（1996-98年加入ERT） | | |

資料來源：

1. Kees van der Pijl, "What Happened to the European Option for Eastern Europe?" in Andreas Bieler and Adam David Morton, eds., Social Forces in the Making of the New Europe (USA:Palgrave,2001), p. 190.
2. http://www.ert.be/all_members_since_1983.aspx. (2007/9/19)

　　事實上，ERT發布的報告由新重商主義與新自由主義交織而成，1991年發表的「重塑歐洲」（Reshaping Europe）報告書即是如此。艾丕頓（Bastiaan Van Apeldoorn）認為ERT的策略與方案是訴諸更廣泛的認同，結合新重商主義及新自由主義兩者所形成的鑲嵌新自由主義，強調全球性市場力量與自由性跨國資本。雖然市場與國家／社會制度是兩個不同的邏輯，但不表示自由放任就沒有限制，「鑲嵌」（embeddness）的用意是承認限制之存在，並願意接受妥協方案。簡言之，ERT內部新自由主義占上風的情況下，仍需尋求和新重商主義、社會民主等社會力量妥協之方案，[67]鞏固既存的霸權結構。[68]可以說，ERT的鑲嵌新自由主義本質上即為考克斯所指的集體意象，歐洲整合則是歐洲歷史集團推廣其特定意識形態並尋求支持的過程。

　　如此一來，由ERT和執委會主導的歐洲歷史集團逐漸形成，並在發展與擴

---

[67] 例如ERT對於「補助改革」（pension reform）就採取謹慎態度，不敢貿然偏向新自由主義。
[68] Bastiaan Van Apeldoorn, "The Struggle over European Order: Transnational Class Agency in The Making of 'Embedded Neo-Liberalism'," p. 83.

新重商主義V.S.新自由主義

鑲嵌新自由主義
（Embedded Neo-liberalism）

歐洲企業家圓桌論壇
（European Round Table of Industrialists）

歐盟執委會
（Commission）

歐洲派V.S.全球派

競爭、金融署V.S.農業、社會就業署

**圖7-4　新葛蘭西學派的歐洲動態整合模式**
資料來源：作者自繪

張中不斷吸納國家、大小企業與勞工等不同勢力。簡言之，ERT成員包括企業管理階級與各地員工，執委會扮演重要的制度推手，並採用ERT所建構出的鑲嵌自由主義意識形態正當化其主張，這三者所組成的霸權結構成功地驅動歐洲整合朝單一市場與單一貨幣邁進（圖7-4）。

## 第四節　跨國歷史集團與歐盟東擴

　　歐洲內部整合邁向新里程之際，國際局勢亦隨著東歐國家民主化、德國統一和蘇聯解體而產生鉅變。

　　歐盟直接受到這三項國際事件影響，尤其是該如何與拋棄共產主義的東歐國家交往，歐盟勢必得擬定新的想法與配套措施以面對新情勢。自1986年起，蘇聯領袖戈巴契夫就放鬆對東歐國家的管控，同意歐體和東歐經互會（CMEA）及其成員間交流，雙方並於1988年6月25日共同簽署「建立歐體和東歐經互會正式關係聯合聲明」（Joint Declaration on the Establishment of Official Relations Between the European Economic Community and Council for Mutual

Economic Assistance），歐體與東歐國家開始陸續建立多邊的外交關係。[69]

　　面對東歐新變局，歐體執委會擔任推動西方援助最重要的角色。1989年7月14至16日於巴黎舉行的G7高峰會議上，西德總理柯爾（Hulmut Kohl）提議並且堅持由歐體執委會研擬合適方案，促進歐體與中東歐國家互動。實際上，5月份時迪羅西訪問美國時就已經和布希總統談妥內容，G7的決議是建立在兩人的共識。[70]於是，執委會9月份提出「法爾計畫」（Phare Program），起初僅針對波蘭與匈牙利，當12月份的歐洲高峰會及G24部長理事會決議後，該計畫適用範圍擴及其他中東歐國家。直至1991年為止，執委會與匈牙利及其他中東歐國家已簽署貿易暨合作協議，著重在經濟而非政治的敏感議題，僅達成有限的貿易自由化。[71]

　　事實上，西歐國家對將中東歐國家納入整合的看法分歧。1991年底馬斯垂克高峰會即要求執委會於翌年6月里斯本高峰會上報告歐盟擴大議題，而執委會報告內容提及歐盟條約對新會員國的相關條件：民主政治、市場經濟、保障人權。歐盟相當歡迎瑞典、芬蘭、奧地利、挪威等條件優良的申請國加入歐盟，但是對於政治、經濟混亂的中東歐國家則持保留態度。

　　起初，歐洲歷史集團對中東歐國家立場僅止於經貿關係，尚未考慮讓這些國家加入歐盟。就執委會而言，法爾計畫在第一階段的主要任務是提供技術支援，執委會與中東歐國家所簽訂雙邊的「歐洲協定」（European Agreements）輔助前者，目的在於五年內逐步降低關稅，並在十年內達成自由貿易區等。Delors於1991年1月17日在歐洲議會演說時就提到，扎根中東歐國家政治民主與市場經濟有利於雙方利益，但不認為中東歐國家應在短期內加入。[72]就ERT而言，重心仍是整合內部完成單一市場，增加成員國可擴大市場規模並有助於企業利益，不過ERT報告書內容對擴大採保守態度，除將自由貿易區國家

[69] Dimitris Papadimitriou, *Negotiating the New Europe: The European Union and Eastern Europe* (USA: Ashgato Publishing Limited, 2002), p. 24.
[70] Mike Mannin, "EU-CEE Relations: An Overview," in Mike Mannin, ed., *Pushing Back The Boundaries* (USA: Manchester University Press, 1999), p. 8.
[71] Dimitris Papadimitriou, *Negotiating the New Europe*, pp. 24-25.
[72] Ibid., pp. 30-31.

（EFTA）列爲首波可能新成員外，對中東歐國家則是強調內部制度的優先改革，未明確規劃中東歐國家加入歐盟的日期。[73]

　　就意識形態而言，歐盟東擴議題混合著鑲嵌新自由主義及新自由主義兩種意識形態：鑲嵌新自由主義成爲歐盟內部歷史集團指導原則，而新自由主義則填補中東歐國家眞空之意識形態。執委會在執行法爾計畫或是歐洲協定內容時，必須顧慮到國內社會的反應，換言之，歐盟以解除管制（deregulation）等新自由主義政策指導中東歐國家改革同時，歐盟對內則要符合鑲嵌新自由主義以克服內部對東擴的阻礙，在敏感部門或是品項設置進口門檻，例如對鋼鐵、紡織、農業等產品數量設限，歐盟會員國對人員流通亦設限制等措施均如此。另一方面，中東歐國家改革者主要爲知識份子和社會精英，改革精英的社會鑲嵌基礎相當脆弱，單憑己力想要渡過轉型的失敗風險相當高。因此，當中東歐國家內部社會主義瓦解後，改革精英急需要西方外力援助來穩定國家，除爭取國際貨幣基金會與世界銀行等國際組織的援助外，並以「回歸歐洲」（return to Europe）爲主軸親近歐盟，西方經濟的自由主義意識形態遂成爲最佳選項。[74]

　　從1993年起，國際與歐洲的情勢迫使歐盟得正視中東歐國家成爲新會員的問題。首先是俄羅斯民族主義日益高漲進而威脅中東歐區域安全，而美國主導北約東擴之際也希望歐盟扮演更積極角色。另外，歐盟剛實行歐盟條約，行有餘力關注中東歐區域，由於德國與中東歐密切的地緣關係使其極力支持歐盟東擴方案。在經濟方面，中東歐國家開放市場形成外資競逐的局面，歐洲資本同時面對美國和日本資本的競爭，因此將中東歐國家納入歐盟內則是保證歐洲資本優勢的最佳方式。

　　此外，東西方經貿關係越緊密，就越需要穩定的制度。雙方經貿往來逐年升溫，早期西歐跨國公司和中東歐企業間是承包關係，直接投資金額並不高，

---

[73] ERT, Reshaping Europe, 1991, pp. 48-50.

[74] Mark Rupert, "Alienation, Capitalism and The Inter-State System: Towards A Marxian/Gramscian Critique," in Stephen Gill, ed., Gramsci, *Historical Materialism and International Relations* (Cambridge: Cambridge University Press, 1993), p. 76.

不大需要穩定的制度架構即可運作，因此歐洲協定所包含的法規就足以應付。然而，隨著流入外資金額的增加（表7-4），尤其是重工業、金融及電信產業等投資，或是在中東歐國家設立子公司，利用當地較便宜的勞工及技術，以增加企業本身在全球的競爭力，[75]而現存制度就不足以確保外資在中東歐國家的利益。對西歐跨國企業（尤其是ERT成員）而言，歐盟與中東歐國家直接締結條約最能夠確保其利益，這左右著西歐企業對歐盟東擴的態度。ERT對中東歐國家的興趣從單純的貿易往來，進一步提升至歐盟東擴議題，亦即關注重點是如何制定符合其利益的入盟條件。

表7-4　國外直接投資中東歐國家金額（1997-2001）

| | 1997 | | 1998 | | 1999 | | 2000 | | 2001 | |
|---|---|---|---|---|---|---|---|---|---|---|
| | 百萬歐元 | 占GDP比例 | 百萬歐元 | 占GDP比例 | 百萬歐元 | 占GDP比例 | 百萬歐元 | 占GDP比例 | 百萬歐元 | 占GDP比例 |
| 保加利亞 | 445 | 4.9 | 479 | 4.2 | 723 | 5.9 | 1086 | 7.9 | 397 | 2.6 |
| 塞浦路斯 | 433 | 5.8 | 237 | 2.9 | 642 | 7.4 | 501 | 5.2 | 419 | 4.1 |
| 捷克 | 1148 | 2.5 | 2416 | 4.8 | 4792 | 9.3 | 5405 | 9.7 | 5489 | 8.6 |
| 愛沙尼亞 | 235 | 5.8 | 513 | 11.0 | 284 | 5.8 | 425 | 7.6 | 603 | 9.8 |
| 匈牙利 | 1928 | 4.8 | 1815 | 4.3 | 1849 | 4.1 | 1785 | 3.5 | 2730 | 4.7 |
| 立陶宛 | 313 | 3.7 | 826 | 8.6 | 456 | 4.6 | 410 | 3.4 | 497 | 3.8 |
| 拉脫維亞 | 460 | 9.3 | 318 | 5.8 | 352 | 5.7 | 445 | 5.7 | 198 | 2.3 |
| 馬爾他 | 71 | 2.4 | 238 | 7.6 | 830 | 24.3 | 674 | 17.4 | 350 | 8.7 |
| 波蘭 | 4328 | 3.4 | 5677 | 4.0 | 6821 | 4.7 | 10133 | 5.7 | 6377 | 3.1 |
| 羅馬尼亞 | 1071 | 3.4 | 1812 | 4.8 | 977 | 2.9 | 1110 | 2.8 | 1442 | 3.2 |
| 斯洛文尼亞 | 414 | 2.6 | 178 | 1.0 | 78 | 0.4 | 492 | 2.4 | 486 | 2.2 |
| 斯洛伐克 | 154 | 0.8 | 504 | 2.6 | 306 | 1.6 | 2317 | 10.9 | 1647 | 7.2 |
| 土耳其 | 710 | 0.4 | 838 | 0.5 | 763 | 0.4 | 1063 | 0.5 | 3647 | 2.2 |
| 總數 | 11711 | 2.4 | 15852 | 3.0 | 18872 | 3.5 | 25846 | 4.1 | 24282 | 3.8 |

資料來源：The Impact of EU Enlargement on European SMEs, p. 36.

---

[75] Dorothee Bohle, "Neoliberal Hegemony, Transnational Capital and the Terms of the EU's Eastward Expansion," *Capital and Class*, No. 88 (Spring 2006), p. 72.

　　1993年6月，歐盟在丹麥哥本哈根舉行的高峰會議通過新會員國加入條件，歐洲歷史集團初步達成東擴的共識。高峰會通過的哥本哈根標準（criteria）要求歐盟新成員國必須符合以下三項條件：[76]

　　一、確立民主、法治原則和人權等制度穩定，以及尊重暨保護少數人。

　　二、除具有市場經濟功能外，新會員國須有能力面對歐盟的競爭壓力及市場力量。

　　三、新會員國須承擔會員義務，包括堅定歐盟的政治、經濟和貨幣聯盟目標。

　　至此，哥本哈根標準成為歐盟東擴政策之基調，由執委會負責執行與評估東擴工作。歐盟東擴從「加入前策略」（pre-accession strategy）[77]和「入盟談判」（accession negotiation）兩大部分著手，執委會負責各項經援計畫執行與事後評估。1999年柏林高峰會通過執委會所提的「二千年議程」（Agenda 2000）後，執委會已對申請國資格提出書面報告。就本質而言，哥本哈根標準並非一套清晰明確的驗證工具，執委會擁有絕對的詮釋權力。執委會製作的年度報告常引起中東歐國家內部的公共討論，執政者可藉歐盟報告抵擋國內反對改革的意見，而執委會同樣可藉該報告指導申請國進行改革。例如，1999年10月執委會就建議延緩羅馬尼亞及保加利亞的入盟談判，迫使羅馬尼亞改善兒童照護制度與保加利亞關閉Kozloduy核電廠。執委會既是中東歐國家的援助者，也是指導者，雙重角色之任務皆為幫助中東歐國家能夠順利渡過民主政治和市場經濟之轉型。[78]

　　ERT從1997年開始就不斷地遊說歐盟加速擴大腳步，並鼓吹透過歐盟制度改革來達成目標。ERT幾個針對東擴的報告書，如《東西雙贏的商業經驗》

---

[76] Commission Report, 2006, enlargement 2 years later, p. 13.

[77] 首先於1994年埃森高峰會議（Essen European Council）通過，內容包括歐洲協定、單一市場白皮書、結構性對話和SPARD計畫；1997年盧森堡高峰會加強內容，包括夥伴關係、加入前援助、候選國參與共同體計畫等。

[78] Heather Grabbe, "European Union Conditionality and the Acquis Communautaire," *International Political Science Review*, Vol. 23, No. 3 (July 2002), pp. 251-263.

（The East-West Win-Win Business Experience, Nov. 1998）、《開啓歐盟擴大的商業契機》（Opening Up the Business Opportunities of EU Enlargement, Jun. 2001年6月），[79]或是致高峰會公開信函《一個更強大的歐洲》（A Stronger Europe, Dec. 4, 2001）等，從商業角度強調東擴對雙方的益處，將東擴視爲加大市場範圍和提高競爭力，運用結合歐洲單一市場與競爭力的策略強化說服能力。具體而言，ERT的策略運用是廣泛定義利益，而非侷限在個別組織的利益，藉以爭取個人、社會團體、組織、國家及歐盟的支持。

　　歐洲歷史集團依據華盛頓共識（Washington Consensus）主張的新自由主義指導原則，[80]幫助中東歐國家克服入盟障礙。執委會從1999年著手「雙生計畫」（Twinning Program），借調歐盟會員國公務人員到中東歐國家政府與民間等機構，以顧問方式協助中東歐國家改革制度和提升組織能力，所需經費全由法爾計畫支付，並委由執委會管理。另一方面，ERT從1998年開始陸續在匈牙利、羅馬尼亞與保加利亞等國成立「商業擴大會議」（business enlargement councils），分別由ERT的Shell、Suez及Solvay等企業主導，成員包括ERT代表、當地公司高階主管、當地政府高級官員與執委會代表，[81]扮演聯繫角色的商業擴大會議是要加速歐盟東擴。換言之，執委會和ERT開始以行動支持歐盟東擴，共同努力以提升中東歐國家加入歐盟的可能性。

　　綜上所述，歐盟東擴過程並非一開始就相當順利，無論執委會或是ERT並無立即將中東歐國家納入歐盟的意願。直到1997年，ERT與執委會不斷提高歐盟東擴的強度後，歐洲歷史集團才在這階段達成歐盟東擴的共識。當然，中東歐國家改革精英與新經濟階級推動歐盟東擴功不可沒，[82]爲維護現有政經改革成果，精英與新階級願意接受歷史集團之意識形態，甚至加入歷史集團，共同

---

[79] ERT以16個成員企業赴中東歐投資的個案報告，說明歐盟東擴對有助於雙方商業利益。
[80] 華盛頓共識是1989年拉美發生金融危機時，美國國際經濟研究所邀請世界銀行、國際貨幣基金會、美洲開發銀行、研究人員、拉美國家代表等齊聚華盛頓，提出一套解決方案，内容包括財政、貨幣、產業、貿易及資本等政策。
[81] ERT, *The West-East Win-Win*,1998, p. 23.
[82] 這裡所指的新經濟階級爲中東歐國家採行資本主義政策後，企業民營化及放寬投資後所產生的新階級。

推動國家內部制度改革以符合入盟條件。換言之，歐洲歷史集團規模的擴大成為歐盟東擴之基礎。

　　2003年歐盟東擴的時機成熟。首先，歐盟會員國爭執不休的制度改革問題在2月正式生效的尼斯條約獲得解決，歐盟東擴後所產生的結構性問題將不會造成組織運作之困難；[83]其次，歐盟與中東歐國家入會談判在2002年底完成，並簽署「入盟條約」（Accession Treaties），[84]僅剩下歐盟國家及候選國分別批准的程序；最後，前荷蘭總理寇克（Wim Kok）在3月份應執委會之託提出「寇克報告」（The Kok Report）成為重要的說帖，目的是確保東擴不會遭致會員國的否決。[85]最後，歐盟及中東歐國家分別通過條約，決定2004年5月1日增加十國，羅馬尼亞和保加利亞雖不在此波行列，但也在2007年1月1日獲准加入，歐盟由十五國擴大至二十七國。

　　歐盟東擴是歐洲歷史集團繼單一市場與經濟暨貨幣聯盟後的重要成就，甚至是結合前兩者才能夠達成。ERT及執委會所採行的策略傾向新自由主義，不過在意識型態上卻須考量歐洲社會獨特性而與社會福利政策妥協。為獲取更多數的支持，歐洲歷史集團在推動東擴的同時，亦不斷膨脹自己勢力，吸收中東歐國家的政治精英和企業領袖。然而，隨著東擴增加十二個新會員國，歐盟多層次治理的複雜性更高，歷史集團結合意識形態所建立的歐洲霸權結構的脆弱性開始顯現。

---

83 尼斯條約因應歐盟擴大所作的結構改革包括：1.重新計算加權票數及通過門檻。2.調整歐洲議會席次及歐洲政黨之籌組。3.確立執委會委員之配額及其主席權力。請參閱藍玉春，〈歐盟尼斯條約評析〉，《問題與研究》，第43卷第4期（2004年7、8月），頁77-80。

84 歐盟從1998年3月正式開始和六個候選國進行入盟談判，首波國家包括捷克、愛沙尼亞、匈牙利、波蘭、斯洛文尼亞及塞浦路斯。1999年10月後，保加利亞、拉脫維亞、立陶宛、馬爾他、羅馬尼亞及斯洛伐克加入談判。

85 執委會認為寇克報告是歐盟第五次擴大成功的關鍵，內容分成五部分：制度、經濟、公民安全、鄰近政策及世界角色等。

## 第五節 結論

本章以新葛蘭西學派的研究架構分析歐洲整合，理解推動深化與廣化的驅動力—歐洲歷史集團的角色。在1980年代全球化資本主義發展，而歐洲企業遭受美國和日本企業競爭背景下所成立的ERT，其利用執委會提案和執行的特殊職權，推動符合ERT利益的歐洲整合政策。為獲取多數認同，兩者結合而成的歐洲歷史集團高舉鑲嵌新自由主義意識形態，形成主導歐洲整合的霸權結構。

然而，霸權結構所維持的歐洲秩序並不穩定，歐洲整合的未來將面臨兩大問題：霸權結構的脆弱性，以及歐盟治理所缺乏的正當性。

首先，「ERT—執委會—鑲嵌新自由主義」為核心的霸權結構並非鐵板一塊，甚至各自內部意見就相當分歧（圖7-4）。如前所述，歐洲跨國企業加入ERT主要考量本身利益，ERT主張若與企業本身利益衝突時，歐洲跨國企業將選擇退出或企圖改變論壇主張，前文所提全球派或是歐洲派企業的衝突即為一例。再者，執委會內部不同總署之間所存在的根本政策利益衝突，常需要主席出面調停。例如，競爭署和金融署推動之政策就常和農業署或社會暨就業署衝突，但在歐洲跨國企業的支援下，競爭署和金融署經常占上風。至於意識形態部分，試圖調和重商主義和新自由主義的鑲嵌新自由主義看似合理，但從歐盟及各個會員國採行的政策觀之，新自由主義已逐漸成為趨勢。

另外，就歐盟治理是否具正當性而言，本章不擬討論歐盟民主赤字及治理正當性的研究，僅從新葛蘭西學派研究歐洲整合角度理解基本問題：誰從整合過程獲利、誰在整合過程失利？歐盟並非國家，歐洲歷史集團在多層次治理情況下影響力漸增，並且主導歐盟公共政策的制定，其跨國界聯盟特色衝擊歐洲統合主義（corporatism）的政治傳統。如此霸權結構下，歐洲跨國企業獲致的政治管道明顯優於其他社會團體，其利益訴求理所當然能快速反應到政治領導者。

此外，歐盟東擴的具體時程與內容被歷史集團所控制，令人忽略東擴過程是原歐盟國家和中東歐國家不平等地位的事實。中東歐國家必須竭盡能力滿足哥本哈根標準，鑲嵌新自由主義僅適用於歐盟國家內部。易言之，協調工資、價格、擴大公共投資及社會福利等政策居於次要位置。歐盟官方或是企業對中東歐國家增加投資與援助的最大成果，就是將中東歐國家納入西歐經濟體系時，讓歷史集團成為最大獲利者。

　　簡言之，新葛蘭西學派並不是要提供問題解決的方案，更無法藉此來預測未來的發展，而是要超越國家界線，從制度、物質能力及觀念來研究歐洲整合的過程。然而，本章尚屬於初探性質，無論是深化或廣化的歐洲整合過程若要細膩地探究，則需要更多的資料與不同的分析方法。至少，若能進一步研究上述結論所提的問題，相信對歐洲整合研究將有所助益。

李政鴻、曾怡仁

## 第一節　前言

　　近五十多年來，歐洲整合朝著深度化與廣度化這兩個方向進行：1986年的《歐洲單一法案》以及1992年簽訂的《歐洲聯盟條約》代表著歐洲已邁向了政治、經濟與社會政策整合的新階段。此外，隨著前蘇聯以及東歐共黨集團國家的瓦解，歐盟展開了東擴運動，將其地理疆界延伸至中歐和東歐區域，會員國增加至27國。毋庸置疑的是，歐洲整合這一複雜的動態過程爲學界提供了豐富的研究素材，學者們亦希冀能從中歸納出解釋這一複雜現象的普遍性理論，甚且企圖總結出全球各區域整合的理解範式。

　　歐洲整合的研究途徑受到了主流國際關係理論的影響，大致上可分爲國家中心理論（政府間主義、自由政府間主義），社會中心理論（新／舊功能主義、溝通交流理論）以及超國家理論（聯邦主義）這三類。[1]近年來的研究以恩斯特‧哈斯（Ernst B. Haas）的新功能主義及安德魯‧莫拉維斯克（Andrew Moravcsik）的自由政府間主義爲主。隨著1990年代國際關係理論由經濟學轉向社會學，亦有學者採用了建構主義（Constructivism）觀點來解釋歐洲整合。哈斯與安德魯‧莫拉維斯克的研究可歸爲理性主義理論，亦即新功能主義和自由政府間主義均接受經濟學的假設，行爲者依據理性、追求最大利益，於是可從國家利益的計算和權力大小的衡量這兩方面來理解歐洲整合的過程。相對地，建構主義則認爲國家偏好的形成不能單純從利益極大化或從權力追逐的

---

[1] 曾怡仁，〈區域主義研究與國際關係理論〉，《全球政治評論》，第8期（2004年），頁25-48。

角度來進行解釋，而應該從社會層面所建構的集體共識向外延展。然而，主流理論常陷入單線性解釋，歐洲整合絕非單線性的「政治影響經濟」、「經濟影響政治」或者是「無本質的社會本體」的現象，也無法從單個分析層次（國際、國家、國內）即可全盤解釋整體。[2]

　　1970年代開始發展的國際政治經濟學（IPE）提供了區域整合的新解釋途徑，其大體包括了三大假設：其一，無論在何種意義下，均不可分割政治與經濟領域的關係；其二，市場經濟結構的建立和轉變，為政治互動的形式之一；其三，國內與國際層次分析緊密結合，兩者無法進行切割。[3]也就是說，如果從國際政治經濟學的觀點來看待區域整合，就必須打破「政治與經濟」、「國家與市場」、「國內與國際」等之間的人為研究藩籬。由於受主流國關學界的影響，或囿於意識型態的因素，馬克思主義的國際關係或國際政治經濟學觀點並未受到應有的重視，更不用說是區域整合研究。但是在冷戰後該情況稍有改善，已有越來越多的學者採用此觀點，提出整合性的馬克思主義政治經濟學之研究途徑。[4]

　　本章從馬克思主義觀點出發，提供了研究整合的另一不同的理論視角，認為經濟生產模式變革所形構的社會階級關係將影響國內、國際、甚至全球層次的政經互動關係。亦即，馬克思主義觀點能夠超越主流國際關係研究的分析框架，符合國際政治經濟學的發展目標，結合了「政治與經濟」、「國家與市場」、「國內與國際」等分析範疇。本章依序將討論馬克思主義脈絡下

2　新功能主義與自由政府間主義的研究旨趣是，在面對問題時找出答案，即採取實證主義研究方法探求問題的因果關連性。不過，該研究局限於單一因果的解釋模式，這種簡約方法雖能夠解釋問題，但卻看不到問題的多重因果面向，進而忽略了其他值得研究的議題。此外，建構主義以人為主體，彼此互動產生觀念，並借此形塑人類行為，在研究上仰賴文本分析。然而，建構主義所採取的後實證主義研究方法則忽略了社會本體的物質層面，弱化了問題因果關係的解釋力。

3　Geoffrey R.D. Underhill, "States, Markets and Global Political Economy: Genealogy of an (Inter-?) Discipline," *International Affairs*, Vol. 76, No. 4 (2000), pp. 805-824.

4　曾怡仁，〈區域主義研究與國際關係理論〉，《全球政治評論》，第8期（2004年），頁46。曾怡仁，〈國際政治經濟學的發展與政治經濟學之關係〉，《政治學報》，第49期（2010年），頁112。

的古典帝國主義（imperialism）、依附論（Dependency Theory）、世界體系論（World-System Theory）與新葛蘭西學派（neo-Gramscian School）等理論，並從中歸納出壟斷資本、不平等交換關係以及歷史結構等核心概念，將其運用在理解歐洲整合現象的過程中。本章亦將歸納這些理論的方法學特點，探討其研究途徑、研究方法以及研究概念有何一致性或差異性，希冀能提供一種不同於以往研究歐洲整合的視角。

## 第二節　古典帝國主義論－歐洲新帝國主義

「帝國主義」一詞源自拉丁文「Imperato」，意指「一個國家（或一群人）對其他國家（或人群）的統治，前者從統治過程攫取好處，後者則遭受損害」。[5]相較於注重領土擴張、原料掠奪的自由主義帝國觀點，[6]馬克思主義學者對帝國主義的研究雖亦涉及資本主義的發展與擴張，不過，列寧、魯道夫·希法亭（Rudolf Hilferding）、尼古拉·布哈林（Nikolai Bukharin）和保羅·史威齊（Paul M. Sweezy）等人則特別從資本主義壟斷階段，即壟斷資本的形成與發展來論述帝國主義，構成獨特的古典帝國主義觀點。

### 一、壟斷資本與帝國主義

馬克思本人並未使用「帝國主義」一詞，其著作內容亦未與後來學者所提的帝國主義概念相對應，不過他在討論資本主義起源、擴張以及殖民主義等議

---

[5] Ronald H. Chilcote, ed., *The Political Economy of Imperialism: Critical Appraisals* (Boston: Kluwer Academic Publishers, 1999), pp. 2-3.

[6] 研究帝國主義的作品當中，尤以霍布森（J.A. Hobson）的《帝國主義》為代表，他討論了19世紀英國帝國主義的發展，對後來學者產生了巨大影響。霍布森被稱為自由主義者，他認為英國帝國主義乃因利潤壟斷在少數人，導致國內消費不足，促使出現對外投資增長以及帝國領土擴張的現象。霍布森雖然不是馬克思主義者，但他的分析影響了馬克思主義學者對古典帝國主義的研究，只是馬克思主義者側重研究的是壟斷「階級」如何對國家帝國主義產生作用。

題上，的確廣泛論及了資本主義對歐洲以外社會的影響。[7]資本主義是一種獨特的商品生產模式，只要生產者將商品置於市場出售，而非僅供自己使用，即存在資本主義。資本主義領土擴張的主要動機在於其會因應利潤下滑趨勢，一方面建立運輸系統，確保汲取自然資源（原物料、土地）的渠道，另一方面則是尋找世界市場與廉價勞動力，穩固產品輸出與降低生產成本。[8]馬克思的討論並未以國家間體系作爲論述主軸，反倒是後來的追隨者如希法亭、布哈林、列寧及史威齊等人通過對資本集中的研究，來補足馬克思關於國家間關係的論述不足。

希法亭、布哈林與列寧對帝國主義的想法大體一致，即發達資本主義國家在內部壟斷化過程中，日益整合內部的政治和經濟結構，使得資產階級和國家機器聯合起來。[9]例如，希法亭提出了「金融資本」（finance capital）概念，即通過整合過去分離的工業資本、商業資本與銀行資本，將其置於金融機構的指導下，擁有者形成綿密的聯盟，改變了資本家階級與國家的權力關係，進而形成壟斷聯盟。資本主義壟斷聯盟推動金融資本政策具有三項目標：其一，建立盡可能大的經濟區；其二，採取關稅壁壘政策排除國外競爭；其三，將此經濟區轉變爲壟斷聯盟的剝削地區。[10]金融資本藉由自身經濟力量，間接使其他階級利益服從於自身的利益，獲取支配國家政權的力量。希法亭雖未明顯定義帝國主義，但其核心關切在於國家內部的金融資本，不過在其論述中已隱含了資本輸出所需的國家擴張政策，其思想也影響了布哈林和列寧的看法。

布哈林和列寧採取一種獨特的方式來解釋第一次世界大戰的起源，他們

[7] Bill Warren, *Imperialism Pioneer of Capitalism* (New York: Verso, 1980), p. 84. Charles A. Barone, *Marxist Thought on Imperialism*: *Survey and Critique* (London: Macmillan, 1985), p. 11. Anthony Brewer, *Marxist Theories of Imperialism: A Critical Survey* (New York: Routledge, 1990), p. 25.

[8] Charles A. Barone, *Marxist Thought on Imperialism*: *Survey and Critique*, p. 11. Anthony Brewer, *Marxist Theories of Imperialism: A Critical Survey*, p. 17.

[9] M. C. Howard and J. E. King, "Whatever Happened to Imperialism?" in Ronald H. Chilcote, ed., *The Political Economy of Imperialism: Critical Appraisals* (Boston: Kluwer Academic Publishers, 1999), pp. 26-28.

[10] R. Hilferding, M. Watnick & S. Gordon, tran., *Finance Capital-A Study of the Latest Phase of Capitalist Development* (London: Routledge & Kegan Paul, 1985), p. 307.

認為大戰爆發的根源在於資本主義國家為剩餘資本尋找出口所導致的帝國間衝突。布哈林界定帝國主義是一種政策，是一種關於金融資本的政策。同時，他觀察到資本趨向「國際化」與「民族化」：一方面世界經濟不斷地增加相互依賴；另一方面則是分裂成各個國家集團，兩股矛盾的趨勢將使資本主義陷入戰爭與崩潰的危機。[11]此外，布哈林沿著希法亭對金融資本的看法，更進一步結合金融資本、國家和帝國主義等因素，認為國家為推動金融資本政策，會執行帝國主義擴張。不過，並非所有國家對外領土擴張的戰爭都屬於帝國主義政策，關鍵點在於戰爭是否涉及金融資本（資本主義壟斷聯盟）的意圖。[12]

列寧將帝國主義定義為資本主義壟斷階段，此階段的金融資本為壟斷銀行資本和工業家的聯合，透過國家來進行殖民政策、瓜分世界領土。[13]按照列寧的解釋，帝國主義具有五項特徵：其一，極高程度的生產與資本集中，導致在經濟生活中起決定性作用之壟斷性組織的形成；其二，銀行資本與工業資本融合，在金融資本的基礎上形成金融寡占；其三，與商品輸出的方式不同，資本輸出在追求更高的利潤，殖民地因此具有特別重要的意義；其四：瓜分世界的資本家國際聯盟已經形成；其五，最大的資本主義大國，已經將世界領土瓜分完畢。[14]在帝國主義階段，資本對資本的控制，即金融資本控制工業資本的情況雖能促進發展，但這是一種不穩定的國際經濟狀態，各個資本主義國家發展速度並不均衡，最後將導致帝國主義戰爭及國際政治情勢動亂。[15]

此外，對照前述說法，史威齊則是認為「壟斷資本」（monopoly capital）才能更精確地解釋帝國主義狀況。壟斷資本最迫切的需求是盡可能擴大壟斷產品範圍以及擴大市場。史威齊提出了一套「國際—國內」雙層因果關係分析模式，認為當國際競爭加劇時國內資本家將賦予國家更多職權，對外執行保護政

[11] Anthony Brewer, *Marxist Theories of Imperialism: A Critical Survey*, p. 111.

[12] N. Bukharin, *Imperialism and World Economy* (London: The Merlin Press, 1972), p. 107.

[13] V. I. Lenin, *Imperialism—the Highest Stage of Capitalism* (New York: International Publishers, 1988), pp. 88-89.

[14] Ibid., p. 89.

[15] Robert Gilpin, *The Political Economy of International Relations* (New Jersey: Princeton University Press, 1987), pp. 38-39.

策來鞏固壟斷地位，對內則是保障國內法治與秩序，借用國家公權力實行社會政策，並鎮壓工人運動，避免工資上漲。[16]原本制衡國家行政體系的議會則會淪爲敵對政黨或不同社會階級的競逐場域，致使議會的監督效能減弱。[17]史威齊同意列寧、希法亭及布哈林等人對國際無政府狀態的看法，即資本主義壟斷階段加劇了國家與國家間的競爭關係，形成國際性壟斷聯盟。此外，他亦認爲資本輸出到落後地區的過程其實並不會促進工業化，反而會造成落後地區經濟畸形發展。

　　總體而言，馬克思主義的古典帝國主義理論沿襲和發展了馬克思對資本主義的看法，並將核心概念從金融資本擴充爲壟斷資本，視帝國主義爲資本主義的壟斷階段。對比諸多側重經濟目的來研究歐洲整合的途徑來說，馬克思主義的古典帝國主義理論對歐洲整合的研究則是可以提供另外一種看法。

## 二、歐洲新帝國主義

　　從馬克思主義的古典帝國主義角度來理解歐洲整合過程，必須考慮歷史脈絡的差別，其中包括歐洲殖民地國瓦解以及歐洲整合的深化與廣化等過程。在第二次世界大戰爆發前，西歐國家是世界主要的殖民母國，但由於二戰後殖民地紛紛獨立建國，西歐國家與前殖民地之間除了保持國與國之間的關係外，還受到歐洲整合的影響，呈現出歐洲與前殖民國的「區域組織—國家」間特殊關係。在歐洲整合的過程當中，壟斷資本扮演什麼角色？如何推動歐洲整合？這些議題延續了馬克思主義學者對帝國主義的研究旨趣，同時採取批判性立場來看待歐洲整合。

　　在1980年代，歐洲整合突破停滯，在深度化與廣度化這兩方面皆取得成果後，左派學者開始思考歐盟的帝國主義本質。彼得·科克斯（Peter Cocks）最早呼籲歐洲整合需要放在資本主義底下考察，認爲整合是政策性回應資本主義

---

[16] P. M. Sweezy, *The Theory of Capitalist Development* (New York: Monthly Review Press, 1970), pp. 341-342.

[17] Ibid., pp. 344-345.

所引發的諸項問題。他於1980年發表在美國主流期刊《國際組織》的文章中，就提出了用馬克思主義來分析歐洲整合的觀點，認為歐洲整合是反映出資本主義兩大面向：一方面是凱恩斯主義的經濟政策使得資產階級更能有效地控制經濟系統，從而維持其政治、經濟上的優勢地位；另一方面則是二戰後資本主義獨據壟斷地位的情況增多，國家與市場相互滲透，而非相互獨立隔絕。政府投資雖能擴張經濟規模，但與之想法矛盾的是，這樣的擴張會增強國際經濟互賴，弱化民族國家的權威。就歐洲決策者而言，歐洲整合能夠達到數項目的：維持外銷導向經濟體的高成長率、抗衡美國霸權、以歐洲作為一整體的新面貌來調整與前殖民地關係。[18]實際上，科克斯雖沒有將歐洲整合貼上「帝國主義」標籤，不過他的文章仍延續了馬克思主義的古典帝國主義之理論內涵，強調「壟斷」、「資產階級」和「國家職能」等概念。[19]

　　古典帝國主義重點在研究歐盟的政策面，也就是說，該些學者檢驗歐盟對外和對內不同層次的政策，其背後是否隱藏著階級剝削、殖民性格以及壟斷資本形成與主導等問題。隨著歐洲整合程度加深，除了在傳統上重視對西歐各國與前殖民地關係的研究外，將歐盟視為主體的研究在學界也愈來愈多，左派學者稱此為「集團帝國主義」（bloc imperialism），特別指先進帝國主義國家間組成的區域聯盟以及形成超國家組織的過程，這種形式和美國主流的「新帝國主義」（new imperialism）的研究內涵並不相同，[20]亦可稱為「歐洲新帝國主

---

[18] Peter Cocks, "Towards a Marxist Theory of European Integration," *International Organization*, Vol. 34, No. 1 (1980), p. 24-29.

[19] 科克斯雖然並沒有強調帝國主義一體化的觀點，但他對先進帝國主義國家扮演的角色接近列寧對帝國主義的看法，認為歐洲在一體化的過程當中，國家呈現兩項重要的功能：其一，政治基礎設施的提供，國家提供人民生存所需的基礎條件，包括公共設施、服務及安全保障等，成為原始資本主義（protocapitalist）和資本主義社會生產力的擴張基礎；其二，國家具備所需的權力手段，能用以合法化國家統治的正當性，並同時維持國家內部社會關係的穩定。參見Peter Cocks, "Towards a Marxist Theory of European Integration," p. 4。

[20] 國際關係學者對美國新帝國主義的研究主要沿襲的是霸權研究，探討美國在國際上單邊行為的意義。羅伯特・庫珀（Robert Cooper）所提的「新自由帝國主義」（new liberal imperialism），即輸出自由、民主及人權等價值觀，進而改造前現代（落後）國家，必要時可以發動以暴易暴、先發制人的預防性戰爭，這些核心概念成為美國小布希政府對外進行單邊軍事行為的基本論述。此外，馬克思主義學者包括埃倫・M・伍德（Ellen Meiksins Wood）、大衛・哈威（David Harvey）與利奧・帕尼奇（Leo Panitch）等人則提出論點不同

義」（new European imperialism）。[21]歐洲新帝國主義的研究與前者的研究有所不同，它主要研究經濟和貨幣政策背後的壟斷資本，與前殖民地和中東歐國家間的不平等剝削關係，以及弱勢階級（勞工、農民）的處境等主題。

　　從古典帝國主義理論來看，歐洲壟斷資本在德國寡占（oligopolies）資本的主導下，驅動了歐洲經濟及貨幣的整合，形成了歐洲新帝國主義，並與美國、日本等國競爭。[22]古勒立模・卡契第（Guglielimo Carchedi）認為，相對於其他歐盟會員國，德國企業擁有更高技術和生產力，其寡占資本占歐洲資本的相對比重較高，這可從德國馬克占歐洲貨幣單位（ ECU）的比重較大之情況可以得知。德國寡占資本主導下的歐洲經濟整合方案，無論是歐洲共同體、共同市場、競爭政策和貨幣政策，其目標都是為了建立全球競爭優勢，因此能夠被共同體中的其他成員國所接受。[23]不過，這並不是指歐洲整合完全處於德國寡占資本的絕對支配之下，歐盟境內不同資本的利益衝突仍然持續存在於這一整合的過程當中。

　　關於歐盟的外部關係，特別是歐盟與前殖民地、中東歐國家之間的關係，也被認為是歐洲新帝國主義的新殖民型態。1975年，歐體與非洲、加勒比海和太平洋國家（African, Caribbean and Pacific countries，簡稱ACP）簽署了《洛美協定》，此協定分別於1979年、1984年、1989年與2000年做了修訂，目前該協議版本為2002年生效的第五個協議。歐共體／歐盟在協議中承諾將持續援助ACP國家經濟發展，但更重要的是，通過取消關稅協定的方式，它可以確保

---

的新帝國主義，將帝國主義與資本主義生產模式的歷史進程放在同一個分析框架內，探究到底是地緣政治競爭或是資本經濟競爭，還是兩者相互作用才是美國新帝國主義的驅動力量。

[21] D. Levy, "Challenging Social-Democratic Theories of the Global Political Economy and Updating Theories of Imperialism: The Theory of Bloc Imperialism," *Critique*, Vol. 38, No. 2 (2010), pp. 219-252.

[22] Ibid., p. 241.

[23] *Guglielmo Carchedi*, "The Emu, Monetary Crises and the Single European Currency," *Capital & Class*, No. 63 (1997), pp. 85-114. Guglielmo Carchedi, *For Another Europe: A Class Analysis of European Economic Integration* (New York: Verso, 2001), pp. 123-137. B. Lucarelli, *Monopoly Capitalism in Crisis* (New York: Palgrave, 2004), pp. 115-133.

歐盟各國能穩定並廉價地取得ACP國家的礦產和農產品。[24]此外，歐盟與中東歐國家之間的關係和東擴，也被認為是歐洲新帝國主義的擴張，尤其薩爾瓦托・恩格爾德・毛羅（Salvatore Engel-Dl Mauro）、約瑟夫・博洛茲（József Böröcz）和梅琳達・科瓦斯（Melinda Kovács）等人的文章均持這種觀點。他們多以「帝國（empire）」來形容歐盟，從超國家的單一架構下分別分析和研究了歐盟東擴的政治經濟、國家機器、地緣政治和殖民性（coloniality）等相關主題。例如，1989年歐共體／歐盟與波蘭、捷克及匈牙利三國簽署雙邊的《歐洲協定》（Europe Agreements），雖然賦予這三國優先成為會員國的資格，但要求它們必須解除市場管制等措施，則是明顯有利於歐盟國家的資本及工業產品輸出。此外，歐盟東擴意謂資本主義擴張，中東歐國家雖然成為歐盟會員國，但相對低工資、產業類別（農業、原料）具濃厚殖民性等，此對歐洲整合造成不均衡的發展。[25]

　　除前述觀點外，古典帝國主義理論在研究歐洲整合時還切入了其他不同主題，其中包括：(1)帝國主義集團之間的衝突（美洲、歐洲和東亞）、為鞏固帝國主義政策和因應未來可能的衝突以及歐盟發展獨立的軍事力量；(2)歐盟與北大西洋公約組織的東擴呈現出歐洲新帝國主義與美國在地緣政治的合作與衝突；(3)資本主義擴張造成了內部階級的衝突，歐盟作為一個超國家組織，通過社會政策與共同農業政策來安撫勞工、農民等弱勢階級，使其支持歐洲整合；(4)歐盟藉由移民政策和申根體系（Schengen System），滿足內部的勞動市場需求。這些的部分研究議題亦同樣為馬克思主義的依附論、世界體系理論與新葛蘭西學派所關注。

---

[24] B. Carchedi and G. Carchedi, "Contradictions of European Integration," *Capital & Class,* Vol. 23, No. 1 (1999), pp. 119-125.

[25] S. Engel-Dl Mauro, "Capitalist Expansionism, Imperialism and the European Union," in *State of Nature,* 2006, http://www.stateofnature.org/capitalist.Expansionism.html; J. Böröcz and M. Kovács, *Empire's New Clothes: Unveiling EU Enlargement* (Shropshire: Central Europe Review, 2001).

## 第三節　依附論與世界體系論—世界體系下的歐洲整合

　　1970年代，美國現代化理論（Modernization Theory）學者基於結構功能論（Structural Functionalism）立場，認為國家不發達（underdevelopment）的原因乃是「歷史遲緩」（historical backwardness）表現。[26]亦即現代及落後國家之間工業程度的差異必須溯源過去的歷史進程，審視技術及制度是否產生了障礙，導致其歷史發展出現了遲緩現象。若要改進，第三世界國家必須克服自身內部的傳統社會結構、文化價值和政治制度，並取得西方工業技術移轉，改善自身的經濟環境。西方先進國家（社會）則有必要協助第三世界國家改革政治制度、資本與工業設備輸入，並建立更有效率的基礎建設（道路、學校、機場與電力設備）。此種論述遭致了諸多批評，包括安德列·岡德·法蘭克（Andre Gunder Frank）、薩米爾·阿明（Samir Amin）、傑奧瓦尼·阿銳基（Giovanni Arrighi）與伊曼紐爾·華勒斯坦（Immanuel Wallerstein）等人，他們從世界體系中的「核心—邊陲」概念揭示了其中的不平等交換關係。如果將歐洲整合置於世界體系論的視野下，我們同樣可以看到核心國家與邊陲國家，以及霸權國家之間的競爭關係。

### 一、「核心—邊陲」的不平等交換關係

　　依附論與世界體系論主要是從長時期的歷史脈絡視角來理解資本主義發展的內涵，包括以世界經濟為基礎、各國家及區域間貿易產生的勞動分工、核心與邊陲的結構以及霸權週期性移轉等議題。法蘭克視壟斷與剝削的交換體系（世界範圍）為資本主義的主要特徵，核心區與邊陲區間的剝削關係從16世紀就已開始，核心區的發展以犧牲邊陲區為代價，迫使邊陲區必須依附核心

---

[26] 依附論學者在討論「不發達」時，經常會與「未發展」（undevelopment）並用，不過兩者的意義並不相同。根據弗蘭克的區分，「不發達」乃指資本主義發展過程，所導致發展不均現象，即某些地區獲得良好發展，但另外一些地區則相對落後；「未發展」則是指資本主義滲透前的狀態，即前資本主義時期。不過，依附論學者較少討論「未發展」的意義，參見 Anthony Brewer, *Marxist Theories of Imperialism: A Critical Survey*, p. 164。

區。法蘭克將資本主義世界體系分成三個階段：(1)重商主義時期（1500-1770年）；(2)工業資本主義時期（1770-1870年）；(3)帝國主義時期（1870-1930年）。他分別從這三階段考察了亞洲、非洲、中東以及拉丁美洲的依附形式與轉變特點，特別著重研究內部生產與外部交換等問題，尤其是世界資本積累過程中所導致的邊陲區域不發達之情況。[27]

　　依附論對「不發達」問題的研究類似古典帝國主義所討論的殖民剝削，不同的是，依附論經由對生產方式的歷史、結構分析，考察了核心與邊陲地區內的社會形式（formation）及其構成的階級、社會聯盟關係，以理解階級衝突的根源。資本體系形成世界市場，核心地區具有壟斷地位，能夠制訂交換條件、規則，並且取得剩餘價值。[28]阿明則進一步解釋了此種不平等交換關係，認為此將導致邊陲國家的畸形發展，邊陲國家傾向出口模式的發展並非受限於國內市場，而是受到外部性因素（核心國家高生產率）的影響，它僅能選擇出口核心國家所沒有的農產品及礦產。邊陲國家僅能有限地發展工業，儘管它採取了進口替代的發展模式，但在跨國公司造成的新國際分工影響下，其外部性因素依舊存在。縱然生產率相同，邊陲國家的平均工資卻遠低於核心國家，與核心國家間的交換關係乃是建立在不平等的地位之上。[29]特別是，由於核心國家跨國公司掌控生產技術與管理等優勢，因而其得到的利潤回流至核心國家，邊陲國家的發展則須依賴國外資金，生產低階商品，導致其工業結構喪失了自主性。[30]對比之下，阿明比法蘭克更清楚地使用「國家」（state），而不是「區域」（region）這個概念來表示核心─邊陲兩者間的關係。

　　與依附論不同，華勒斯坦從世界體系框架的視角強調了國家角色的重要性。華勒斯坦認為，16世紀開始發展的近代世界體系與過去的世界帝國本質是

[27] A. G. Frank, *World Accumulation 1492-1789* (New York: Monthly Review Press, 1978), pp. 1-15.

[28] Anthony Brewer, *Marxist Theories of Imperialism: A Critical Survey*, pp. 165-166.

[29] Samir Amin, B. Pearce, *Unequal Development: An Essay on the Social Formations of Peripheral Capitalism* (Sussex: The Harvester Press, 1976), p. 200.

[30] Samir Amin, *Unequal Development: An Essay on the Social Formations of Peripheral Capitalism*, pp. 246-258.

不同的：首先，世界體系是一社會體系，其本質為經濟實體，世界帝國則為一
政治實體；其次，世界體系領域異於帝國、城邦國家和民族國家，並非指範圍
涵蓋全世界，而是大於任何法律定義的政治單位；最後，世界體系內部的基
本聯繫為經濟交流，政治聯盟和文化互動加強體系內部聯繫；帝國經由政治集
權，憑藉暴力手段壟斷貿易利潤並剝削境內邊緣區。[31]華勒斯坦認為資本主義
在世界體系架構下的發展較為容易，因為世界體系內的各國統治者必須考慮內
外的壓力並照顧多元利益，相較於中央集權的世界帝國，其商人從中攫取利益
的機會較容易，勞動分工也較易在世界體系下建立。[32]

　　華勒斯坦將世界體系劃分成核心、半邊陲與邊陲等三個不同層次的國家，
其差異在於國家機器力量的強弱，促使剩餘價值從邊陲移轉至核心國家，並更
進一步增強核心國家機器。亦即，國家為世界體系內的中心機制，市場中的行
為者都試圖利用國家來改變貿易規則，極大化自身的利益。[33]從根源上來說，
技術是核心國家取得支配地位的關鍵要素，工資高低直接受技術因素的影響，
資本家及高工資技術勞工形成核心國家內的社會結構，資本家藉著國家和技術
來操縱市場以符合自身利益，鞏固與邊陲、半邊陲之間的不平等貿易關係。半
邊陲國家比邊陲國家具備較多優勢，包括國家有效治理以避免社會動盪、勞工
具備良好素質與低工資等條件、能吸引更多外來投資，半邊陲國家因此將有機
會進階至核心國家，如同歷史中的西班牙與日本經驗。[34]

　　阿銳基將世界體系論的重心轉移至霸權論研究，[35]霸權國擁有先進的生產

---

[31] Immanuel Wallerstein, *The Modern World System V.1: Capitalist Agriculture and the Origins of the European World Economy in the Sixteenth Century* (New York: Academic Press, 1974), p. 15.

[32] Ibid., p. 127.

[33] Anthony Brewer, *Marxist Theories of Imperialism: A Critical Survey*, pp. 178-179.

[34] D. Chirot and T. D. Hall, "World-System Theory," *Annual Review of Sociology,* No. 8 (1982), p. 85.

[35] 阿銳基是否屬於世界體系論者或許存在爭議，因其義大利裔身分和思想受義大利哲學（貝奈戴托‧克羅齊（Benedetto Croce）和葛蘭西）的影響，有學者將他歸於新葛蘭西學派。本文承認，想要清楚釐清不同學術學派間的界線並不容易，就像是考克斯的思想淵源亦受自馬克思、貝奈戴托‧克羅齊、尼可羅‧馬基維利、詹巴蒂斯塔‧維科、卡爾、柯林武德、伊本‧卡爾頓、費爾南‧布勞岱爾、卡爾‧博蘭尼和艾德蒙‧柏克等人影響，因此，有學者認為，依據考克斯的歷史結構分析所建立的學術社群應該跳脫狹隘的新葛蘭西學派或義大利學派等標籤，而以歐洲學派（european school）來描述較為合適。本章認為，阿銳基主要研究了世

技術，具備商品價格優勢，以利商品出口至國外市場。同時，霸權國的貿易金額與數量占全世界多數，國內亦有許多航運、貿易公司爲其提供商業服務。霸權國支配國際信用規則，設定國際利率和匯率，其貨幣爲國際通用貨幣，亦爲國際金融投資的主要國家。此外，霸權國的經濟優勢能支撐其維持最大的戰略軍事力量，能夠有效地在世界各地進行軍事干預。[36]依據此定義，資本主義歷史發展過程中總共出現過荷蘭、英國與美國等三個霸權國，這三個霸權國有一個共同點，即推動資本主義擴張過程會衝擊舊體制，使國家及社會產生緊張關係，導致霸權危機並觸發霸權移轉。霸權危機可從三面向來觀察：更激烈的國家間、企業間競爭關係；社會關係緊繃、衝突升高；新霸權局面出現。昔日的霸權國出現了霸權的轉移，從荷蘭移轉至英國、再由英國移轉至美國。現今討論的是，美國舊體制是否因金融過度擴張而被霸權新體制所取代。霸權危機導致的亂象，阿銳基稱爲混沌（chaos）時期，必須待新霸權產生後才能終止。[37]

　　依附論和世界體系論被歸爲新馬克思主義學派（neo-Marxist School），它把馬克思對生產關係的研究提升至世界市場的交換或貿易關係。這過程當中亦呈現其研究方法的批判性面向：資本主義的富裕乃根植於對邊陲社會的剝削。[38]資本主義發展導致的不平等交換關係，及其所構成的經濟依附關係，同樣會產生政治依附，削弱國家外部自主性。此外，後殖民研究探討前殖民地和殖民母國間，以及傳播學者對全球化的研究，亦將依附關係拓展到文化範疇，顯現依附論對現實世界仍具解釋力，而非如同西方主流學者所批評的全然過

---

界體系範疇下的霸權移轉過程，雖然他也著文批評沃勒斯坦的世界體系論，但對世界體系的認知以及對霸權的假設前提則接近沃勒斯坦，強調世界體系的政治邏輯（國家）之霸權地位；反之，考克斯所謂的霸權，國家（制度）僅是其成就的條件之一，尚需要考量社會階級、物質力量和意識型態所起的作用。

[36] T. K. Hopkins and I. Wallerstein, "Patterns of Development of the Modern World-System," in T. K. Hopkins and I Wallerstein, eds., *World-Systems Analysis: Theory and Methodology* (London: Sage Publications, Inc, 1982), p. 62.

[37] G. Arrighi and B. J. Silver, "Introduction," in G. Arrighi and B. Silver, eds., *Chaos and Governance in the Modern World System* (London: University of Minnesota Press, 1999), pp. 30-32. G. Arrighi, *The Long Twentieth Century-Money, Power and Origins of Our Times* (London: Verso, 2002), p. x.

[38] A. Linklater, "Marxism," in S. Burchill, et al., *Theories of International Relations* (New York: Palgrave Macmillan, 2005), pp. 123-124.

時。從世界體系來看，歐洲整合是否存在核心區－邊陲區，與美國霸權的外部關係如何，都會是該些理論的關注重點。

## 二、世界體系下的歐洲整合

歐洲區域是世界體系研究的重心，學者討論的重點放在16世紀資本主義的形成與擴張，西北歐、南歐及中東歐等不同區域，構成世界體系內部的核心、半邊陲與邊陲區域。華勒斯坦延續了法國年鑑學派歷史學家費爾南‧布勞岱爾（Fernard Braudel）對資本主義的長期歷史研究，視歐洲體系等同於世界體系：西北歐之所以是核心區，其原因在於它具備高農業生產技術與熟練的工人；半邊陲區為南歐（毗鄰地中海區域），存在繳交穀租的農業制度；中東歐為邊陲區，存在奴隸制度，國家強迫農人種植經濟作物，包括糧食、棉花和糖等出口作物。[39]

第二次世界大戰後，西歐國家從煤鋼、原子能和經濟等三個共同體逐步整合成歐共體，直至現在的歐盟，成員國涵蓋了南歐及中東歐國家。也就是說，現今歐盟同時由核心、半邊陲和邊陲國家所組成。南歐國家政治和經濟結構曾遭致1930年代和1970年代兩次經濟危機的衝擊，在前一次經濟危機中，葡萄牙、西班牙、義大利和希臘這些國家政治體制傾向專制獨裁、訴求民族團結，經濟政策上則是國家管制取代市場調節，建立鎮壓型統合主義（repressive corporatism）國家－社會體制；在後一次的經濟危機中，則是在美國霸權的主導下，為防止南歐國家回到過去的自給自足之經濟模式及保護主義，美國以經濟發展和經濟現代化名義，再次將半邊陲國家納入世界分工體系。在這種情況下，若將半邊陲國家的政治及意識型態與核心國家緊密連結，特別是緊密連接於北約和歐洲經濟共同體，則更符合核心國家利益。[40]再者，中東歐國家被

---

[39] R. H. Chilcote, *The Political Economy of Imperialism: Critical Appraisals* (Boston: Kluwer Academic Publishers, 1999), pp. 12-13.

[40] Immanuel Wallerstein, "The Relevance of the Concept of Semiperiphery to Southern Europe," in G. Arrighi, ed., *Semiperipheral Development: The Politics of Southern Europe in the Twentieth Century* (London: Sage Publications, 1985), pp. 31-39.

視爲半邊陲，而不是邊陲國家。在史都華・希爾德斯（Stuart Shields）的研究中，冷戰時期的中東歐國家處於蘇聯集團的半邊陲區，蘇聯解體後這些國家以新半邊陲區角色出現，核心區國家與跨國社會力量協助該區轉型到新自由主義制度，再次回歸到歐洲資本主義體系。[41]在二十一世紀初期，歐盟大規模東擴，新的半邊陲區吸引許多核心區的資本前往，排擠在非洲和早先歐盟內部（希臘、西班牙、葡萄牙與愛爾蘭）的投資。[42]

　　核心、半邊陲和邊陲國家願意參與歐洲整合，除經濟誘因外，尙須考量政治的影響，特別是國家在其中扮演的角色。阿明認爲，談論歐洲整合不能完全依據市場經濟邏輯，整合的成果乃是國家內部勞工與資方彼此協調，營造有利於資本主義發展的福利社會而形成的。然而，阿明並不認爲將會出現單一的歐洲生產體系來取代各民族國家生產體系，國家在生產上仍然扮演決定性因素。例如，在研發方面的工作仍由國家統籌；國家仍然依據自己的偏好，決定是否採取主權作爲阻擋歐洲整合的工具；貿易法（特別是公司法）仍然是國家所管轄，而不是完全的自由放任（lassez-faire）；將電影、電視節目製作排除在商業競爭的範圍外，以維持各國民族的特性。[43]總體而論，國民經濟仍是歐洲國際分工的重要特徵，而國家政治力可以推動歐洲整合，但亦可能成爲整合的阻礙。成員國內部政經結構的差異，有可能會造成歐洲政治、經濟整合的困難。

　　歐盟政治體制不確定因素將會加深成員國的意見歧異，阻礙歐洲整合的進程。實施單一貨幣對經濟整合產生的是分力還是合力，則存在不同看法。歐洲形成的區域實體並不是同質性實體，除民族差異之外，更大特質在於各地區經濟結構和發展水平差異以及其所產生的不均衡現象。經濟整合若要持續進展，則必須要有共同的政治權力爲基礎，但是歐盟超國家組織的政治體制，究竟應

[41] Stuart Shields, "CEE as a New Semi-Periphery: Transnational Social Forces and Poland's Transition," in O. Worth and P. Moore, eds., *Globalization and "New" Semi-Periphery* (New York: Palgrave Macmillan, 2009), pp. 159-176.

[42] Immanuel Wallerstein, "Europe: The Turning-Point," *Commentary*, No. 67 (2001), http://fbc.binghamton.edu/commentr.htm.

[43] Samir Amin, *Capitalism in the Age of Globalization*, New York: IPSR (2000), pp. 113-119.

該是聯邦（federal）的還是邦聯（confederal）的？這仍屬於未定數。而且，在欠缺普遍民主選舉機制所導致的民主赤字，也使得歐盟超國家組織決策與合法性遭受質疑。[44]

統一貨幣政策向來被看做是歐盟經濟整合的一大成就。華勒斯坦認為，歐元是政治妥協之產物，將南歐經濟弱國（義大利、西班牙和葡萄牙）納入歐元區的政治條件是減少政府預算赤字，並且建立獨立自主的歐洲中央銀行。這種新貨幣有益於歐洲共同市場的效率運作，對外提升歐盟的經濟影響力，挑戰美元地位。[45]不過，阿明卻認為歐洲國民經濟體系在本質上並沒有改變，未形成如同美國般的單一生產體系，也沒有所謂的歐洲跨國公司，只有德國的跨國公司、英國的跨國公司或法國的跨國公司，歐元並沒有面對純粹的單一市場法則。在這種情況下，歐盟面臨著內部市場與外部市場是否開放的問題，而實施單一貨幣將使得情況更為混亂。[46]

二十世紀至今，美國是世界體系中的唯一霸權，歐盟為世界體系的次體系（sub-system），兩者間關係如何決定了美國霸權的未來。伊姆雷‧列維（Imre Lévai）使用「核心—次核心」、「體系—次體系」的位階概念（即核心及體系包括次核心與次體系）來描繪世界體系與區域整合的情景。在世界體系範圍內，美國及歐盟皆屬於核心區，歐盟屬於次核心；在次體系範圍內，美國及歐盟分別為美洲與歐洲次體系的核心，同時，次體系亦存在著次核心。[47]歐盟是否與其他次體系或國家聯合（例如東亞與俄羅斯）抗衡美國霸權，或者附屬在美國霸權之下並維護美國霸權的繼續存在，依附論和世界體系學者對此並無共識。[48]世界體系理論研究歐盟，其著重點在歐盟與美國霸權間的外部關

[44] Samir Amin, *Capitalism in the Age of Globalization*, pp. 125-127; Immanuel Wallerstein, "Europe: The Turning-Point," http://fbc.binghamton.edu/commentr.htm.

[45] Immanuel Wallerstein, "The Euro," http://fbc.binghamton.edu/commentr.htm.

[46] Samir Amin, *Capitalism in the Age of Globalization*, pp. 125-127. [埃及]薩米爾‧阿明著，李寶源譯，〈全球化：美國霸權與歐洲〉，《世界經濟與政治》，第8期（2000年），頁73-74。

[47] Imre Lévai, "Small States in the Complex World System and the European Sub-System," *Foreign Policy Review*, No. 4 (2007), p. 112.

[48] 薩米爾‧阿明，〈北約霸權主義的實質〉，《世界經濟與政治》，第3期（2000年），頁64-

係，而非將歐盟當成霸權，或者視歐洲整合爲霸權形成的過程來研究。

## 第四節 新葛蘭西學派—歐洲跨國霸權秩序

新葛蘭西學派的學者們受義大利左派思想家安東尼奧·葛蘭西（Antonio Gramsci）的政治理論啓發以及諸如公民社會、文化霸權及歷史集團等概念的影響，他們將這些概念運用到國際關係或國際政治經濟學等領域。[49]現今，新葛蘭西學派的學者及其作品已形成豐富的學術研究群，例如，羅伯特·考克斯以歷史結構分析來理解世界秩序的本質與變遷的驅動力；斯蒂芬·吉爾（Stephen Gill）、安德莉亞斯·畢勒（Andreas Bieler）、亨克·奧弗比克（Henk Overbeek）、基斯·德比爾（Kees van der Pijl）、馬克·魯珀特（Mark Rupert）、威廉·羅賓遜（William I. Robinson）與萊斯利·斯克雷爾（Leslie Sklair）等人亦採用葛蘭西的觀點來研究全球化與區域化的相關議題，其中包括全球霸權、歐洲整合、階級與國家的跨國化、全球市民社會及新自由主義意識型態等。相較於古典帝國主義與世界體系理論，新葛蘭西學派研究的議題更爲多元，概念使用也較爲一致，共同點在於以葛蘭西的概念與考克斯的分析架構爲基礎進行研究。[50]

### 一、歷史結構與霸權

考克斯的獨創性研究奠定了新葛蘭西學派的基礎，其建立的研究途徑連接國際關係與國際政治經濟學這兩個學科，其範圍從國際延伸至國內層次分

---

68。薩米爾·阿明，〈全球化：美國霸權與歐洲〉，頁72-77。Immanuel Wallerstein, "The Euro."
[49] 李政鴻、余家哲，〈國際關係理論中的新葛蘭西學派〉，《全球政治評論》，第27期（2009年），頁87-118。
[50] 根據思想淵源，這些學者統稱爲新葛蘭西學派，或者是義大利學派（italian school）。此外，由於考克斯的貢獻，也有考克斯學派（coxian school）的名稱；加諸荷蘭學者德比爾（Kees van der Pijl）的關係，亦有人使用阿姆斯特丹學派（amsterdam school）。無論名稱爲何，考克斯提出的分析架構和概念，奠定類似研究的基礎。

析。[51]他提出了歷史結構分析的研究路徑，認爲應從歷史結構三要素間的辯證關係來理解社會力量（sociall forces）、國家形式（forms of state）與世界秩序（world orders）等三大行動範疇。歷史結構三要素分別爲：其一，觀念（ideas），它可分爲主體間性意義（intersubjective meanings）和集體意象（collective images）的觀念這兩類。前者在歷史脈絡下是全部人普遍接受的共識，後者則指不同團體的特定意識型態，也是考克斯與新葛蘭西學派聚焦所在。其二，物質能力（material capabilities），它包括了技術與組織能力（譬如資源汲取能力、技術程度高低及經濟財富積累等），泛指經濟權力。其三，制度（institutions），制度化目的是要穩定秩序，制度本身可能是工具爲了服務特定意識型態，也可能是不同意識型態競逐場域。[52]歷史結構分析重新採用了階級作爲其分析工具，以生產爲出發點，研究各種生產方式及其過程中所產生的社會關係如何對社會力量造成影響，然後從社會力量當中溯源國家與世界秩序的權力基礎，並考量鑲嵌在世界秩序與國家制度的權力何以反過來型塑且控制生產關係的發展。[53]

　　霸權研究爲新葛蘭西學派的核心，它與世界體系理論差異在於：新葛蘭西學派下的霸權並不僅限於傳統的國家間關係，而是超越傳統國家中心視角的理解，從全球市民社會內部尋找霸權的存在。傳統的霸權研究依賴國家利益來解釋霸權的支配行爲，新葛蘭西學派則將利益進一步具體化，研究歷史集團的形成與擴張以及何種秩序符合其利益。葛蘭西雖然將歷史集團概念運用在國內層次的階級分析，不過，考克斯在討論霸權時亦引用歷史集團的概念，旨在尋找國內以及全球霸權背後是否存在歷史集團。[54]新葛蘭西學派研究目的在於解

---

[51] Geoffrey R.D. Underhill, "States, Markets and Global Political Economy: Genealogy of an (Inter-?) Discipline," p. 813.

[52] Robert W. Cox, "Social Forces, States and World Orders: Beyond International Relations Theory," *Millennium: Journal of International Studies*, Vol. 10, No. 2 (1981), pp. 135-138.

[53] Robert W. Cox, *Production, Power and World Orders: Social Forces in the Making of History* (New York: Columbia University Press, 1987), pp. 3-4.

[54] Robert W. Cox, "Gramsci, Hegemony and International Relations: An Essay in Method," *Millennium: Journal of International Studies*, Vol. 12, No. 2 (1983), pp. 162-175. 李政鴻、余家哲，〈國際關係理論中的新葛蘭西學派〉，頁94-95、99-102。

答以下問題：歷史集團如何形成？如何制訂利己的霸權秩序？如何維持霸權秩序？如何延伸霸權秩序的地理範圍？霸權與反霸權勢力如何形成等。

　　新葛蘭西學派將歷史集團置於全球層次下，階級不再限於國內層次，它可以是跨國性或者是全球性的。羅賓遜與斯克雷爾即認為傳統階級概念隨著資本主義擴張，跨國活動日益增多的情況下，不再限於國內層次。而且，越來越多人使用全球階級（global class）來描繪全球化的新階級產生。羅賓遜在分析資本的全球流動時，提到跨國資本家階級與跨國性國家（transnational state）的形成，成為全球化的主要結構轉變，而這構成一幅充滿矛盾的全球圖像：一方面，生產鏈和分配鏈更為分散，即生產過程的趨勢是愈發零碎化及分散化；另一方面，全球經濟的管控權與決策權受到跨國資本家及代理人掌控，表現為集中且集權。在這種發展下，跨國資本家階級很可能成為統治階級，亦可能結合其他社會力量形成歷史集團，支持跨國性霸權秩序的存在。[55]無論是資本家階級或者是歷史集團，都不會是鐵板一塊，全球勞工階級可能組織反霸權陣線，對抗全球資本家階級，也可能選擇加入歷史集團成為霸權結構的組成部分。

　　歷史集團建立全球霸權秩序及其延展過程，除物質力量外，尚需制度與意識型態與其共同作用，新葛蘭西學派對美國霸權[56]的研究就將國際組織與新自由主義（neo-liberalism）意識型態納入考量。[57]例如，吉爾考察了1973年成立

[55] L. Sklair, *The Transnational Capitalist Class*, (Oxford: Blackwell Publishers Ltd, 2001), p. 5. W. I. Robinson, *A Theory of Global Capitalism: Production, Class, and State in a Transnational World* (Baltimore, MD: The Johns Hopkins University Press, 2004), pp. 2-11.

[56] 新葛蘭西學派研究的美國霸權，與傳統國關領域從國家中心探討霸權的研究不同，它所指的是社會團體聯盟所建立的歷史集團，在建立霸權與反霸權的動態過程中找出既存秩序的穩定力量。亦即，美國霸權的建立以及全球擴張過程，常與美國國內歷史集團息息相關。美國歷史集團向國外尋求跨階級聯盟，以形成全球（跨國）統治階級，其策略與作法常會依據外在環境變動而相應發生變動，例如，它會選擇利己的國際建制與意識型態，採取折衷作法以消弭反動（反霸權）力量等，期求建立真正的全球霸權。

[57] 「新自由主義」的內涵相當複雜，並不是延續單一的思想來源（pensée unique），而是多元觀念的集合，經常與市場激進主義（market radicalism）和反國家論（anti-statism）放在一起討論。鼓吹新自由主義意識型態者，相信市場導向的競爭為經濟分配的最優機制，私有化財產權制度為自由的基本條件，在不妨害市場的前提下施行社會福利政策。新葛蘭西學派對新自由主義的立場亦非僵固，而是基於歷史結構的考量，參見Dieter Plehwe, Bernhard Walpen and Gisela Neunhoffer, eds., *Neo-liberal Hegemony-A Global Critique* (New York: Palgrave, 2006), p. 2。

的「三邊委員會」（trilateral commission）。該組織以北美、歐洲以及日本等14個國家的政治、經濟代表和學者共同組成的民間組織，其功能在於形塑共識並提出各方可接受的政治、經濟與軍事政策，以及將委員會的建議傳達到各國的公私部門。美國影響力通過三邊委員會擴張，同時藉此鞏固霸權秩序。[58]考克斯在研究美國霸權時，側重聯合國、國際貨幣基金會、世界銀行與世界貿易組織等國際性組織在維持美國霸權時所扮演的角色，以及其如何協助美國施展硬權力和軟權力。[59]此外，新自由主義意識型態對美國霸權的作用，呈現在魯珀特、奧弗比克與吉爾的後期著作和論文中，其中包括的議題有新自由主義意識型態的知識起源與塑造、學術界與智庫等有機知識份子的建構以及歷史集團如何推動新自由主義計畫（project）等。[60]

　　簡而言之，無論是研究美國霸權制度性，還是新自由主義意識型態，都必須回歸到社會，即回歸到生產的社會關係與歷史集團發展。新葛蘭西學派對歐洲整合的研究亦同，除對世界秩序的本質關懷外，還探討了歐洲整合過程及歐洲霸權背後的驅動力量。

## 二、歐洲跨國霸權秩序

　　左派學者對於歐洲整合的關注從未間斷，近年來其爭辯的焦點涉及全球化、新自由主義及區域主義等議題，並將其放置在資本主義世界秩序下來理解複雜的主權、權力與合法性等現象。新葛蘭西學派提供新的理論視野，認為在1980後，歐洲整合取得決定性的進展，包括單一市場、經濟及貨幣聯盟、實

---

[58] Stephen Gill, *Gramsci, Historical Materialism and International Relations* (Cambridge: Cambridge University Press, 1993), p. 2.

[59] Robert W. Cox, "Beyond Empire and Terror: Critical Reflections on the Political Economy of World Order," *New Political Economy*, Vol. 9, No. 3 (2004), pp. 311-314.

[60] M. Rupert, *Producing Hegemony: The Politics of Mass Production and American Global Power* (New York: Cambridge University Press, 1995). H. Overbeek, ed., *Restructuring Hegemony in the Global Political Economy: The Rise of Transnational Neo-Liberalism in the 1980's* (New York: Routledge, 1993). Stephen Gill, *Power and Resistance in the New World Order* (New York: Palgrave Macmillan, 2003).

施歐元和東擴等過程，乃是因爲背後的跨國歷史集團所推動。畢勒和亞當・墨頓（Adam David Morton）運用考克斯的歷史結構分析，認爲歐洲跨國社會力量（階級）形成了跨國歷史集團，並借助歐盟超國家組織與意識型態施行影響力，推動歐洲整合的深度化與廣度化。[61]此新葛蘭西學派的看法，圍繞在鑲嵌的新自由主義（embedded neo-liberalism）、歐洲企業家圓桌論壇（European round table of industrialists, ERT）和歐體／歐盟執委會（commission）這三個面向來對照考克斯歷史結構分析的觀念、物質能力及制度等三要素。[62]

　　歷史集團內部以歐洲企業家圓桌論壇（ERT）最爲重要，它由歐洲跨國企業執行長所組成，爲一個資本家階級的精英論壇。馮・艾丕頓（B. Van Apeldorn）認爲，ERT是歐洲內部最龐大的社會力量，一般工會、利益團體所締造的影響力無法與之抗衡，主要原因在於，ERT所代表的產業規模與經濟影響力遠超過其他利益團體。[63]由主要企業執行長組成的ERT論壇具有精英特質，可自由地設定政治優先順序，並且提出更具遠見的發展藍圖。ERT提出對歐洲整合的相關報告和評論，一方面直接向執委會主席建議，另一方面則是通過相關渠道，運用關係影響各國政治人物，推動並確保歐盟及國家政策都能符合ERT目標。[64]

---

[61] A. Bieler and A. D. Morton, eds., *Social Forces in the Making of the New Europe: The Restructuring of European Social Relations in the Global Political Economy* (New York: Palgrave, 2001).

[62] A. Bieler and A. D. Morton, eds., *Social Forces in the Making of the New Europe: The Restructuring of European Social Relations in the Global Political Economy* (New York: Palgrave, 2001); 李政鴻、余家哲，〈歐洲整合的新葛蘭西學派論述〉，《臺灣國際研究季刊》，第5卷第2期（2009年），頁146-148。

[63] ERT於1983年成立，由17位歐洲大企業的執行長組成，其代表每年兩次定期和執委會主席會面，並不定期地與特定執委會面，對一體化提出建言。目前，ERT成員共有45位，企業總部分布在歐洲十八個國家，所屬企業年營業額高達1萬6千億歐元，並僱用員工約450萬人。對於專家學者而言，ERT的政治及經濟影響力絕非其他利益團體可以比擬的，它是推動歐洲一體化的重要推手。

[64] Bastiaan van Apeldoorn, "Transnational Class Agency and European Governance: The Case of the European Round Table of Industrialists," *New Political Economy*, Vol. 5, No. 2 (2000), pp. 160-165. Bastiaan van Apeldoorn, *Transnational Capitalism and the Struggle over European Integration* (London: Routledge, 2002), pp. 83-189.

　　對於歐洲跨國歷史集團推動的霸權秩序，新葛蘭西學派稱此為歐洲新自由主義霸權，即歐洲以新自由主義意識型態面貌所建立的霸權。不過，亦有新葛蘭西學派研究認為，歐盟的意識型態應是「鑲嵌的新自由主義」較為恰當，特別用於對照中、東歐新會員國的「新自由主義」。新自由主義強調市場作用勝過國家，即減少國家對市場的干預、降低國家福利支出，遵循市場機制促進資源有效分配，以因應變遷的全球環境。對此，畢勒、加福魯尼（Alan W. Cafruny）和萊納（Magnus Ryner）將歐盟視為新自由建構體（The EU as a Neo-Liberal Construction），或者統稱為新自由霸權，並未去細分新自由主義意識型態內涵。相對地，艾丕頓則認為鑲嵌的新自由主義是新自由主義意識型態的改良版，折衷了新重商主義與超國家社會民主計畫（supranational social democratic project）兩股相對的意識型態，即推動共同市場、單一貨幣等新自由計畫時，亦強調社會政策與福利，尋求最大的社會共識。歐洲跨國歷史集團這種妥協的做法，凸顯了霸權並非全然依賴強制性，亦可能採取共識的方式達成。多羅西‧波爾（Dorothee Bohle）就認為，上述兩種意識型態同時存在歐洲整合過程當中，內嵌的新自由主義是歐洲跨國歷史集團整合方案獲得社會支持的重要手段。然而矛盾的是，ERT與執委會推行東擴進程卻是以新自由主義優先為原則，要求中歐和東歐國家進行貨幣、經濟、預算與行政等改革，以締造市場自由化的條件。[65]

　　新葛蘭西學派認為，歐洲整合的動態過程仍須回到將「階級衝突」作為其分析的起點，來觀察霸權與反霸權力量。歐洲跨國歷史集團所建立的霸權結構並不是牢固不破的，而是會不斷遭受反霸權社會力量的挑戰，其中包括：國內市場取向的資本家和工會團體、知識份子、女性主義者、環保主義者與民族主義者等不同的社會力量。畢勒的研究旨趣聚焦在國內社會團體對歐洲整合的立場轉變，尤其在物質能力及觀念差異之下，研究勞工團體及工會與其他社會階

---

[65] Dorothee Bohle, "Neoliberal Hegemony: Transnational Capital and the Terms of the EU's Eastern Expand," *Capital & Class*, No. 88 (2006), p. 69; 李政鴻、余家哲，〈歐洲整合的新葛蘭西學派論述〉，《臺灣國際研究季刊》，第5卷第2期（2009年），頁155-160。

級（資本家階級、公會）間的衝突，及其結果對歐洲整合的影響。[66]根據畢勒的研究，儘管德國、英國、法國、奧地利和瑞典等國家內的工會接受歐洲貨幣聯盟，但這並不意味著它們全然接受了歐盟新自由主義的做法，反抗仍然持續存在。[67]總體而論，相對于歐洲跨國歷史集團所建立的霸權秩序，反霸權社會力量尚未能形成有效的跨國陣線，或者在核心議題上的合作仍難以撼動既存的新自由主義霸權。[68]

　　2007年，國際期刊《資本與階級》（Capital & Class）以專刊的形式討論了左派和歐洲整合的關係，該專刊的作者們使用新葛蘭西研究途徑探討了歐洲整合的諸項議題，其中包括：(1)歐洲、民族國家及全球政治經濟間的複雜關係，全球積累過程、新自由主義意識形態與美國權力所起的作用；(2)歐洲社會模式變革以及新社會力量競逐的場域：從國家層次移轉至歐盟超國家機構；(3)歐盟東擴過程，其主導的新自由主義意識型態在中歐、東歐遇到反霸權力量的抵抗；(4)英國加入歐盟的歷史面向，特別是英國工黨及工會運動對歐盟的立場演變。[69]新葛蘭西學派對歐洲整合的豐富研究成果顯示出該學術社群日漸茁壯，而且在理論建構與研究途徑上也比古典帝國主義和世界體系理論更為完備，現今已在國際政治經濟學與全球政治經濟學領域占有一席之地。

---

[66] A. Bieler, "European Integration and the Transnational restructuring of Social Relations: The Emergence of Labour as a Regional Actor?" *Journal of Common Market Studies*, Vol. 43, No. 3 (2005), pp. 464-466.

[67] A. Bieler, "Co-option or Resistance? Trade Unions and Neoliberal Restructuring in Europe," *Capital & Class*, Vol. 31, No. 3 (2007), p. 114.

[68] A. Bieler and & A. D. Morton, "Conclusion: Thinking About Future European Social Relations," in A. Bieler and A. D. Morton, eds., *Social Forces in the Making of the New Europe: The Restructuring of European Social Relations in the Global Political Economy* (New York: Palgrave, 2001), pp. 202-216.

[69] G. Strange and O. Worth, "Capital & Class Special Issue: The Left and Europe Editorial Introduction," *Capital & Class*, Vol. 31, No. 3 (2007), pp. 2-5.

## 第五節　結論

　　國際關係學者研究歐洲整合過程經常忽視馬克思主義的視角，本章把梳沿革馬克思主義傳統的不同理論及研究歐洲整合之成果，雖然發現到每個理論群的研究方法、概念和主題並非完全一致，不過，從其脈絡中我們可找到彼此間相關性和延續性，這對歐洲整合研究頗具參考價值。

### 一、馬克思主義歐洲整合研究的特點

　　運用馬克思主義來研究國際關係和國際政治經濟學，自然會因為學者採用不同的核心概念而產生對事物的不同看法。不過嚴格說來，本章所提到的三大理論群，均可以將其歸為歷史唯物論。從古典帝國主義理論、依附論與世界體系理論到新葛蘭西學派，其研究內容的確存在諸多差異性（參見表8-1）。不過，無論研究客體為何，這三大理論的分析起點均從經濟生產關係開始，並擴展至社會、國家和世界（全球），論述上則倚賴長時期的歷史觀察。這三大理論可經由六大面向加以區分，包括階級分析、核心概念、資本主義形式、運作邏輯、國家職能及研究主題等，從中不但可以辨識理論研究的差異，亦能夠據此瞭解理論假定與看待外在世界的立場。換言之，整體論（holism）和歷史方法仍舊是馬克思主義研究的共同點，成為有別於主流區域整合理論的最大特色。

　　表8-1可歸納出三點主要差異：批判秩序的階級分析、資本主義形式、運作邏輯與研究主題。第一個主要差異在於，馬克思主義存有濃厚的批判意識。從階級分析角度來看，古典帝國主義理論和世界體系理論都研究了壟斷階級支配世界秩序的過程，前者著重在金融資本家階級如何透過生產擴張過程形成資本壟斷，並且取得獨占利潤；後者為工業資本家階級擁有關鍵製成的技術，進而壟斷商品價格，形成不平等的依附關係。新葛蘭西學派則從跨國階級及全球階級等新型態階級來進行分析，研究不同的階級是否組成跨國歷史集團，如何支配與主導既有秩序。將此反映到研究核心概念，則不難理解為何這些理論偏

表8-1　馬克思主義對歐洲一體化的研究特點

| 特點 | 馬克思主義古典帝國理論 | 依附論與世界體系理論 | 新葛蘭西學派 |
|---|---|---|---|
| 階級分析 | （金融）壟斷階級 | （技術）壟斷階級 | 跨國階級、全球階級 |
| 核心概念 | 殖民主義、壟斷資本、帝國 | 不平等交換、國家發展、霸權 | 意識型態、制度、跨國歷史集團、霸權 |
| 資本主義形式 | 世界經濟 | 世界經濟<br>世界體系 | 全球經濟<br>全球體系 |
| 運作邏輯 | 經濟 | 經濟與政治 | 經濟、政治與社會 |
| 國家職能 | 工具論 | 工具論／相對自主性 | 相對自主性 |
| 歐洲一體化研究主題 | 集團帝國（歐盟） | 歐盟內部不均衡發展、歐盟與美國霸權間關係 | 歐洲跨國歷史集團、歐洲新霸權結構 |

資料來源：作者自行整理

愛帝國及霸權等主題。馬克思主義的批判傳統，同時影響到國關理論以及國際政治經濟學理論的發展，例如，受到尤爾根・哈貝馬斯（Juergen Habermas）影響的國關批判理論，即認為應從規範的、社會學和人類行為學三大維度對國際關係進行綜合研究，強調人類解放旨趣。以考克斯為核心的新葛蘭西學派不但成為國政經不列顛學派（British School）的主要學術社群，更與女性主義、建構主義和環境主義構成了國際政治經濟學的批判理論。[70]

　　第二個涉及方法論的根本差異。古典帝國主義理論和世界體系理論都以國家為前提而建立，前者以國家組成的世界經濟為範圍，視國家為簡單的經濟統治階級之工具，服務於壟斷階級的擴張，其經濟力量為最主要的驅動力。相較之下，世界體系理論則非簡單的經濟邏輯，而須同時考量政治運作邏輯和國家形成世界經濟體系與國際國家體系的兩大行動範圍。核心國家想成為霸權須結

---

[70] 討論國際政治經濟學批判理論（Critical IPE）內容的文獻可請參見：B. Dunn, *Global Political Economy: A Marxist Critique* (London: Pluto Press, 2009), pp. 48-68. T. H. Cohn, *Global Political Economy: Theory and Practice* (New York: Longman, 2009), pp. 103-129. R. C. Mller, *International Political Economy: Contrasting World Views* (London: Routledge, 2008), pp. 48-54. D. N. Balaam & M. Veseth, *Introduction to International Political Economy* (New Jersey: Pearson Prentic Hall, 2008), pp. 89-92.

合國家權力與生產競爭力，[71]且國家機器從依附論的簡單統治工具轉變成具有相對自主性的觀點。新葛蘭西學派更進一步超越國家中心論的視角，強調多元行爲者在全球體系與全球經濟範圍內的活動，其分析邏輯涵蓋政治、經濟與社會等三個層面的辯證互動。國家自主性取決於霸權支配能力，亦即國家職能雖具備自主性，但仍受特定歷史結構的制約，僅能算是具有相對自主性。

　　最後，依據前述差異，各種理論衍生出不同的歐洲整合研究主題。古典帝國主義理論、世界體系理論與新葛蘭西學派將現實世界秩序當成一整體，各自發展不同的概念來對之進行解釋，同時運用歷史素材佐證理論的有效性。例如，古典帝國主義討論擴張所牽涉的國內層次，壟斷階級藉由物質權力和國家職能拓展帝國的對外影響力。雖然強調經濟面向，但藉由討論從國家（national）到討論國際（international）的資本流動以及剩餘價值的回流，在實際上談論內容是世界經濟範圍內的複雜互賴網路。[72]華勒斯坦後期對世界體系的研究比較偏重方法論，認爲世界體系爲一社會體系，人類行爲可區分成政治、經濟與社會等範疇，這三者彼此關聯密切，無法切割看待、或者僅憑單一邏輯無法解釋其運作過程。此外，華勒斯坦認爲，從長期歷史過程的角度可以觀察到世界體系的演變和具體內容。[73]考克斯同樣認爲學科劃分阻礙了對整體的理解，不過他認爲世界體系理論仍低估了國家的作用，只重視維持、恢復體系均衡狀態的力量，忽略矛盾對體系演變的影響，[74]歷史結構分析只能用於解釋特定歷史的矛盾關係。

## 二、對歐洲整合研究的啓發

　　其一，增進對事實的理解。在西方學界囿於意識型態的因素，馬克思主義

---

[71] Christopher Chase-Dunn, "Interstate System and Capitalist World-Economy: One Logic or Two?" *International Studies Quarterly*, Vol. 25, No. 1 (1981), pp. 29-32.

[72] N. Bukharin, *Imperialism and World Economy*, pp. 41-42.

[73] Immanuel Wallerstein, *Unthinking Social Science* (Philadelphia: Temple University Press, 2001), pp. 241-268.

[74] Robert W. Cox, "Social Forces, States and World Orders: Beyond International Relations Theory," p. 127.

鮮少被運用到歐洲整合研究中，但隨著區域整合程度日益加深，傳統理論愈難滿足理解事實之需求，馬克思主義的國關理論則隨著國際政治經濟學的發展而日益受到重視。歐洲整合經驗常被視爲區域整合的範式，主流的理性主義與建構主義理論從政策面、制度面探討結果形成的原因，或者替當前困境找尋解決的答案，即考克斯所謂的問題解決理論（Problem-Solving Theory）。馬克思主義研究最大的特色在於：它揭發了事實背後的眞相。因此我們可以看到，古典帝國主義學派在研究歐洲整合時，關注的是歐洲國家是否形成了新帝國主義以及歐盟對內或對外是否產生了新的剝削關係。對於此種不平等現象的關注，世界體系理論與新葛蘭西學派也同樣使用了霸權概念來解釋霸權核心與邊陲，或者霸權與反霸權的關係。

此外，馬克思主義除了能夠豐富歐洲整合的研究主題外，分析單位還包括社會階級、國家、國際建制與跨國家行爲者，分析要素則包括了權力與意識型態，用以解釋歐洲整合的動態發展。換言之，馬克思主義除將國家及歐盟視爲研究客體外，也探討了勞工、資產階級與多國籍公司對歐盟的立場轉變，研究範圍打破國際／國內分析層次的界線。馬克思主義的整體論立場使得政治、經濟與社會三個領域形成緊密互動、難以區分的辯證關係，並以多因多果的方式呈現事實，提供理論間的對話橋樑。

其二，建立理論對話橋樑。關於歐洲整合研究，馬克思主義理論與理性主義和建構主義之間存有許多對話空間。例如，相較於理性主義將國家視爲合一整體，針對國家與市民社會的這組關係，馬克思主義理論對國家／社會複合體（state/society complex）概念更能解釋國家本質。此外，新葛蘭西學派所談的觀念，亦可與建構主義進行比較，對於意識型態如何形構以及如何影響行爲者等問題，馬克思主義理論對此的論述都是有意義的討論。因此，馬克思主義理論可以成爲理性主義與建構主義間的橋樑，討論有形的物質力量（權力、制度）及無形的意識型態等概念，如何可以置於同一分析架構下研究，而非是相互排斥或者單獨研究。

總體而言，馬克思主義理論的方法論介於實證（positivism）與後實證

（post-positivism）之間，研究旨趣乃在宏大的結構及體系轉變等議題。對於主流歐洲整合研究的中觀理論（middle range theory）來說，馬克思主義所欲建構的宏觀理論（grand theory）同樣具解釋力。不過，若欠缺實證研究及中觀理論分析，歐洲整合研究反而容易陷入「只見森林不見樹」的情形。實際上，這兩者間的關係，與其說是相互取代，不如說是相互補充。畢竟，存在多元的歐洲整合研究途徑不但有益世人對現象的理解，也有助於理論的建構及發展。

# 第九章 蘇珊・史翠菊（Susan Strange, 1923-1998）的國際政治經濟學思想

> 「對於國際政治經濟學的研究，應當保持一個開放場域的狀態，不論就專業者或政治從事者而言，或甚至是能讀能寫的一般人而言都可以接近，最好是像美國西部大草原般容易接近」
>
> ——Susan Strange[1]

## 第一節　前言

　　1970年代以來隨者冷戰的和緩，過去被認為是低階政治（low politics）的國際金融、貨幣、貿易與跨國投資等議題，漸漸的影響著國際關係的運作，甚至其重要性不下於傳統所謂的高階政治（high politics）議題，如軍事、安全、外交等。在此背景下，舊有的國際關係研究角度或典範有必要從新調整或新創，「國際政治經濟學」（International Political Economy , IPE）的崛起就是西方國際關係研究（包括國際政治與國際經濟關係）因應此一發展情勢的產物。毫無疑問，IPE體系之龐雜、影響之廣泛、內部歧見之明顯、是國際關係研究其他分支學門所不及的。

　　然而由於其為「新」，關於IPE的定義、研究範圍、理論模式與研究方法等仍未有定論，到底IPE有沒有一套固定的學科發展過程？或者其僅是隨著國際重要事件（events）的演變而產生？其在學科的定位上與政治經濟學（Politi-

---

[1] Susan Strange, "The Eclectic Approach," in R. Tooze, *New Political Economy* (Boulder: Lynne Rienner Publisher, 1991), p. 33.

cal Economy）、國際經濟學（International Economy）、及國際政治學（International Politics）之間的關係又為何？到底IPE是國際政治關係的經濟分析？或者是國際經濟關係的政治分析？還是國際關係的政治經濟學分析？對於這些問題的觀點差異，可以從一些IPE的先驅學者著作中發現。例如，美國學者史珮蘿（Joan Edelman Spero）就認為國際經濟關係本身即構成國際政治關係。正如國際政治關係一樣，國際經濟關係亦包含從對立衝突至完全合作的關係，國際經濟關係的參與者亦有意或無意地建立許多規則、組織及程序，而且隨著時間、空間或事務的不同有所改變。過去國際關係學者並非完全不觸及經濟因素或問題，只是將經濟因素，如貿易、貨幣、金融、外援以及對外投資等、當作手段用以增強國力或國家利益，也就是側重經濟因素對國際政治關係的影響，而較忽略政治因素可能對國際經濟關係的影響，IPE的研究正是試圖彌補過去國際關係研究（IR）這方面的不足。[2]換言之，史珮蘿教授認為IPE是包含於IR的研究範疇，並且主要是關切國際經濟關係的政治化趨勢問題。所以嚴格說來，應稱為「國際經濟政治學」，這可從其代表著作的名稱——《國際經濟關係的政治因素》（*The Politics of International Economic Relations*, 1977）——得到說明。然而史珮蘿所沒有解釋的是，國際經濟關係真的沒有區別於國際政治關係的絕對性質部分嗎？以及我們該如何來研究國際經濟關係的政治屬性呢？這些問題的系統性研究均有待進一步加強。

　　相對地，吉爾平教授認為，全球經濟和技術的相互依存，以及由主權國家構成的世界政治體系持續的分化與衝突，是IPE的一個重要主題。原因在於，市場的邏輯是將經濟活動集中在便於發展生產並獲得高額利潤的地方；而國家的運作邏輯則是獲取並控制經濟成長及資本積累的進程。市場與國家這種根本對立的邏輯之衝突性質與後果，是幾個世紀以來爭論不休的論題。吉爾平接著認為，有三種相互衝突的解釋，經濟自由主義、經濟民族主義以及馬克思主

---

[2]　Joan Spero, *The Politics of International Economic Relations* (London: Allen & Unwin, 1977), pp. 9-12.

義，代表了三種基本不同的政治經濟學思想對此進行探討，而IPE就是研究這三種不同的意識形態理論在國際領域對國家、國際組織和跨國公司影響國際關係和世界市場的方式和作用之不同看法。[3]簡言之，IPE就是國際關係的政治經濟分析。然而，為何採取此三種不同的政治經濟學研究途徑而不是其他？美國另一位著名的IPE學者克萊斯納（Stephen Krasner）就認為，IPE的研究途徑僅包括自由主義與現實主義，而不應該納入馬克思主義，因前蘇聯及東歐共黨國家的發展實驗已證明其失敗，而東亞四小龍的經濟崛起也說明屬於馬克思主義思想脈絡的依附理論之不足。[4]此外，古典政治經濟學基本上是經濟自由主義的代名詞，到後來政治經濟學又差不多成了馬克思主義經濟理論的同義語，似乎並不包括經濟民族主義。同時古典政治經濟學基本上將財富的性質和原因當作研究的中心問題，而馬克思主義政治經濟學也是從財富入手，但將生產關係作為研究的中心問題。這與吉爾平將IPE的研究焦點放在國家與市場的互動關係，是有差別的。也就是說，吉爾平並沒有清楚說明，從古典政治經濟學到國際政治經濟學在研究方法上的借用問題。

　　除了上述舉例的問題之外，對於IPE的研究範圍、方法與議題等問題的差異觀點更是存在於歐洲與美國學者，特別是與主流的（新）現實主義學者之間。試圖在一篇文章裡釐清上述所有的問題是一件非常困難的工作，為了能夠掌握西方IPE的學術發展現況與趨勢，本章認為介紹與評析歐洲的IPE代表人物－史翠菊教授的思想，是一可行的方法，而選擇史翠菊作為研究對象的考量因素包括：

　　一、過去國內對於美國學者的IPE研究引介較多，尤其是主流的新現實主義與新自由制度主義的觀點，而較忽略歐洲IPE學者的思想成果。史翠菊曾批評美國的IPE研究，由於受到行為主義思潮的影響很深，太過強調新古典經濟

[3] Robert Gilpin, *The Political Economy of International Relations* (Princeton: Princeton University Press, 1987), p. 25.
[4] 4 Stephen Krasner, "The Accomplishments of International Political Economy," in Steve Smith, Ken Booth and Marysia Zalewski, eds., *International Theory: Positivism & Beyond* (Cambridge: Cambridge University Press, 1996), p. 108.

學的摹仿，採行去歷史的研究方法，這會使得IPE的解釋範圍變的更小，將IPE的研究帶進死胡同。同時，史翠菊也認爲美國學者太偏國家中心的角色研究，而忽略其他非國家行爲者的功能。因而，史翠菊主張IPE研究不應只重視抽象邏輯的推演，而需將其植基於歷史過程中來思考問題。此外，IPE應同時注重國際與國內、及國家與市場間的政治經濟互動關係。毫無疑問，這些想法和美國IPE的主流思想相去甚遠。

二、對於IPE研究的操作問題，史翠菊試圖提出一種獨特的結構性權力（structural power）分析架構。史翠菊反對吉爾平將自由主義、現實主義以及馬克思主義三種研究途徑視爲互斥的意識形態觀點，同時亦認爲國際與國內、國家與市場（或社會）的分析層次不應割裂處理，而需做綜合觀察理解。而解決之道在於對權力概念的重新探討，不應如傳統方式只重視單一的軍事安全問題面向，而是要同時關照權力在知識、生產、金融及安全等四個結構上的互動運作情形。也就是說，史翠菊以部門結構性權力概念來取代（新）現實主義的總體性結構權力概念。

三、史翠菊的思想多了一份社會科學研究的理想與人道關懷，她認爲IPE應能超越IR強調價值中立的研究，關心「誰得到利益？」（who benefits？）的問題，並以改善人類生活，平衡不公平的利益分配爲職志。她認爲IPE應該要重新出發，從道德哲學開始，去思考「價值如何被反應？」、「衝突如何可能被解決？」……等問題，而以一種跨國界的觀點來挑戰傳統國關的「國家中心主義」概念。這種研究態度和美國主流的IPE或IR所採行的問題解決研究途徑（problem-solving approach），強調對既有國際政經秩序的描述與維持，形成鮮明的對比。

四、除了對IPE理論與分析架構有自己的看法外，史翠菊也對國際政經秩序的實務問題感興趣，並提出有別於主流的論述。例如，相對於一些霸權穩定理論（Hegemonic Stability Theory）或後霸權理論（Post-Hegemony Theory）學者認爲美國霸權能力從1970年代開始已相對衰退的看法，史翠菊則獨排衆議主張，隨著冷戰的和緩以及全球化的發展，國家權力已逐漸讓位給市場力量，這種現象普遍存在於資本主義核心國家，而非美國獨有。相較之下，從結構性權力的觀點分析，美國仍然是世界政經秩序的領導者，問題應該在於其是否有意願繼續擔任此角色。此外，史翠菊特別研究興趣乃是處理國際貨幣與金融問題，在其看來不斷全球化的國際金融將是IPE的首要問題，因為金融已經成了改變我們生活的關鍵力量，在某種意義上，未來不是信息時代而是金融時代。[5]史翠菊特別批評自由主義經濟學將西方國家的繁榮簡化為自由主義成功的典範，虛構了「自由化＝經濟增長」的簡化公式觀點。我們應該看到，西方國家對發展中國家軟硬兼施，迫使各國政府不斷提出優惠政策，並且不切實際地過快開放國內市場，尤其是金融市場，這是造成1980年代拉丁美洲國家的債務危機，以及1997年東南亞及東亞金融危機的重要原因。[6]這對於台灣正在推動的經濟金融自由化政策，實是一項值得參考的警語。此外，史翠菊的新外交（new diplomacy）概念認為，外交關係不僅建立於主權國家之間，更是存在於跨國公司與跨國公司、跨國公司與他國中央或地方政府、國際非政府組織彼此間，以及國際非政府組織與國內政府或非政府組織之間。這項研究成果對於台灣未來國際生存空間的爭取必會有所啓發，因為臺灣雖然在國際社會是政治小國，但卻是經濟大國，經濟的持續發展是台灣前途所繫。此外，台灣外交空間常遭受中共的打壓，突破此困境的方法似可透過台灣跨國公司在海外的實力，以及積極參與國際非政府組織來達成。

　　五、史翠菊教授雖然身為女性學者，但其研究旨趣並非近來興起的女性主義國際關係理論，而是仍然集中於傳統權力問題進行反省思考，和主流的新自由主義或新現實主義國關理論進行直接的對話，同時提出自己的批判性觀點，這也是史翠菊教授能被男性所支配的國際關係研究社群接受的原因。在世期間（1998年過世）她曾經創設英國國際研究協會（British International Studies Association, BISA），並歷任英國皇家國際事務研究所顧問（Royal Institution

---

5　Susan Strange, *Mad Money* (Manchester: Manchester University Press, 1998).
6　Ibid,.

of International Affair），以及美國國際研究協會（International Studies Association,）的主席等職務。這樣的學術成就與毅力是令人敬佩的，因而我們有必要對此學術前輩的思想做一回顧，以便後進者在其已立下的基礎上繼續鑽研IPE。

　　如上所呈現的，對於史翠菊這樣一位在理論與實務層次上均具特色的IPE學者，實有必要針對其思想進行專文研究介紹，這正是本章的研究動機。由於篇幅的限制，本章主要探討史翠菊的IPE思想面向，包括其對IPE的學科定位（第二節）、其特有的結構性權力分析架構（第三節）、其對主流霸權理論的批判觀點（第四節）以及最後第五節反思史翠菊思想的簡短結論。總體而言，這樣的節次安排主要是針對史翠菊的國際政治經濟學理論部分進行探討，至於其對新外交或國際金融秩序等實務議題的觀點，則留待以後有機會再另文討論。

## 第二節　IPE的學科定位

　　如同多數其他學者的觀點一樣，史翠菊亦認為國政經這門學科的源起，主要是對1970年代以來國際政經秩序變遷的回應，而不在於理論的創新。其中三個主要的歷史事件，即冷戰的結束、世界經濟一體化以及第三世界聯盟的解體，均扮演著重要的推動角色。[7]在冷戰對立核武恐怖平衡的威脅下，國際關係研究主要是以軍事、外交或國家安全為關切議題，而經貿層面的議題則長期依附於政治事務的考量底下。正如學者庫伯（Richard Cooper）所言，美國必須整合大西洋聯盟（Atlantic Alliance）國家間的經濟合作，才足以和蘇聯共黨集團對抗。也因此冷戰時期的國際經濟管理，依循的是一種「默許的議價（an implicit bargain）」方式，即西歐與日本各國因為安全上的考量，無論在貿易

---

[7] Susan Strange, "Political Economy and International Relations," in Ken Booth and Steve Smith, eds., *International Relations Theory Today* (Polity Press, 1995), pp. 154-174.

或貨幣問題上均接受美國的霸權領導，以換取美國的核子保護傘。但隨著柏林圍牆的倒塌，這些盟邦的安全威脅日益減弱，反而更為激烈的經濟競爭在彼此之間出現，因而開始修正過去對美國的依賴政策。這個改變也影響美國的學術界研究，在基歐漢（Robert Keohane）與奈伊（Joseph S., Jr. Nye）的領導下，開始了所謂的國際建制（international regime）研究，企圖尋求美國霸權衰退後國際社會的合作機制。

此外，隨著冷戰的結束，在經濟全球化的趨勢下，沒有任何國家可以自外於世界經濟市場，國家對於國內經濟管理能力的自主性遭受挑戰，其他國家與非國家行為者（如跨國公司）同樣會影響經濟結果。也就是說，全球化的發展使得國內與國際、政治與經濟的分界線越來越模糊，這都是傳統國際關係理論或國際經濟學無法解釋的現象。最後，雖然南方國家意識到必須團結才能和北方富裕國家對抗，擺脫經濟殖民狀態，進而成立多種第三世界不結盟國家組織，如1964年的「七七集團」，要求建立新國際經濟秩序（New International Economic Order），但最終仍不免失敗而無法有效發展經濟。主要原因在於，北方國家認為南方國家的要求是一種敲詐，因而不願做太多的讓步，而南方國家彼此間也由於地域、政治體制與宗教等因素而無法真正的團結，從而削弱了談判的籌碼。特別是東亞四小龍的經濟發展成功經驗，是否能成為其他第三世界國家模仿的對象，此一議題挑戰了傳統新古典經濟學或依附理論（Dependency Theory）的觀點，因兩者均忽略國家（the state）在此區域所扮演的領導經濟發展之角色。史翠菊認為上述三件重大歷史事件的現象，無一可以用簡單和現成的政治學或經濟學理論作出令人滿意的說明，因為它們都是「合成現象」，國際政治經濟學就是在此一背景下興起的。

的確，冷戰時期國際體系包含三個相對獨立的次級系統，即東西軍事對抗次系統、北北經濟合作次系統以及南北失衡發展次系統，並且分別由國際政治學的現實主義、國際經濟學的自由主義比較利益原則與現代化國家發展理論等主流論述加以規範詮釋。上述三大歷史事件不僅衝擊原有的國際政經結構，同時也突顯出主流理論的侷限性，需要加以修正甚或創新，IPE就是在此背景下興起的。

　　雖然學者間對於IPE的興起原因有較多的共識，但對於如何研究這門學科則出現歧異，特別是存在於美國與非美國研究者之間。史翠菊對於以美國為首的早期IPE研究，至少提出了三項批判意見，並且表明了自己對這門新興學科發展的期待立場。

　　首先、早期多數美國學者以為，IPE就是對國際經濟關係所作的政治分析。如史珮蘿主張應該重視國際經濟關係背後的政治動力研究，甚至直言國際經濟關係本身就是國際政治關係；[8]另一學者克萊斯納（Stephen Krasner）亦認為，IPE主要是探討國際經濟關係中的政治決定因素（"…is concerned with the political determinants of international economic relations"）。[9]此外，美國各大學針對這門學科所開授的課程，也多數訂為「國際經濟關係政治學」（The Politics of International Economic Relations，亦稱PIER學派）這類名稱。如此的研究方向基本上試圖扭轉過去國際關係太強調外交、國防、國際秩序與安全等「高階政治」（high politics）議題，而忽略了國際經貿管理中的「低階政治」（low politics）問題，同時也回應了國際經濟關係政治化的發展趨勢。毫無疑問，這樣的覺醒是有意義的，因為體察到了國際政經秩序的變遷，但同時卻可能陷入一個誤區。史翠菊明確指出，國與國之間的經濟過程當然會受到國際政治結構的制約，它是在政治權力的框架內運作，然而相反的過程也會發生，經濟過程同樣會產生權力並影響國際政治結構本身。由於PIER忽略後者，沒有注意國家間政治權力結構變遷的可能性，仍然依循傳統權力幾何學—如單極、雙極、多極或霸權等—的研究框架，同時也沒有認知到經濟與社會結構是和政治結構並存的事實。[10]史翠菊認為，不論是經濟或政治過程均存在於全球體

8　Joan Spero, *The Politics of International Economic Relations* (London: Allen & Unwin, 1977), pp. 5-9.
9　Stephen Krasner, "The Accomplishments of International Political Economy," in Steve Smith, Ken Booth and Marysia Zalewski, eds., *International Theory: Positivism & Beyond* (Cambridge: Cambridge University Press, 1996), p. 108.
10　Susan Strange, "Political Economy and International Relations," p. 165.

系的「安全結構」、「金融結構」、「生產結構」與「知識結構」等四個主要結構之中，並且這四個結構也會相互作用，然而PIER學者還是沒有改變獨尊政治結構的態度。對此史翠菊主張，應該擴展權力的概念，以結構性權力（structural power）取代傳統主流的聯繫性權力（relative power）概念，唯有如此，才能真正將政治學與經濟學整合，將國內與國際的分析層次結合，這才符合研究全球政治經濟的需要。[11]史翠菊就是依據結構性權力觀點，提出自己具有特色的IPE分析架構，這也是其對這門新興學科最顯著的貢獻（詳細討論內容參閱下一節）。

其次，美國早期的IPE研究有明顯的「經濟學帝國主義」傾向。由於美國政治學界於二次戰後受到行為主義影響，認為社會科學與自然科學研究並沒有本質上的差別，社會事實如同自然事實一樣，均可以採用科學的實証或量化方法加以理解、說明、甚至預測。在社會科學當中，就屬經濟學的研究方法最接近自然科學，因而被廣泛運用於政治學的次學門，包括國際關係。如結構現實主義認為，國家在無政府的國際社會狀態底下，會去追求客觀存在的國家利益的預設；或霸權穩定理論（Hegemonic Stability Theory）主張，霸權國家會提供公共財來排除搭便車問題，以維持自由國際經濟秩序的正常運作之概念；或新自由制度主義（Neo-liberal Institutionalism）亦主張，國家間基於理性自利的考量，會透過建制（regime）以尋求在無政府的國際社會中進行合作的主張等，這些均是典型的將國家視為理性自利的經濟人的明顯例子。史翠菊認為這種趨勢是有問題的，它使IPE的學者將歷史學、社會學、人口學、地理學與心理學等其他學科的研究成果排除。在短期內經濟學式的IPE研究或許看起來像是一門嚴謹的學科，但卻也窄化了它的研究方法以及研究範圍。[12]如此，使得IPE僅是一種研究國際政治的經濟學，這也難怪許多人將IPE視為國際關係（IR）的子學門或者是研究IR的一種新研究途徑而已。

---

[11] Susan Strange, "The Eclectic Approach," p. 35.
[12] Susan Strange, "Political Economy and International Relations," p. 167.

　　相反地，史翠菊主張IPE應被視爲總論性的學科，是它包含IR的研究，而不是相反。從英國舊的學科體制來看，第一層研究的領域是一般政治問題，即政治學總論；第二層再分支爲：比較政治學、政治哲學（或政治思想史）、國家政治機構學和國際關係學；而最後一個分支本身（國際關係）又分爲戰略研究、外國政治研究、國際關係理論和國際經濟關係政治學（或國際政治經濟學）。[13]對此，史翠菊認爲在全球政經體系結構改變的當前，許多問題的處理不僅是需要跨越國界，而且也需要跨學科的合作才能成功。因此，有必要將傳統的學科體制顛倒過來，把國際政治經濟學置於「祖父級」的第一層地位，因它實際構成一種背景、框架，底下其他所有的關係、機構、規則和行爲才能存在。關於研究的第二層則可以包括世界歷史（既是政治的也是經濟的）、環境政治經濟學、市場機能、金融體系和國際貿易等專業。最後第三層則可以研究特殊國家或國家集團的內部政治，以及由個人組成的集體社會學等次學門。[14]這樣的學科劃分變革，需要借助於經濟和政治的哲學與理論，以及跨學科的合作研究。關於這一點史翠菊以爲，歐洲可以做的比美國好一些，因爲在歐洲社會科學內的專業劃分從來沒有向美國那樣明顯。[15]簡言之，史翠菊主張IPE這門新興學科在布滿理論偏見與扭曲事實的國際關係研究圈子裡，可以作爲其他學科交會與對話的場域，它應當保持著像美國西部大草原般的開放樣態，允許任何人自由進出開墾。當然，史翠菊也承認，IPE還有很長的路要走才能挑戰新古典經濟學的支配地位。

　　最後，美國早期的IPE研究是「國家中心主義」式的。不論是新現實主義或新自由制度主義均認爲，國家是國際社會中最主要的行爲者，因而是國際關係或國政經最主要的研究焦點。結構現實主義雖然主張，國際關係研究應將分析層次擺在國際體系（而非國家）才符合簡約科學化的要求，然而當討論國

---

[13] Susan Strange, 〈叛徒、雙重代理人還是助人騎士？跨國企業的領導者〉，收錄於（法）米歇爾・吉拉爾主編，丁世中等譯，《幻想與發明：個人回歸政治》（北京：社會科學文獻出版社，1992），頁187。

[14] 同上註，頁188。

[15] 同上註。

際體系如何制約國家行為時，還是要了解國家間的權力分布狀態，這必然會回到國家層次作分析，也就是方法上具有某種程度的還原主義傾向。同樣地，早在1970年代基歐漢和奈伊於《權力與複合互賴》（Power and Interdependence, 1977）一書中，就反對現實主義的「國家中心主義」研究立場，認為隨著冷戰的和緩，在互賴（非零合）的國際社會裡非國家行為者，如跨國公司或非政府組織（NGO），也將扮演重要的角色。然而，當基歐漢於《後霸權》（After Hegemony, 1984）一書中提出新自由制度主義的觀點時，卻又回到「國家中心論」的立場，認為在無政府的國際社會裡，國家間為了減少彼此互動的不確定性或擺脫囚徒困境，基於理性自利的考量，會尋求合作來建立國際體制（international regime），以獲取國家的最大利益。

　　史翠菊認為當國家被主流的IR或IPE學者視為研究的中心議題，這對於問題的分析或解決都不過是在固定的框架（也就是國家是理性行為者的假設下）完成他們的描述、解釋與推測。或許在極大化自我利益的動機假設下，有助於產生邏輯一致的研究成果，但這其實隱含著研究者的特定價值觀，或甚至是服膺於特定的利益需求。這種現象對於制定全球政經秩序遊戲規則的強國而言特別明顯，這些國家的學者往往成為國家外交或對外經貿政策的背書者，他們「主觀性」的政經情勢分析或實際政策建言，常以所謂的「客觀性」或「價值中立」理論作包裝，以達維持或追求國家利益的目標。也就是說，「國家中心」的主流理論不僅說明、解釋或預測國際關係，而且也能生產再生產國際秩序，理論與事實之間存在一種互為強化的關係，理論建構「事實」，而「事實」又反過來印證理論的「有效性」。面對「國家中心」研究的這種弊病，史翠菊主張IPE應該回歸道德哲學的探究，以人的問題而非國家為研究核心。道德哲學關心的是整體人類生存的基本價值問題，而這正符合當今全球體系結構與屬性改變的需求，因為過去強調領土主權作為利益單位的思維方式，已無法涵蓋目前全球體系所發生的問題，如金融風暴、地球暖化、禽流感病毒、恐怖主義與毒品走私等，這些危害的不會是特定的國家，而是攸關全體人類的生存問題。[16]

　　史翠菊進一步指出，全球資本主義體系是人類社會形成（social forma-tion）的一種新形式，而社會形成其實就是人類基於實際生活、人際互動與社會分工的需要所打造的社會過程，並且在此過程當中會去追求安全、財富、自由與公平等四個不同的目標價值。由於任何個人都會有不同的價值選擇，每個社會對於各種價值的分配與組合也不盡相同，因此，IPE研究不可能避免「價值問題」，反而應該回歸「價值本質」的探究。[17]此外，史翠菊強調價值排序並非命定如此，也不是偶然發生的，主要是取決於掌握不等結構性權力的國家與非國家行為者（agent），將自己的利益訴求經過彼此長時間的互動與協調形成制度安排，從而決定市場運作過程中各種價值的分配。也就是在史翠菊的理論中，行為者是具有某種程度的能動性。顯然地，這種觀點和沃爾茲的結構現實主義或結構主義的依附理論不同，後兩者均強調國際體系結構對於行為者的制約作用，而忽視國家能動性的探討，如此對於國際關係的發展也就採行宿命的「歷史循環主義」（historical cyclicism）觀點，認為國家難以改變國際社會的無政府狀態或世界資本主義的剝削體系。

　　史翠菊以為，IPE發展至今最令人擔憂的情況是學術分工的圈地運動，此使得研究者往往只顧著對外宣稱自己的看法與主張，而未能接受他人論述所呈載的價值與自己的差異。史翠菊建議研究者應具備「價值敏銳度」（value-sensitive）的訓練，釐清自己與其他學術社群成員彼此間所持價值的差異為何，為什麼他們偏好某種類型的制度安排來管理世界政治經濟秩序，而非採取其他的方式？進而促成不同世界觀研究者對話的可能性。在作法上就是回歸「價值本質」的研究，甚至是哲學層次的思考，而非陷於意識形態的徒勞爭論之中。也就是IPE重視價值研究的目的在於建立「價值敏感度」，而不在於

---

[16] Susan Strange, *The Retreat of the State*: *The Diffusion of Power in the World Economy* (Cambridge: Cambridge University Press, 1996), pp. 171-172.

[17] Susan Strange, "Structure, Value and Risk in the Study of the International Political Economy," in R. J. Barry Jones, ed., *Perspective on Political Economy* (London: Francis Pinter Publishers, 1983), p. 211.

「價值忠誠度」（value-laden）。[18]毫無疑問，史翠菊這種看法回應了另一著名學者吉爾平所提出來的問題，即IPE研究包括自由主義、經濟民族主義與馬克思主義等三種不同的意識形態途徑，並且此三者之間是不能溝通化約的。史翠菊期待經由重視「價值」的道德哲學性思考，IPE研究者可以釐清自己與學術社群其他成員所持的價值觀差異為何？在一定的共識上彼此間可以談論的中心議題為何？如此才有可能跳脫意識形態的無止盡爭議，並有助於IPE研究成果的積累。

## 第三節　作為IPE分析框架的結構性權力觀點

史翠菊認為傳統國際關係學研究的核心概念是「國家」（the state）而不是「權力」（power）或「權威」（authority），縱使提到權力也大都採取狹隘的看法，這一點必須加以修正，如此IPE這門新學科才能避免「國家中心主義」的狹隘思維，或將國際政治學與國際經濟學進行簡單的嫁接，僅成為所謂的「國際政治的經濟學」或「國際經濟的政治學」。[19]唯有擴展傳統的聯繫性權力（relative power）概念，才能真正提出IPE所需要的，整合政治與經濟的分析框架。史翠菊以為，權力的概念基本上可分為兩種形式，一種是主流政治學，包括國際關係，所採用的聯繫性權力觀點，即A使B做其本來不願意做的事，就是A對B行使權力（或稱權力的第一面向運作）。另一種則是她自己所提出的結構性權力（structural power），是決定和形成全球政經體系結構的權力，也就是構造國與國之間、國家與人民之間或國家與公司企業之間關係框架的權力。簡單的說，結構性權力是一種決定辦事方法的力量，而非赤裸裸的使用暴力來屈服他人的能力。

傳統國際關係理論關於聯繫性權力的來源大都採行狹隘的看法，認為

---

[18] Ibid., p. 213.
[19] Susan Strange, "Political Economy and International Relations," p. 169.

權力就是一種源於物質資源的能力，並且權力的行使可以在不同的問題領域（issue-area）之間輕易的轉換，此即所謂總體性的「基本力量模式」。例如，沃爾茲的結構現實主義認為，國際體系結構會制約國家的對外行為，而體系結構的態樣取決於權力（物質力量）的分布狀況。此外，吉爾平的霸權穩定論對於霸權權力的定義也同樣是屬於基本的物質力量模式。吉爾平認為，無論是作為十九世紀霸權國的英國或者二十世紀霸權國美國，它們的影響力均主要來自於經濟權力。然而，吉爾平並沒有清楚說明經濟權力的確切內容，也未釐清經濟權力與政治權力之間的關係。史翠菊認為這種權力概念是有問題的，因其只重視權力的來源（power from），而忽略權力如何影響結果（power over）的研究。首先，此觀點並沒有考慮物質資源擁有者有將其轉化為權力，並加以行使的意願問題。如兩次世界大戰期間，美國綜合國力已經超越英國，但其並沒有擔負霸權領導國的意願，以維持國際政經秩序的穩定運作，終而導致全球性的經濟危機與法西斯主義的擴張威脅。而美國在二次戰後成為霸權國家，是其有意願領導西方資本主義集團和蘇聯對抗。史翠菊的結構性權力觀點就認為，權力應是國家或非國家行為者（個人、跨國公司、階級與國際組織等等）在全球政經體系結構中，將其追求財富、秩序、公平與自由等四種不同價值的偏好排序及組合方式予以落實的能力。可以說權力的行使是處於主觀偏好與客觀結構之間，因此思考權力問題絕不能忽略主觀的意願因素。

其次，史翠菊以為權力的展現不一定是刻意追求的後果，權力也可以透過「存在」（being there）的形式得到有效的實施。過去國際關係研究的古典現實主義或新現實主義對於權力的看法是屬個人化與短時期的，認為作為理性行為者的國家，會衡量主權領土範圍內物質力量的多寡，然後決定其對外政策，以追求國家利益。這種觀點僅從權力行使的第一面向做觀察（A使B做其本來不願意做的事，即A對B行使權力），事實上權力的運作還有其他的面向。例如，巴克拉克（Peter Bachrach）和巴拉茲（Monton S. Baratz）提出的第二面向權力運作係指，行為者透過決策程序的操縱控制，將決策的範圍侷限於對自己有利的議題，如此可以抑制社會中想改變現行利益或特權分配方式的要求，將這些要求封殺於進入決策過程之前。在國際關係研究裡對第二面向權力運作的關注，可以國際建制理論（International Regime Theory）為代表，其就是針對國際行為預期產生影響的規則、原則、規範與決策程序進行研究。此外，盧克斯（Steve Lukes）的第三面向權力運作是指，權力關係可能存在於行為者主動影響、塑造或決定其他行為者的偏好，也可能存在於整體系統偏差的動員、再造與強化中。系統偏差的維持與運作主要是受社會結構與文化模式影響，而非特定行為者有意識或預期行為的結果。與盧克斯的觀點類似，史翠菊的結構性權力認為，隨著全球資本主義的發展，國與國之間已經形成綿密且複雜的互動網絡結構，因此國家對外追求財富、安全、自由或正義等不同目標價值時，不只須衡量本身相對國力的優劣，同時也會考慮全球體系結構（包括四個主要的結構，即安全結構、生產結構、金融結構以及知識結構）的外在制約因素。也就是說，權力不僅是基於國內的物質力量，同時也可來源於全球體系的四大結構，誰能支配這些結構，誰也就擁有權力。值得注意的是，史翠菊的結構性權力觀點不同於結構現實主義或依附理論僅強調結構對行為者的單向制約作用，她是將「價值」、「權力」與「結構」三個變數串聯起來，形成連續不斷的循環辯證運作過程。全球體系結構是權力來源所在，權力的運作也可改變結構的型態，而結構的型態又體現了價值的組合形式。

最後，傳統國際關係研究的聯繫性權力，是一種總體性的權力概念。例如，現實主義與依附理論分別強調軍事力量與經濟力量在國際國家體系（international state system）與世界經濟體系（world economic system）中的支配作用，可以轉化為國家的綜合國力，在不同的議題領域內同樣展現，也就是採行一種簡單的決定論立場。這種總體性的權力觀點，後來分別受到複合互賴理論（Interdependency Theory）、國際建制理論與新馬克思主義（Neo-Marxism）的挑戰。基歐漢與奈伊在《權力與互賴》一書中建議，解釋國際關係的變化可依循四種先後次序清楚的研究步驟：首先應考慮技術發展或經濟互賴程度增加所可能帶來的變化；如仍無法做充分的解釋，接著再考量全球權力結構的可能制約作用；然而如欲預測變化則須更精確觀察特定議題領域（issue-area）

內的權力結構變化情形；最後則可觀察國際組織對國家權力的影響作用。[20]值得注意的是，兩位學者在當時就認為，國際組織作用的解釋力最弱，地位也最不重要。這就預示基歐漢後來的新自由制度主義，以國際建制（international regime）取代國際組織（international organization）作為其研究的焦點。而國際建制就是指在特定的議題領域內，對國際行為預期產生影響的規則、規範、原則與決策程序。相對地，奈伊後來也針對所謂的「軟權力」（soft power）作進一步的闡述發揮。[21]相對於傳統強調的「硬權力」指的是一種通過懲罰的威脅或回報的承諾迫使他人去做其本來不想做的事情的能力，「軟權力」是一種通過讓他人做其自己想做的事情而獲得預期結果的能力，它常是一個國家透由文化與意識形態訴求而行使的同化力量[22]。簡言之，屬於新自由主義脈絡的複合互賴理論與國際建制理論，均質疑總體性權力的觀點，認為不同的議題領域可有不同的權力運作情形，而且也不一定能夠輕易的轉移。

同樣地，依附理論接受了傳統馬克思主義的觀點，認為基礎結構決定上層結構的運作，因而世界資本主義分工體系也決定了上層國際國家體系的運作。後來新馬克思主義修正了這種經濟決定論立場，認為屬於上層結構的政治及意識形態領域具有相對於基礎結構的自主性，也可以反作用於經濟過程。也就是說，政治、經濟與意識形態三個領域結構之間是處於複雜的辯證互動關係，而非簡單的因果決定關係。1980年代發展的新葛蘭西學派（Neo-Gramscian School）或歷史社會學派（Historical Sociology School），就是採用辯證論的觀點來研究國際關係。例如，新葛蘭西學派的考克斯（Robert Cox）就認為，理念（ideas）、物質力量（material capabilities）與制度（institutions）共同形塑全球政治經濟結構，提供行為者行動的框架，並且此三要素之間的關係是

---

[20] Joseph Jr. Nye and Robert O. Keohane, *Power and Interdependence: World Politics in the Transition* (Boston: Little Brown, 1979), p. 38.

[21] 參考Joseph Nye, "The Challenge of Soft Power," *Time Magazine* (February 22, 1999). *Why the Worlds Only Superpower Can't Go It Alone* (Oxford: Oxford University Press, 2002).

[22] Stephen Krasner, "The Accomplishments of International Political Economy."

交互作用，而非任一要素單向決定的。[23]此外，歷史社會學者曼恩（Michael Mann）也指出，社會權力並非僅來自經濟的物質力量，同時也可來源於意識形態、政治與軍事的結構。與這種多元化權力來源的分析類似，史翠菊的結構性權力也不是存在於單一的結構之中，而是存在於四個各不相同但互有聯繫的結構，即安全、生產、金融與知識結構中。這四個結構的關係好比爲一個菱錐體，每一面都與其餘三個面接觸並相互影響。他們在一個交接點上平衡，而非依賴某一個基礎，任何一個面對其餘三個面來說都是基礎。[24]權力來源的這種結構性分布特徵必然造成與權力分配相似的多元化，其結果必然是國際行爲主體的多元化與多樣化。這種多元結構性權力概念可說明爲何史翠菊後來重視非國家權威，包括黑手黨、保險業、會計師事務所、卡特爾以及國際組織等，在世界經濟中所可能扮演的角色。[25]

## 第四節　對主流霸權理論的批判反省

1970年代以後，隨著美國在中南半島的軍事失利，以及美日貿易失衡和國內財政赤字日益擴大的衝擊，在學界掀起美國霸權是否衰退的爭論。一些霸權衰退論者根據邊際收益遞減的原理認爲，在霸權國家的邊際收益達到頂點以後就不可避免地會下滑，最終邊際收益變成了負數，當成本超過了收益時，霸權實力就開始衰弱。[26]霸權衰退論據此主張，由於美國傳統製造業生產能力已被日本及西歐國家趕上，相對國力優勢已不存在，所以不應繼續充當世界警察

---

[23] Robert Cox, "Social Forces, States and World Order: Beyond International Relations Theory," *Millennium*, Vol. 10, No. 2 (Summer 1981), pp. 135-137.

[24] Susan Strange, "The Eclectic Approach," p. 39.

[25] 可參閱 Susan Strange, *The Retreat of the State: The Diffusion of Power in the World Economy* (Cambridge: Cambridge University Press, 1996), Part II.

[26] 持邊際收益遞減原則觀點的霸權衰退論包括：Robert Gilpin, *War and Change in World Politics* (Cambridge: Cambridge University Press, 1981). Paul Kennedy, *The Rise and Fall of the Great Powers: Economic Change and Military Conflict from 1500 to 2000* (New York: Random House, 1987).

的責任；或者應對後霸權秩序趕緊謀求對策，以維護美國的國家利益，其中最具代表性的就是霸權穩定理論以及國際建制理論。史翠菊通過上述對四種結構權力的分析方法指出，這些霸權理論都是僅從物質支配能力來推斷美國霸主地位的動搖，事實上儘管美國在世界製造業產出中的份額減少了，但在服務業市場中所占的份額卻是增加的，這些行業不僅有利可圖，而且是影響其他行業非常有效的權力源泉。[27]因此，美國在世界經濟中的權力實際上是增加而不是減少了，更何況其仍保有在軍事安全與知識權力結構中的遙遙領先地位，所以霸權衰退論只不過是一個迷思。[28]以吉爾平為代表的霸權穩定論者認為，全球自由經濟秩序有賴於霸權國家提供公共財才能運作，美國霸權的衰退正是導致當前全球政經體系不穩定的原因。同時美國應當避免重蹈英國霸權的覆轍，減少過度的海外投資，以免傷害國內的經濟發展。史翠菊則以為，美國霸權角色的自我轉換才是導致混亂的主因，其只想成為享權利而不願擔負義務的霸權國。美國僅汲汲於短期利益的獲得，而未能從全球性的視野訂定公平的體系運作規則，反倒以其結構性權力來改變全球體系的運作，以維持自身的利益。最典型的例子就是從1968年至1973年間，美國輕易的放棄既有且穩定的布列頓森林貨幣體系（Breton Woods System），其主要的考量並非美國霸權能力真的衰退，而是這種改變符合美國本身的短期利益，而又不必承擔霸權維持所需花費的成本。[29]史翠菊提出警告認為，就長期而言，這樣的做法將把國際體系的穩定和美國的霸主地位給賠了進去。[30]

　　同樣地，基歐漢的國際建制理論也是以霸權衰退的說法作為理論研究的前提。他在《後霸權》（After Hegemony, 1984）一書中，企圖尋求後霸權時代全球體系秩序維持的可能性，以為建立國際體制將可提供國家間的合作。基歐漢修正霸權穩定理論的觀點認為，霸權國家的存在確實有助於國際建制的確立，

[27] Susan Strange, *States and Markets* (London: Pinter Publisher, 1988), p. 273.
[28] Susan Strange, "The Persistent Myth of Lost Hegemony: Reply to Miner and Snyder," *International Organization*, Vol. 42, No. 1 (Autumn 1987), pp. 751-752.
[29] Ibid,.
[30] Susan Strange, *States and Markets* (London: Pinter Publisher, 1988), p. 235.

但霸權的衰敗卻不必然導致建制的瓦解，因理性自利的國家行為者只要慮及退出建制所需付出的代價大於繼續留在建制內所可能的獲益，就會維持建制的存續。[31]然而史翠菊針對主流國際建制研究提出批判性的思考認為，國際建制理論的意涵過於籠統含糊，內容充滿美國國家利益中心觀，且忽視實際情況中的動態因素。她認為過於誇大國際建制的作用將引導IR甚或IPE的研究傾向於偏好維持秩序（status quo），而排除一些非建制的隱藏性議題，也無法聽到邊緣國家或階層對既有建制運作方式的不滿，事實上，國際建制僅是一種呈現強者利益的制度設計。[32]毫無疑問，冷戰後的歷史演變證實了史翠菊當時的判斷是正確的，在結構性權力底下，美國的霸權表現越來越明顯，它不但是一種聯繫性權力的直接控制，更是運用結構性權力造成對世界全方位的影響。

史翠菊這樣的提醒是有意義的，過去人們常將國際建制理論歸在新自由主義國際關係理論的脈絡底下，如此容易讓人誤以為相對於（新）現實主義，國際建制理論更具有理想性的色彩，國際建制有助於追求公平正義的國際政治經濟秩序。事實上，基歐漢的國際建制理論只是想說明，在無政府的國際社會裡經由建制的運作，國家間的彼此合作是可能的。合作並無道德意涵的指涉，也不論及分配的公平正義問題。合作是基於各個國家行為者，經由理性自利思考的結果而形成的。對於國際社會的無政府性、國家是國際社會的主要行為者以及國家的行為動機是基於追求國家利益等看法，新自由主義和新現實主義的觀點並無太大的差異，差別主要是對於合作的可能性有不同的評估看法。而上述史翠菊對國際建制理論的批判，特別是美國霸權試圖透過國際建制的建立來追求國家利益的看法，有助於後續學者針對此議題進一步研究所形成的「制度霸權」論述。[33]簡言之，基歐漢關心的是後霸權秩序如何維持的問題；而史翠菊

[31] Robert O. Keohane, *After Hegemony: Cooperation and Discord in the World Political Economy* (Princeton: Princeton University Press, 1984).
[32] Susan Strange, "Cave！Hic Dragones: A Critique of Regime Analysis," *International Organization,* Vol. 36, No. 2 (1982), p. 480.
[33] 有關制度霸權論述的討論可參考：John G. Ikenberry, *America Unrivaled: The Future of the Balance of Power* (Itheca: Cornell University, 2002).

則認為美國霸權能力沒有衰退，而是沒有意願承擔霸權的責任；而冷戰結束後所發展的「制度霸權」理論則是延續史翠菊的觀點，聚焦於討論美國如何透過各式各樣的建制來維持其霸權地位。

　　值得注意的是，雖然史翠菊批判主流的霸權理論，但其並不完全反對霸權的存在或質疑霸權國家對國際政經秩序的可能貢獻，其批判主要是來自於對美國霸權的失望，因為美國不願擔負起霸權國的責任才是她真正在意的問題。對於國際政經秩序不穩定狀況的改進，史翠菊仍是冀望於美國人的自信與理想主義能夠重新確立起來，真正擔負起霸權國所應盡的責任來解決。[34]

## 第五節　結論

　　為了回應1970年代以來國際政經秩序變化而興起的國際政治經濟學（IPE），其學科定位仍未明朗，包括研究議題、研究範圍、研究方法、學科界線以及分析層次等問題，在學術社群裡還未取得共識，歧見特別存在於美國與歐洲學者之間。本章主要目的就是試圖經由歐洲主要的國際政治經濟學研究者——史翠菊，與主流美國學者間的對話，來釐清這門新興學科的圖像。史翠菊的貢獻主要包括：第一，從方法論的角度來看，史翠菊批判美國國際政治經濟學研究的「經濟學帝國主義」、「國家中心主義」以及「狹隘的物質權力觀」傾向，進而擴展了該學科的研究視野。史翠菊主張，國際政治經濟學不應侷限於經濟學方法的借用，而應是一門跨學科的研究；應重視非國家行為者的權力或權威運作問題；以及應以結構性權力取代聯繫性權力作為理解全球政經秩序的分析基礎。其次，相對於吉爾平的綜合學說認為，自由主義、經濟民族主義以及馬克思主義是研究國際範疇內國家與市場互動關係的三種並行的意識形態研究途徑，史翠菊的結構性權力分析架構似乎是更精緻與具有可操作性。結構性權力的分析框架是真正試圖將政治與經濟因素整合考量的國際政治經濟

---

[34] Susan Strange,〈叛徒、雙重代理人還是助人騎士？跨國企業的領導者〉，pp. 239-240.

學觀點，而不是簡單的將政治與經濟因素作嫁接，或將兩者並呈論述。同時結構性權力分析觀點並不迴避價值判斷的問題，主張結構就是價值的載體，因而國際政治經濟學應該關注「誰獲利」（who benefits？）的問題。最後，從結構性權力觀點出發，史翠菊反對主流的霸權穩定論與國際建制理論的看法，認為1970年代以來國際政經秩序的不穩定並不是美國霸權能力已然衰退，而是美國不願意擔負起霸權的責任所造成的。史翠菊當時認為美國仍具結構性權力支配力量的判斷，是蠻符合冷戰後美國單極超強地位的狀況，這方面的觀察研究就為後來的「制度霸權」論述所延續。

　　簡言之，史翠菊是從批判主流IR或IPE研究方法之「經濟學帝國主義」、「國家中心主義」以及「狹隘的物質權力觀」傾向出發，經由擴大「權力」的概念內涵，提出自己的結構權力分析框架，並據此分析認為美國霸權能力並沒有衰退，以反對主流的霸權理論。

　　當然，史翠菊對國際政治經濟學所採用的結構權力分析，並非全然沒有問題，仍有進一步討論的空間。首先，由於史翠菊沒有深入探討四種權力結構之間的內在互動關係，因此她的理論並沒有對國際體系的變化動因進行解釋。雖然後來史翠菊將國家、市場與技術視為國際政經體系變化的決定性因素，但仍然沒有深入分析此三者是如何產生變化，以及是什麼動因促使他們變化的。[35]或許這是採用多元權力觀的困境，沒法像單一權力觀的結構現實主義或依附理論，清楚的分別主張軍事安全或經濟因素是國際體系變遷的決定性力量。

　　其次，雖然史翠菊的結構性權力分析是部分採用新馬克思主義者考克斯以及曼恩的觀點，並以此批判主流的霸權理論，認為美國的霸權能力沒有衰退，而是沒有擔負霸權責任的意願，這才是造成1970年代以來國際政經體系混亂的主因，然而很難據此認定史翠菊的觀點是屬於新馬克思主義的批判理論。史翠菊並沒有走那麼遠，如前所述，她對美國霸權的批判更多是源於其仍寄望於美國能重新建立信心與推行理想主義的外交政策，以維護國際體系秩序，因

---

[35] Susan Strange, "The Eclectic Approach," pp. 39-40.

美國仍是最有能力承擔此一責任的國家。也就是說，史翠菊並沒有質疑霸權的功能，其毋寧是以現實的態度來批判主流的現實主義觀點。正如史翠菊所自承的，其採用的是一種「折衷性觀點」（eclectic approach），不偏向現實主義、自由主義或馬克思主義。這樣的學術立場或許和她的記者出身背景不無關係，不像一些學院派學者專注於抽象的理論建構，相對地，史翠菊務實地汲汲於對實際發生的問題提出一套可行的解決方案。

最後，史翠菊主張國際政治經濟學研究不應迴避「價值問題」，學者間的歧見或意識形態的差別，可經由相互尊重理解以求共識的建立，如此方有助於國際政治經濟學研究的積累。然而問題是，在美國學術霸權的影響底下，IPE學術社群究竟能藉由怎樣的機制來建立共識呢？此外，史翠菊強調以「道德哲學」的思考來避免IR或IPE研究陷入意識形態的爭議。但所謂的「道德哲學」究竟是指回歸十八世紀蘇格蘭啓蒙運動思想家—如亞當斯密等人——對於道德與利益關係之研究？或者是指新馬克思主義者——如葛蘭西——所主張的實踐哲學，認爲問題的提出與解決不應限於經院內所作的研究，必須尊重人民群眾由下而上的意見表達？在這兩者之間，史翠菊的立場並不是很清楚。

史翠菊教授雖已過世，然而其對學術研究的熱愛以及對人類前途的熱切關注精神卻是不朽的。史翠菊教授的國際政治經濟學思想爲何？她的思想又如何有助於我們理解自身所處的全球政經秩序？這是學習國際政治經濟學的後輩學者及學生都該思索的問題。

# 參考文獻

## 一、中文部分

丁世中等譯，Susan Strange原著，《幻想與發明：個人回歸政治》，（北京：社會科學文獻出版社，1992）。

中共中央馬列編譯局譯，Antonio Gramsic原著，《葛蘭西文選》，（北京：人民出版社，1992）。

中共中央馬列編譯局譯，《馬克思恩格斯選集》，（北京：人民出版社，1995）。

王勇，2011，〈國際政治經濟學美英學派的論戰－學術分野、國家地位與中國議題〉，《國際政治研究》，第1期（2011），頁137-152。

左正東，〈國際政治經濟學的典範問題與經濟民族主義的再檢視〉，《國際關係學報》，第32期，頁51-90。

白雲眞，〈國際政治經濟學中的跨大西洋分歧〉，《世界經濟與政治》，第4期（2010），頁139-154。

石智青校閱，James, Joll著，《葛蘭西》，（台北：桂冠圖書股份有限公司，1994）。

朱天飆，《比較政治經濟學》，（北京：北京大學出版社，2005）。

吉密，〈全球化背景下的國際政治經濟學－分析基礎與研究綱領的擴展〉，《世界經濟與政治》，第2期（2007），頁67-73。

宋國友，〈基於中國的國際政治經濟學研究〉，《世界經濟與政治》，第1期（2011），頁59-76。

杜麗燕、李少軍譯，Martin, Carnoy著，《國家與政治理論》，（台北：桂冠圖書股份有限公司，1995）。

李英桃，《女性主義國際關係學》，（浙江：浙江國際出版社，2006）。

李政鴻、余家哲，〈國際關係理論中的新葛蘭西學派〉，《全球政治評論》，第27期（2009），頁87-118。

--------------------，〈歐洲整合的新葛蘭西學派論述〉，《臺灣國際研究季刊》，第5卷第2期（2009），頁139-166。

李建新，2011，《激進國際政治經濟學》，（上海：上海人民出版社，2011）。

李濱，〈解讀斯特蘭奇的國際政治經濟學思想〉，《國際政治研究》，第3期
　　（2010），頁168-183。

李寶源譯，Samir, Amin著，〈全球化：美國霸權與歐洲〉，《世界經濟與政
　　治》，第8期（2000），頁72-77。

------------------------------------，〈北約霸權主義的實質〉，《世界經濟與政治》，第
　　3期（2000），頁64-68。

李巍，2012，〈IPE在中國的發展與現狀評估〉，《國際政治科學》，第1期
　　（2012），頁138-175。

柯林烏，陳明福譯，《歷史的理念》，（臺北：桂冠圖書股份有限公司，1984）。

陳墇津譯，Ernesto, Laclau and Chantal, Mouffe著，《文化霸權和社會主義的戰
　　略》，（台北：遠流圖書股份有限公司，1994）。

黃光國，《社會科學的理路》，（台北：心理出版社，2001）。

黃瑞祺、黃之棟，〈環境正義理論的問題點〉，《台灣民主季刊》，第4卷第2期
　　（2007），頁113-140。

曾怡仁，〈區域主義研究與國際關係理論〉，《全球政治評論》，第8期
　　（2004），頁25-48。

----------，〈國際政治經濟學的發展與政治經濟學之關係〉，《政治學報》，第49
　　期（2010），頁105-133。

曾怡仁、李政鴻，〈女性主義國際政治經學的發展與挑戰〉，《世界經濟與政
　　治》，總第389期（2013），頁93-115。

楊道昀，〈Thinking Outside the Orthodoxy-建構一個真正全球性的國際政治經濟
　　學〉，《政治科學季評》，第21期（2009），頁1-17。

劉峰譯，Immanuel Wallerstein原著，《開放社會科學：重建社會科學報告書》，
　　（北京：三聯書店，1997）。

鐘飛騰、門洪華，〈中國國際政治經濟學學科的發展歷程〉，《教學與研究》，第
　　6期（2010），頁85-93。

## 二、英文部分

Abbott, Jason P., and Owen Worth, "Introduction: The 'Many Worlds' of Critical
　　International Political Economy," in Jason P. Abbott and Owen Worth, eds., *Critical
　　Perspectives on International Political Economy* (New York: Palgrave Macmillan,

2002), pp. 1-13.

Amin, A. et al., 1994. "Forum for Heterodox International Political Economy," *Review of International Political Economy*, Vol. 1, No. 1 (1994), pp. 1-12.

Amin, Samir and B. Pearce, *Unequal Development: An Essay on the Social Formations of Peripheral Capitalism* (Sussex: The Harvester Press, 1976).

Amin, Samir, *Capitalism in the Age of Globalization* (New York: IPSR, 2000).

Amsden, Alice H., "The State and Taiwan's Economic Development," in *Bringing the State Back In*, Peter B. Evans, Dietrich Rueschemeyer and Theda Skocpol, eds., (Cambridge: Cambridge University Press, 1985).

Amsden, Alice H. and Wan-wen Chu, *Beyond Late Development: Taiwan's Upgrading Policies* (Cambridge, Mass.: MIT Press, 2003).

Anderson, Perry, *Lineages of the Absolutist State* (London: New Left Books, 1974).

Arrighi, G. and B. Silver, eds., *Chaos and Governance in the Modern World System* (Minneapolis: University of Minnesota Press, 1999).

Arrighi, G., *The Long Twentieth Century—Money, Power and Origins of Our Times* (London: Verso, 2002).

Augelli, Enrico and Craig N. Murphy, "Gramsci and International Relations: A General Perspective and Example from Recent US Policy Toward the Third World," in Stephen Gill, ed., *Gramsci, Historical materialism and International Relations* (New York: Cambridge University Press, 1993), pp. 127-147.

Aylward, Ericn, "The Potential of Positioning: Assessing New Directions for An Integrated, Feminist International Political Economy," *Mapping Politics*, Vol. 2 (Fall 2010), pp. 56-63.

Bakker, Isabella, and Stephen Gill, eds., *Power, Production and Social Reproduction: Human in/Security in Global Political Economy* (New York: Palgrave Macmillan, 2003).

Balaam, David N. and Michael Veseth, *Introduction to International Political Economy* (New Jersey: Pearson Prentic Hall, 2ed Edition, 2001).

----------------------------------------------, *Introduction to International Political Economy* (New Jersey: Pearson Prentice Hall, 4th Edition, 2008).

Barone, Charles A., *Marxist Thought on Imperialism: Survey and Critique* (London:

Macmillan, 1985).

Bates, Thomas R., "Gramsci and Theory of Hegemony," *Journal of History of Ideas*, Vol. 36, No. 2 (1975), pp. 351-366.

Baylis, John and Steve Smith, *The Globalization of World Politics: An Introduction to International Relations* (London: Oxford University Press, 1997).

Belfrage, Claes and Owen Worth, "Critical International Political Economy: Renewing Critique and Ontologies," *International Politics,* Vol. 49, Issue 2 (2012), pp. 131-135.

Blyth, Mark, *Great Transformation: Economic Ideas and Institutional Change in the Twentieth Century* (Cambridge: Cambridge University Press, 2002).

Blyth, Mark, *Routledge Handbook of International Political Economy: IPE as a Global Conversation* (New York: Routledge Press, 2009).

Bieler, Andreas, *Globalization and Enlargement of the European Union—Austrian and Swedish Social Forces in the Struggle over Membership* (New York: Routledge, 2000).

--------------------, "Labour, Neo-Liberalism and the Conflict over Economic and Monetary Union: A Comparative Analysis of British and German Trade Unions," *German Politics*, Vol. 12, No. 2 (2003), pp. 24-44.

--------------------, "Swedish Trade Unions and Economic and Monetary Union— The European Union Membership Debate Revisited?" *Cooperation and Conflict: Journal of the Nordic International Studies Association*, Vol. 38, No. 4 (2003), pp. 385-407.

---------------------, "European Integration and the Transnational Restructuring of Social Relations: The Emergence of Labor as a Regional Actor?" *Journal of Common Market Studies*, Vol. 43, No. 3 (2005), pp. 461-484.

--------------------, "Co-option or Resistance? Trade Unions and Neoliberal Restructuring in Europe," *Capital & Class*, Vol. 31, No. 3 (2007), pp. 111-124.

Bieler, Andreas and Adam D. Morton, "Introduction: Neo-Gramscian Perspectives in International Political Economy and the Relevance to European Integration," in Andreas Bieler and Adam D. Morton, eds., *Social Forces in the Making of the New Europe* (New York: Palgrave, 2001).

---------------------------------------------, "The Gordian Knot of Agency-Structure in International Relations: A Neo-Gramscian Perspective," *European Journal of International Relations*, Vol. 7, No. 1 (2001), pp. 5-35.

---------------------------------------------, *Social Forces in the Making of the New Europe: The Restructuring of European Social Relations in the Global Political Economy* (New York: Palgrave, 2001).

---------------------------------------------, "Globalization, the State and Class Struggle: A 'Critical Economy' Engagement with Open Marxism," *British Journal of Politics and International Relations*, Vol. 5, No. 4 (2003), pp. 467-499.

---------------------------------------------, *Images of Gramsci: Connections and Contentions in Political Theory and International Relations* (New York: Routledge, 2006).

Bohle, Dorothee, "Neoliberal Hegemony: Transnational Capital and the Terms of the EU's Eastern Expand," *Capital & Class*, Vol. 30, No. 1 (2006), p. 57-86.

Böröcz, J. and M. Kovács, *Empire's New Clothes: Unveiling EU Enlargement* (Shropshire: Central Europe Review, 2001).

Boserup, E., *Woman's Role in Economic Development* (London: Earthscan Publications 1989).

Braun, Benhamin, "On the Politics of Economics: New Keynesian Governability and the Practice of Inflation Targeting," Paper presented at the 7th Pan-European Conference on IR: 'Politics in Hard Times' September 9-11, 2010, Stockholm.

Brewer, Antony, *Marxist Theories of Imperialism: A Critical Survey* (London: Routledge & Kegan Paul, 1980).

Bull, Hedley, "The Theory of International Politics, 1919-1969," in James Der Derian, ed., *International Theory: Critical Investigations* (New York: New York University Press, 1995[1972]), pp. 181-211.

----------------, "International Theory: The Case for a Classical Approach," *World Politics,* Vol. 18, No. 3 (1996), pp. 361-377.

----------------, *The Anarchical Society: A Study of Order in World Politics.* (London: Macmillan, 1997).

----------------, "Someone at BISA said that there was no British School, Nonsense," in Kai Alderson and Andrew Hurrell, eds., *Hedley Bull on International Society* (London: Macmillan Press, 2000).

Bukharin, N., *Imperialism and World Economy* (London: The Merlin Press, 1972).

Buzan, Barry, "From International System to International Society: Structural Realism and Regime Theory Meet the English School," *International Organization,* Vol. 47, No. 3 (1993), pp. 327-352.

---------------, "The English School as a Research Program: An Overview, and a Proposal for Reconvening," Proceeding of a Conference on A Reconsideration of the English School: Close or Reconvene? BISA Annual Conference, December 20-22, 1999, Manchester: Manchester University.

Cafruny, Alan W. and Magnus Ryner, eds, *A Ruined Fortress? Neoliberal Hegemony and Transformation in Europe* (Maryland: Littlefield Publishers, INC., 2003).

Carchedi, B. and G. Carchedi, "Contradictions of European Integration," Capital & Class, Vol. 23, No. 1 (1999), pp. 119-125.

Carchedi, Guglielimo, *For Another Europe: A Class Analysis of European Economic Integration* (New York: Verso, 2001).

---------------------------, "The Emu, Monetary Crises and the Single European Currency," *Capital & Class*, Vol. 21 (1997), pp. 85-114.

Cardoso, Fernando H. and Enzo Faletto, *Dependency and Development in Latin America* (Berkeley: University of California Press, 1979).

Carr, Edward H., *The Twenty Years' Crisis, 1919-1939: An Introduction to the Study of International Relations* (New York: Harper and Row, 1964).

Chan, Stephen and Jarrod Wiener, eds., *Theorizing in International Relations: Contemporary Theorists and Their Critics* (Lewiston: The Edwin Mellen Press, 1999).

Chase-Dunn, Christopher, "Interstate System and Capitalist World-economy: One Logic or Two?" *International Studies Quarterly*, Vol. 25, No. 1 (1981), pp. 19-42.

Checkel, Jeffrey T., "Social Construction and European Integration", in Brent F. Nelsen and Alexander Stubb, eds., *The European Union: Readings on the Theory and Practice of European Integration* (Colorado: Lynne Rienner Publishers, Inc., Third Edition, 2003), pp. 251-260.

Chilcote, Ronald H., ed., *The Political Economy of Imperialism: Critical Appraisals* (Boston: Kluwer Academic Publishers, 1999).

Chirot, D. and T. D. Hall., "World-System Theory," *Annual Review of Sociology*, Vol. 8 (1982), pp. 81-106.

Clapp, Jennifer and Peter Dauvergne, *Paths to a Green World: The Political Economy of the Global Environment* (Cambridge, MA: The MIT Press, 2005).

Cocks, Peter, "Towards a Marxist Theory of European Integration," *International Organization*, Vol. 34, No. 1 (1980), pp. 24-29.

Cohen, Benjamin J., "The Transatlantic Divide: Why Are American and British IPE So Different, " *Review of International Political Economy,* Vol. 14, No. 2 (2007), pp. 197-219.

------------------------, *International Political Economy: An Intellectual History* (Princeton: Princeton University Press, 2008).

Cohn, Theodore H., *Global Political Economy: Theory and Practice* (New York: Longman, Fifth Edition, 2009).

Colburn, Forrest D., "Statism, Rationality, and State Centrism," *Comparative Politics*, Vol. 20, No. 4 (1988), pp. 485-92.

Collingwood, R.G., and Jan van der Dussen, eds., *The Idea of History: With Lectures 1926-1928* (Oxford: Oxford University Press, 1994).

Cowles, Maria Green, "Setting the Agenda for a New Europe: the ERT and EC 1992," *Journal of Common Market Studies*, Vol. 33, No. 4 (1995), pp. 501-526.

Cox, Robert W., "Social Forces, States and World Orders: Beyond International Relations Theory," *Millennium: Journal of International Studies,* Vol. 10, No. 2 (1981), pp. 126-155.

------------------, "Gramsci, Hegemony and International Relations: An Essay in Method," *Millennium*, Vol. 12, No. 2 (1983), pp. 162-175.

------------------, "Social Forces, States, and World Order: Beyond International Relations Theory," in Robert O. Keohane, ed., *Neorealism and its Critics* (New York: Columbia University Press, 1986), pp. 204-254.

------------------, *Production, Power and World Orders: Social Forces in the Making of History* (New York: Columbia University Press, 1987).

------------------, "Toward a Post-hegemonic Conceptualization of World Order," in James Rosenau and Ernst-Otto Czempiel, eds., *Governance without Government: Order and Change in World Politics* (Cambridge: Cambridge University Press, 1992).

------------------, "Structural Issues of Global Governance: Implications for Europe," in Stephen Gill, ed., *Gramsci, Historical Materialism and International Relations* (Cambridge: Cambridge University Press, 1993), pp. 259-289.

------------------, "Critical Political Economy," in Bojrn Hettne, ed., *International Political Economy* (Ferwood Books Press, 1995), pp. 31-45.

------------------, "Realism, Positivism and Historicism," in Robert W. Cox and Timothy J. Sinclair, eds., *Approaches to World Order* (Cambridge: Cambridge University Press, 1996), pp. 49-59.

------------------, "Beyond Empire and Terror: Critical Reflections on the Political Economy of World Order," *New Political Economy*, Vol. 9, No. 3 (2004), pp. 311-314.

------------------, "The 'British School' in the Global Context," *New Political Economy,* Vol. 14, No. 3 (2009), pp. 315-328.

Cox, Robert W. and Michael G. Schechter, *The Political Economy of a Plural World— Critical Reflections on Power, Morals and Civilization* (New York: Routledge, 2002).

Cox, Robert W. and Timothy J. Sinclair, eds., *Approaches to World Order* (Cambridge: Cambridge University Press, 1996).

Crane, George T. and Able Amawi, eds., *The Theoretical Evolution of International Political Economy* (Oxford: Oxford University Press, 1991).

Czaputowicz, Jacek, "The English School of International Relations and Its Approach to European Integration," *Studies and Analyses,* Vol. 2, No. 2 (2003), pp. 3-55.

David, Tine and Francien Van Driel, "The Unhappy Marriage between Gender and Globalization," *Third World Quarterly*, Vol. 30, No. 5 (2009), pp. 905-920.

Der Derian, James, ed., *International Theory: Critical Investigations* (New York: New York University Press, 1995).

Diez, Thomas and Richard G. Whitman, "Analyzing European Integration: Reflecting on the English School: Scenarios for an Encounter," *Journal of Common Market*

*Studies,* Vol. 40, No. 1 (2002), pp. 43-67.

Dinan, Desmond, "The Commission and the Intergovernmental Conferences," in Neill Nugent, ed., *At the Heart of the Union, Studies of the European Commission* (New York: Macmillan Press Ltd, 2000).

Doherty, Ann and Olivier Hoedeman, "Misshaping Europe—the European Round Table of Industrialists," *Ecologist,* Vol. 24, No. 4 (1994), from http://www.itk.ntnu.no/ ansatte/Andresen_Trond/finans/others/EU-ecologist-24-2.

Dunn, Bill, Global Political Economy: A Marxist Critique (London: Pluto Press, 2009).

Dunne, Tim, *Inventing International Society: A History of the English School* (New York: St. Martin's Press, 1998).

Elias, Juanita, "Critical Feminist Scholarship and IPE," in Stuart Shields, Ian Bruff and Huw Macartney, eds., *Critical International Political Economy—Dialogue, Debate and Dissensus* (New York: Palgrave Macmillan, 2011), pp. 99-113.

Engel-Di Mauro, Salvatore, "Capitalist Expansionism, Imperialism and the European Union," in *State of Nature,* 2006, http://www.stateofnature.org/capitalist. Expansionism.html.

Eschle, C. and B. Maiguashca, "Rethinking Globalised Resistance: Feminist Activism and Critical Theorising in International Relations," *British Journal of Politics and International Relations*, Vol. 9 (2007), pp. 284-301.

European Round Table of Industrialists, *Reshaping Europe* (Brussels: ERT., 1991)

------------------------------------------------, *The East-West Win-Win Business Experience* (Brussels: ERT., 1998)

------------------------------------------------, *Opening Up the Business Opportunities of EU Enlargement* (Brussels: ERT., 2001).

Evans, Peter B., Dietrich Rueschemeyer and Theda Skocpol, eds., *Bring the State Back in* (Cambridge: Cambridge University Press, 1985).

Evans, Peter B., Harold K. Jacobson and Robert D. Putnam, eds., *Double-Edged Diplomacy: International Bargaining and Domestic Politics* (Berkeley: University of California Press, 1993).

Evans, Peter, *Embedded Autonomy: States and Industrial Transformation* (Princeton, N.J.: Princeton University Press, 1995).

Figart, D. M. and E. Mutari, 2001. "Feminist Political Economy: Paradigms." in P. A. O'Hara, ed., *Encyclopedia of Political Economy, Vol. 1* (New York: Routledge 2001), pp. 335-337.

Finnemore, Martha, *National Interests in International Society* (Ithaca: Cornell University Press, 1996).

Folbre, Nancy, *Who Pays For the Kids? Gender and the Structures of Constraint* (New York: Routledge, 1994).

Forgacs, David, ed., *A Gramsci Reader: Selected Writings 1916-1935* (London: Lawrence and Wishart Ltd, 1998).

Frank, Andre G., *Capitalism and Underdevelopment in Latin America* (London: Monthly Review Press, 1976).

--------------------, *World Accumulation 1492-1789* (New York: Monthly Review Press, 1978).

--------------------, "Economic Crisis and the State in the Third World," Development Discussion Paper No. 30 (February 1979) University of East Anglia (England).

Germain, Randall D., "Critical' Political Economy, Historical Materialism and Adam Morton," *Politics,* Vol. 27, No. 2 (2007), pp. 127-131.

Germain, Randall D. and Michael Kenny, "Engaging Gramsci: International Relations Theory and the New Gramscians," *Review of International Studies*, Vol. 24 (1998), pp. 3-21.

Giddens, Anthony, *A Contemporary Critique of Historical Materialism: Vol. II, The Nation-State and Violence* (Cambridge: Polity Press, 1985).

-----------------------, *The Consequences of Modernity* (Stanford: Stanford University Press, 1990).

----------------------, *Gramsci, Hegemony and Materialism* (Cambridge: Cambridge University Press, 1993).

------------------------,"Epistemology, Ontology and the Italian School," in Stephen Gill, ed., *Gramsci, Historical Materialism and International Relations* (Cambridge: Cambridge University Press, 1993), pp. 21-48.

Gill, Stephen, ed., *Power and Resistance in the New World Order* (New York: Palgrave Macmillan, 2003).

Gill, Stephen and David Law, "Global Hegemony and the Structural Power of Power," in Stephen Gill, ed., *Gramsci, Historical materialism and International Relations* (Cambridge: Cambridge University Press, 1993), pp. 93-126.

Gilpin, Robert, *U.S. Power and the Multinational Corporation: The Political Economy of Foreign Direct Investment* (New York: Basic Books, 1975).

------------------, *War and Change in World Politics* (Cambridge: Cambridge University Press, 1981).

-----------------, *The Political Economy of International Relations* (New Jersey: Princeton University Press, 1987).

-----------------, *Global Political Economy: Understanding the International Economic Order* (Princeton: Princeton University Press, 2001).

Goldstein, Judith L., *Ideas, Interests, and American Trade Policy* (Ithaca, NY: Cornell University Press, 1993).

Gourevitch, Peter, "The Second Image Reversed: International Sources of Domestic Politics," *International Organization,* Vol. 32, No. 4 (1978), pp. 881-912.

---------------------, "Domestic Politics and International Relations," in Walter Carlsnaes, Thomas Risse and Beth A. Simmons, eds., *Handbook of International Relations* (London: Sage Publications, 2002).

Grabbe, Heather, "European Union Conditionality and the Acquis Communautaire," *International Political Science Review*, Vol. 23, No. 3 (2002), pp. 249-268.

Griffin, Penny, "Refashioning IPE: What and How Gender Analysis Teaches International (Global) Political Economy," *Review of International Political Economy*, Vol. 14, No. 4 (2007), pp. 719-736.

Guzzini, Stefano, *Realism in International Relations and International Political Economy* (London: Routledge, 1998).

Haas, Ernst B., "The Uniting of Europe," in Brent F. Nelsen and Alexander Stubb, eds., *The European Union: Readings on the Theory and Practice of European Integration* (Colorado: Lynne Rienner Publishers, Inc., Third Edition, 2003).

------------------, "Turbulent Fields and the Theory of Regional Integration," *International Organization*, Vol. 30, No. 2 (1976), pp. 173-212.

Habermas, Jürgen, *Legitimation Crisis* (Boston: Beacom Press, 1975).

--------------------, *Moral Consciousness and Communicative Action* (Cambridge: Polity Press, 1990).

Habermas, Jürgen, translated by Jeremy J. Shapiro, *Knowledge and Human Interests* (Oxford, UK: Polity Press, 1987).

Hanson, Brian T., "What Happened to Fortress Europe? External Trade Policy Liberalization in the European Union," *International Organization*, Vol. 52, No. 1 (1998), pp. 55-85.

Hare, Quintin and Geoffrey Nowell Smith, eds. and trans., *Selections from the Prison Notebooks of Antonio Gramsci* (New York: International Publishers, 1992).

Helleiner, Eric, "International Political Economy and the Greens," *New Political Economy,* Vol. 1, No. 1 (1996), pp. 59-77.

Helleiner, Eric, "Think Globally, Transact Locally: Green Political Economy and the Local Currency Movement," *Global Society,* Vol. 14, No. 1 (2000), pp. 35-51.

Hilferding, R., M. Watnick and S. Gordon, trans., *Finance Capital—A Study of the Latest Phase of Capitalist Development* (London: Routledge & Kegan Paul, 1985).

Higgot, Richard and Matthew Watson, "All at Sea in a Barbed Wire Canoe: Professor Cohen's Tansatlantic Voyage in IPE," *Review of International Political Economy,* Vol. 15, No. 1 (2008), pp. 1-17.

Hobden, Stephen, *International Relations and Historical Sociology: Breaking down Boundaries* (New York: Routledge, 1998).

Hobden, Stephen and John M. Hobson, eds., *Historical Sociology of International Relations* (Cambridge: Cambridge University Press, 2002).

Hobson, John M., *The Wealth of States: A Comparative Sociology of International Economic and Political Change* (Cambridge: Cambridge University Press, 1997).

--------------------, "The Historical of the State and the State of Historical Sociology in International Relations," Review of International Political Economy, Vol. 5, No. 2 (1998), pp. 284-320.

--------------------, *The State and International Relations* (Cambridge: Cambridge University Press, 2000).

--------------------, "What's at Stake in 'Bringing Historical Sociology Back into International Relations?' Transcending 'Chronofetishism' and 'Tempocentrism' in

International Relations," in Stephen Hobden and John M. Hobson, eds., *Historical Sociology of International Relations* (Cambridge: Cambridge University Press, 2002), pp. 3-41.

Hoffmann, Stanley, "An American Social Science: International Relations," *Daedalus,* Vol. 106 (1997), pp. 41-60.

Holman, Otto, "The Enlargement of the European Union Towards Central and Eastern Europe: The Role of Supranational and Transnational Actors," in Bieler, Andreas, and Adam David Morton, eds., *Social Forces in the Making of the New Europe* (New York: Palgrave, 2001), pp. 161-184.

Hopkins, T. K. and I. Wallerstein, "Patterns of Development of the Modern World-System," in T. K. Hopkins, et al., *World-Systems Analysis: Theory and Methodology* (London: Sage Publications, Inc, 1982).

Hopkins, Barbara, "Feminist Political Economy: Major Contemporary Themes," in P. A. O'Hara, ed., *Encyclopedia of Political Economy, Vol. 1* (New York: Routledge, 2001), pp. 331-335.

Hoskyns, C. and S. M. Rai, "Gendering International Political Economy," *CSGR Working Paper,* No. 170/05 (Nay 2005), pp. 1-24.

Howard, M. C. and J. E. King, "Whatever Happened to Imperialism?" in Ronald H. Chilcote, ed., *The Political Economy of Imperialism: Critical Appraisals* (Boston: Kluwer Academic Publishers, 1999), pp. 19-40.

Huntington, Samuel, *The Clash of Civilizations and the Remaking of the World Order* (New York: Simon & Schuster, 1997).

Jackson, Robert, and George Sorensen, *Introduction to International Relations* (Oxford: Oxford University Press, 1999).

Jacobsen, J. K., "Duelling Constructivism: A Post-Mortem on the Ideas Debate in Mainstream IR/IPE," *Review of International Studies*, No. 29 (2003), pp. 39-60.

Jaquette, Janes S., "Women and Modernization Theory: A Decade of Feminist Criticism," *World Politics,* Vol. 34, No. 2 (1982), pp. 267-284.

Jones, Roy, "The English School of International Relations: A Case for Closure," *Review of International Studies,* Vol. 7, No. 1 (1981), pp. 1-13.

Jorgensen, Marianne W. and Louise J. Phillips, *Discourse Analysis as Theory and Method*

(London: SAGE Publications, 2002).

Joseph, Jonathan, "A Realist Theory of Hegemony," *Journal for the Theory of Social Behavior*, Vol. 30, No. 2 (2000), pp. 179-202.

Kaiser, Wolfram and Peter Starie, eds., *Transnational European Union* (New York: Routledge, 2005).

Katz, Hagai, "Gramsci, Hegemony, and Global Civil Society Networks," *Voluntas*, Vol. 17 (2006), pp. 333-348.

Katzenstein, Peter, "International Relations and Domestic Structures: Foreign Economic Policies of Advanced Industrial States," *International Organization.* Vol. 30, No. 1 (1976), pp. 1-45.

Katzenstein, Peter, ed., *Between Power and Plenty* (Madison: University of Wisconsin, 1987).

Kegley, Charles, Jr., "The Neo-idealist Moment in International Studies? Realist Myths and the New International Realities," *International Studies Quarterly,* Vol. 37 (1993), pp. 131-146.

Kennedy, Paul, *The Rise and Fall of the Great Powers: Economic Change and Military Conflict from 1500 to 2000* (New York: Random House, 1987).

Keohane, Robert O. and Joseph S. Nye, *Power and Interdependence: World Politics in Transition* (Boston: Little, Brown & Company, 1977).

-----------------------, *After Hegemony: Cooperation and Discord in the World Political Economy* (Princeton: Princeton University Press, 1984).

-----------------------, *International Institutions and State Power: Essays in International Relations Theory* (Boulder: Westview Press, 1989).

Keohane, Robert O. and Helen V. Milner, eds., *Internationalization of Domestic Politics* (New York: Cambridge University Press, 1996).

Keohane, Robert O., "The Old IPE and the New," *Review of International Political Economy,* Vol. 16, No. 1 (2009), pp. 34-46.

Kessler, Oliver, "Sleeping with the Enemy? On Hayek, Constructivist Thought, and the Current Economic Crisis," *Review of International Studies,* Vol. 38 (2012), pp. 275-299.

Keyman, Fuat, *Globalization, State, Identity/Difference: Toward a Critical Social Theory of International Relations* (New York: Humanities Press, 1997).

Krasner, Stephen, "International Political Economy: Abiding Discord," *Review of International Political Economy*, Vol. 1, No. 1 (1994), pp. 13-19.

--------------------, "Hegemony in the World Political Economy," in Robert J. Art and Robert Jervis, eds., *International Politics: Enduring Concepts and Contemporary Issues* (Longman Publishing Group, 1996), pp. 286-298.

--------------------, "The Accomplishments of International Political Economy," in Steve Smith, Ken Booth and Marysia Zalewski eds., *International Theory: Positivism & Beyond* (Cambridge: Cambridge University Press, 1996), pp. 108-127.

Krieger, Joel, "Egalitarian Social Movements in Western Europe: Can They Survive Globalization and the EMU?" *International Studies Review*, Vol. 1, No. 3 (1999), pp. 69-84.

Laferrière, Eric, "International Political Economy and the Environment: A Radical Ecological Perspective," in Stevis, Dimitris and Valerie Assetto, eds., *The International Political Economy of the Environment: Critical Perspectives* (London: Lynne Rienner Publishers, 2001), pp. 199-216.

Lake, David A., "Open Economy Politics: A Critical Review," *The Review of International Organizations,* Vol. 4, No. 3 (2009), pp. 219-244.

Lawton, Thomas C., "Uniting European Industrial Policy: A Commission Agenda for Integration," in Neill Nugent, ed., *At the Heart of the Union, Studies of the European Commission* (New York: Macmillan Press Ltd, 2000), pp. 131-146.

Lenin, V. ladimir, *Imperialism* (London: Martin Lawrence, 1916/1933).

--------------------, *Imperialism—the Highest Stage of Capitalism* (New York: International Publishers, 1988).

Lévai, Imre, "Small States in the Complex World System and the European Sub-system," *Foreign Policy Review*, Vol. 4 (2007), pp. 104-121.

Levy, D., "Challenging Social-Democratic Theories of the Global Political Economy and Updating Theories of Imperialism: The Theory of Bloc Imperialism," *Critique*, Vol. 38 (2010), pp. 219-252.

Leysens, Anthony, *The Critical Theory of Robert W. Cox* (New York: Palgrave Macmillan, 2008).

Linklater, Andrew, *Beyond Realism and Marxism: Critical Theory and International Relations* (London: McMillian Press, 1990).

----------------------, *Men and Citizens in the Theory of International Relations* (London: Macmillan, 1990).

----------------------, "Marxism," in S. Burchill, et al., *Theories of International Relations* (New York: Palgrave Macmillan, 2005), pp. 110-137.

Locher, Birgit and Elisabeth Prugl, "Feminism and Constructivism: Worlds Apart or Sharing the Middle Ground?" *International Studies Quarterly,* Vol. 45 (2001), pp. 111-129.

Lucarelli, B., *Monopoly Capitalism in Crisis* (New York: Palgrave, 2004).

Mann, Michael, *The Source of Social Power: Volume I, A History of Power from the beginning to A.D. 1760* (Cambridge: Cambridge University Press, 1986).

--------------------, *States, War and Capitalism: Studies in Political Sociology* (New York: Basil Blackwell Ltd., 1988).

--------------------, *The Source of Social Power: Volume II, The Rise of Classes and National-States, 1760-1914* (Cambridge: Cambridge University Press, 1993).

--------------------, "Authoritarian and Liberal Militarism: A Contribution from comparative and historical sociology," in Steve Smith, Ken Booth and Marysia Zalewski eds., *International Theory: Positivism and Beyond* (Cambridge: Cambridge University Press, 1996), pp. 221-239.

Mannin, Mike, ed., *Pushing Back The Boundaries* (Manchester University Press, 1999).

Martin, James, *Gramsci's Political Analysis: A Critical Introduction* (London: Macmillan Press Ltd., 1998).

Mbilinyi, Marjorie, "Research Priorities in Women's Studies in Eastern Africa," *Women's Studies International Forum.* Vol. 7, No. 4 (1984), pp. 289-300.

-----------------------, 'Women in Development' Ideology: The Promotion of Competition and Exploitation," *The African Review*, Vol. 11, No. 1 (1984), pp. 14-33.

McNamara, Kathleen, *The Currency of Ideas: Monetary Politics in the European Union* (Ithaca: Cornell University Press, 1998).

Mcsweeney, B. G., and M. Freedman, "Lack of Time as an Obstacle to Women's Education: The Case of Upper Volta," in G. P. Kelly and C. M. Elliot, eds., *Women's*

*Education in the Third World* (New York: State University of New York Press, 1982), pp. 88-106.

Miller, Raymond C., *International Political Economy: Contrasting World Views* (London: Routledge, 2008).

Moravcsik, Andrew, "The Coice for Europe," in Nelsen, Brent F. and Stubb, Alexander, eds., *The European Union: Readings on the Theory and Practice of European Integration* (Colorado: Lynne Rienner Publishers, Inc., Third Edition, 2003), pp. 302-309.

Murphy, Craig N., "Understanding IR: Understanding Gramsci," *Review of International Studies*, Vol. 24 (1998), pp. 417-425.

Murphy, Craig N. and Roger Tooze, eds., *The New International Political Economy* (London: Lynne Rienner Publishers, 1991).

-------------------------------------------------, "Introduction," in Craig N. Murphy and Roger Tooze, eds., *The New International Political Economy* (Boulder: Lynne Rienner Publishers, 1991), pp. 1-7.

Murphy, Craig N. and Douglas R. Nelson, "International Political Economy: A Tale of Two Heterodoxies," *British Journal of Politics and International Relations,* Vol. 3, No. 3 (2001), pp. 393-412.

Murphy, Craig N., and Douglas R. Nelson, "Conclusion: Explaining a Thriving Heterodoxy," in Jason P., Abbott and Owen Worth, eds., *Critical Perspectives on International Political Economy* (London: Palgrave Macmillan, 2002), pp. 178-191.

Murphy, Craig N., "Do the Left-Out Matter?" *New Political Economy,* Vol. 14, No. 3 (2009), pp. 357-365.

Nelsen, Brent F. and Alexander Stubb, eds, *The European Union: Readings on the Theory and Practice of European Integration* (Colorado: Lynne Rienner Publishers, Inc., 1998).

-------------------------------------------------, *The European Union: Readings on the Theory and Practice of European Integration* (Colorado: Lynne Rienner Publishers, Inc., Third Edition, 2003).

Nugent, Neill, ed., *At the Heart of the Union, Studies of the European Commission* (New York: Macmillan Press Ltd., 2000).

Nye, Joseph, *Bound to Lead: The Changing Nature of American Power* (New York: Basic Books, 1990).

--------------, "The Challenge of Soft Power," *Time Magazine*, February 22, 1999.

Nye, Joseph and Robert Keohane, *Power and Interdependence* (New York: Harper Collins Publishers, 2nd., 1989).

Oatley, Thomas, *International Political Economy: Interests and Institutions in the Global Economy* (New York: Pearson Education Inc., 2006).

O'Brien, Robert and Marc Williams, *Global Political Economy: Evolution and Dynamics* (New York: Palgrave Macmillan, 2004).

Odell, John S., *U.S. International Monetary Policy: Markets, Power, and Ideas as Sources of Change* (Princeton, NJ: Princeton University Press, 1982).

Oren, Ido, *Our Enemies and US: America's Rivalries and the Making of Political Science* (Ithaca, NY: Cornell University Press, 2003).

Overbeek, Henk, ed., *Restructuring Hegemony in the Global Political Economy: The Rise of Transnational Neo-Liberalism in the 1980's* (New York: Routledge, 1993).

-----------------------, "Transnational Historical Materialism: Theories of Transnational Class Formation and World Order," in Ronen Palan, ed., *Global Political Economy: Contemporary Theories* (New York: Routledge, 2000), pp. 168-183.

Palan, Ronen, ed., *Global Political Economy: Contemporary Theories* (London: Routledge, 2000).

Palan, Ronen & A. Amin, "Towards a Non-Rationalist International Political Economy," *Review of International Political Economy*, Vol. 8, No. 4 (2002), pp. 559-77.

Papadimitriou, Dimitris, *Negotiating the New Europe: The European Union and Eastern Europe* (Burlington: Ashgato Publishing Limited., 2002).

Peterson, V. Spike, "How (the meaning of) gender matters in political economy," in Anthony Payne, ed., *Key Debates in New Political Economy* (New York: Taylors & Francis Group, 2006), pp. 79-105.

Pettman, J. J., "Feminist International Relations after 9/11," *Brown Journal of World Affairs*, Vol. X, Issue. 2 (Winter/Spring 2004), pp. 85-96.

Phillips, Nicola, "The Slow Death of Pluralism," *Review of International Political Economy,* Vol. 16, No. 1 (2009), pp. 85-94.

Plehwe, Dieter et al., eds., *Neoliberal Hegemony—A Global Critique* (New York: Routledge, 2006).

Pollack, Mark A., "International Relations and European Integration," *Journal of Common Market Studies*, Vol. 39, Issue 2 (2001), pp. 221-244.

Putnam, Robert D., "Diplomacy and Domestic Politics: The Logic of Two-Level Games," *International Organization*, Vol. 42, No. 3 (1988), pp. 427-460.

Rai, Shirin M., *Gender and the Political Economy of Development: From Nationalism to Globalization* (Cambridge: Polity Press, 2002).

Ravenhill, John, ed., *Global Political Economy* (Oxford: Oxford University Press, 2005).

Ravenhill, John, "In Search of the Missing Middle," *Review of International Political Economy,* Vol. 15, No. 1 (2008), pp. 18-29.

Robinson, William I., *A Theory of Global Capitalism: Production, Class, and State in a Transnational World* (Baltimore, MD: The Johns Hopkins University Press, 2004).

--------------------------, "Gramsci and Globalization: From Nation-State to Transnational Hegemony," *Critical Review of International Social and Political Philosophy*, Vol. 8, No. 4 (2005), pp. 1-16.

Rogawski, Ronald, "Political Cleavage and Changing Exposure to Trade," *American Political Science Review,* Vol. 81, No. 4 (1987), pp. 1121-1137.

-----------------------, *Commerce and Coalitions: How Trade Affects Domestic Political Alignments* (Princeton: Princeton University Press, 1989).

Rosamond, Ben, *Theories of European Integration* (London: Macmillan Press Ltd., 2000).

Rosenberg, Justin, *The Empire of Civil Society: A Critique of the Realist Theory of International Relations* (London: Verso, 2001).

Rueschemeyer, Dietrich and Peter B. Evans, "The State and Economic Transformation: Toward an Analysis of the Conditions Underlying Effective Intervention," in *Bringing the State Back In*, Peter B. Evans and et al., eds., (Cambridge: Cambridge University Press, 1985).

Ruggie, John G., "International Regimes, Transactions, and Change: Embedded Liberalism in the Postwar Economic Order," *International Organization,* Vol. 36 (1982), pp. 379-415.

--------------------, "International Regimes, Transactions, and Change." in Stephen Krasner, ed., *International Regimes* (Ithaca, NY: Cornell University Press, 1983), pp. 195-232.

--------------------, "What Makes the World Hang Together? Neo-Utilitarianism and the Social Constructivist Challenge?" *International Organization,* Vol. 52, No. 4 (1998), pp. 855-885.

---------------------, "Taking Embedded Liberalism Global: The Corporate Connection." in David Held and Mathias Koenig-Archibugi, eds., *Taming Globalization: Frontiers of Governance* (Cambridge: Polity Press, 2003), pp. 231-254.

Rupert, Mark, "Alienation, Capitalism and the Inter-State System: Towards a Marxian/ Gramscian Critique," in Stephen Gill, ed., *Gramsci, Historical materialism and International Relations* (New York: Cambridge University Press, 1993), pp. 67-92.

----------------, *Producing Hegemony: The Politics of Mass Production and American Global Power* (New York: Cambridge University Press, 1995).

----------------, "Globalizing Common Sense: A Marxian-Gramscian (Re-)vision of the Politics of Governance/Resistance," *Review of International Studies*, Vol. 29 (2003), pp. 181-198.

Rupert, Mark and Hazel Smith, eds., *Historical Materialism and Globalization* (New York: Routledge, 2002).

Sandholtz, Wayne and john Zysman, "1992: Recasting the European Bargain," *World Politics*, Vol. 42, No. 1 (1989), pp. 95-128.

Seabrooke, Leonard, *The Social Sources of Financial Power: Domestic Legitimacy and International Financial Orders* (Ithaca, NY: Cornell University Press, 2006).

------------------------, "The Everyday Social Sources of Economic Crises: From "Great Frustrations" to "Great Revelations" in Interwar Britain," *International Studies Quarterly,* Vol. 51 (2007), pp. 791-810.

------------------------, "Varieties of Economic Constructivism in Political Economy: Uncertain Times Call for Disparate Measures," *Review of International Political Economy,* Vol. 14, No. 2 (2007), pp. 371-385.

Sharman, Jason, "Neither Asia nor America: IPE in Australia," in M. Blyth, ed., *Routledge Handbook of International Political Economy* (London: Routledge,

2009), pp. 216-228.

Shaw, Martin, "Historical Sociology and Global Transformation," in Ronen Palan, ed., *Global Political Economy: Contemporary Theories* (New York: Routledge, 2000), pp. 229-241.

Shields, Stuart, "CEE as a New Semi-Periphery: Transnational Social Forces and Poland's Transition," in O. Worth and P. Moore, eds., *Globalization and "New" Semi-Periphery* (New York: Palgrave Macmillan, 2009).

Sinclair, Timothy J., "Beyond International Relations Theory: Robert W. Cox and Approaches to World Order," in Robert W. Cox and Timothy J. Sinclair, *Approaches to World Order* (New York: Cambridge University Press, 1996), pp. 3-18.

Sklair, L., *The Transnational Capitalist Class* (Oxford: Blackwell Publishers Ltd., 2001).

Skocpol, Theda, *States and Social Revolutions* (Cambridge: Cambridge University Press, 1979).

--------------------, "Bring the State Back In: Strategies of Analysis in Current Research," in Peter B. Evans, Dietrich Rueschemeyer and Theda Skocpol, eds., *Bring the State Back In* (Cambridge: Cambridge University Press, 1985), pp. 3-38.

--------------------, *Protecting Soldiers and Mothers: the Political Origins of Social Policy in the United States* (Cambridge, Mass.: Belknap Press of Harvard University Press, 1992).

Smith, Dennis, *The Rise of Historical Sociology* (Philadelphia: Temple University Press, 1991).

Smith, Hazel, "The Politics of Regulated Liberalism—A Historical Materialist Approach to European Integration," in Mark Rupert and Hazel Smith, eds. *Historical Materialism and Globalization* (New York: Routledge, 2002), pp. 257-283.

Smith, Steve, "Positivism and beyond," in Steve Smith, Ken Booth and Marysia Zalewski, eds., *International theory: Positivism and Beyond* (New York: Cambridge University Press, 1996), pp. 11-46.

----------------, "Social Constructivism and European Studies: A Reflectivist Critique," *Journal of European Public*, Special Issue, Vol. 6, Issue. 4 (1999), pp. 682-691.

Smith, Steve, Ken Booth and Marysia Zalewski, eds., *International Theory: Positivism and Beyond* (Cambridge: Cambridge University Press, 1996).

Spero, Joan, *The Politics of International Economic Relations* (London: Allen & Unwin, 1977).

Steans, Jill, *Gender and International Relations: An Introduction* (New Jersey: Rutgers University Press, 1998).

-------------, *Gender and International Relations: Issues, Debates and Future Directions* (Malden: Polity Press, Second Edition, 2006).

Steans, Jill & Daniela Tepe, "Gender in the Theory and Practice of International Political Economy—the Promise and Limitations of Neo-Gramscian Approaches," in Alison J. Ayers, ed. Gramsci, *Political Economy, and International Relations Theory* (New York: Palgrave Macmillan, 2008), pp. 133-151.

Sterling-Folker, Jennifer, "Historical Materialism and World System Theory Approaches," in Jennifer Sterling-Folker, ed., *Making Sense of International Relations Theory* (London: Lynne Rienner Publishers, Inc., 2006), pp. 276-288.

Strange, G. and O. Worth, "Capital & Class special issue: The Left and Europe Editorial introduction," *Capital & Class*, Vol. 31, No. 3 (2007), pp. 2-5.

Strange, Susan, "International Economics and International Relations: A Case of Mutual Neglect," *International Affairs,* Vol. 46, No. 2 (1970), pp. 304-315.

------------------, "Cave; Hic Dragones," in S. Krasner, ed., *International Regimes* (Ithaca. NY: Cornell University Press, 1983), pp. 337-354.

------------------, "Structure, Value and Risk in the Study of the International Political Economy," In Barry R. J. Jones, ed., *Perspective on Political Economy* (London: Francis Pinter Publishers, 1983), pp. 209-230.

------------------, "Preface," In Susan Strange ed., *Paths to International Political Economy* (London: George Allen & Unwin Press, 1984), pp. 8-9.

------------------, "The Persistent Myth of Lost Hegemony," *International Organization,* Vol. 41, No. 4 (1987), pp. 551-574.

------------------, "The Persistent Myth of Lost Hegemony: Reply to Miner and Snyder," *International Organization*, Vol. 42, No. 1 (1987), pp. 751-752.

------------------, *States and Markets: An Introduction to the International Political Economy* (London: Pinter Publishers, 1988).

------------------, "The Eclectic Approach." in Roger Tooze, ed., *New Political Economy*

(Boulder: Lynne Rienner Publisher, 1991), pp. 33-49.

------------------, "Wake Up, Krasner; The World Has Changed," *Review of International Political Economy*, Vol. 1, No. 2 (1994), pp. 209-219.

------------------, "Political Economy and International Relations," In Ken Booth and Steve Smith, eds., *International Relations Theory Today* (London: Polity Press, 1995), pp. 154-174.

------------------, *The Retreat of the State: The Diffusion of Power in the World Economy* (Cambridge: Cambridge University Press, 1996).

------------------, *Mad Money* (Manchester: Manchester University Press, 1998).

Stubbs, Richard and Geoffrey R. D. Underhill, eds., *Political Economy and the Changing Global Order* (Oxford: Oxford University Press, 2006).

Suganami, Hidemi, "British Institutions, or the English School, 20 Years On," International Relations, Vol. 17, No. 3 (2003), pp. 253-272.

----------------------, "The English School in a Nutshell," *Ritsumeikan Annual Review of International Studies,* Vol. 9 (2010), pp. 15-28.

Sweezy, P. M., *The Theory of Capitalist Development* (New York: Monthly Review Press, 1970).

The Economist, "The Decline of Asia Marriage: Asia's Lonely Hearts." http://www.economist.com/node/21526350. (accessed Aug 21, 2011)

Tickner, J. A., "On the Fringes of the World Economy: A Feminist Perspective," in C. N. Murphy and R. Tooze, eds, *The New International Political Economy* (Boulder: Lynne Rienner Publishers, 1991), pp. 191-206.

------------------, *Gender in International Relations: Feminist Perspective on Achieving Global Security* (New York: Columbia University, 1992).

------------------, *Gendering World Politics: Issues and Approaches in the Post-Cold War Era* (New York: Columbia University Press, 2001).

Tilly, Charles, ed., *The Formation of National States in Western Europe* (Princeton, N. J.: Princeton University Press, 1975).

----------------, "War Making and State Making as Organized Crime," in Peter B. Evans and et al., eds., *Bringing the State Back In* (Cambridge: Cambridge University Press, 1985), pp. 169-191.

----------------, *Coercion, Capital and European States, AD 990-1990* (Cambridge, Mass.: Basil Blackwell, 1990).

----------------, "Historical Sociology," in Neil J. Smelser and Paul B. Baltes, eds., *International Encyclopedia of the Behavioral and Social Sciences* (Amsterdam: Elsevier Ltd, 2001), pp. 6753-7.

Tucker, Robert C, ed., *The Marx-Engels Reader* (New York: W. W. Norton & Company, 1978).

Underhill, Geoffrey R. D., "States, Markets and Global Political Economy: Genealogy of an (Inter-?) Discipline," *International Affairs,* Vol. 76, No. 4 (2000), pp. 805-824.

Van Apeldoorn, Bastian, "Transnational Class Agency and European Governance: The Case of The European Round Table of Industrialists," *New Political Economy*, Vol. 5, No. 2 (2000), pp. 157-181.

----------------------------, "The Struggle over European Order: Transnational Class Agency in The Making of 'Embedded Neo-Liberalism'," in Andreas Bieler and Adam David Morton, eds., *Social Forces in the Making of the New Europe* (New York: Palgrave, 2001), pp. 70-92.

----------------------------, *Transnational Capitalism and the Struggle over European Integration* (London: Routledge, 2002).

----------------------------, "Transnational Business: Power Structures in Europe's Political Economy," in Wolfram Kaiser, and Peter Starie, eds., *Transnational European Union* (New York: Routledge, 2005), pp. 83-106.

Van Apeldoorn, Bastiaan, Henk Overbeek and Magnus Ryner, "Theories of European Integration A Critique," in Alan W. Cafruny and Magnus Ryner, eds., *A Ruined Fortress? Neoliberal Hegemony and Transformation in Europe* (Maryland: Littlefield Publishers, INC., 2003), pp. 17-47.

Van Apeldoorn, E. Bastiaan, Ian Bruff and Magnus Ryner, "The Richness and Diversity of Critical IPE Perspectives: Moving Beyond the Debate on the 'British School'," in N. Phillips and C. Weaver, eds., *International Political Economy: Debating the Past, Present and Future* (London: Routledge, 2011), pp. 215-222.

Van der Piji, Kees, *The Making of Atlantic Ruling Class* (London: Verso 1984).

----------------------, *Transnational Classes and International Relations* (London:

Routledge, 1998).

----------------------, "What Happened to the European Option for Eastern Europe?" in Andreas Bieler and Adam David Morton, eds., *Social Forces in the Making of the New Europe* (New York: Palgrave, 2001), pp. 185-206.

Vincent, Andrew, *Theories of the State* (New York: Basil Blackwell Inc., 1987).

Wade, Robert, *Governing the Market: Economic Theory and the Role of Government in East Asia* (Princeton, N.J.: Princeton University Press, 1990).

Wallensteen, Peter, ed., *Peach Research: Achievements and Changes* (Boulder: Westview, 1988).

Wallerstein, Immanuel, *The Modern World System: Capitalist Agriculture and the Origins of the European World-Economy in the Sixteenth Century* (New York: Academic Press, 1974).

-------------------------, *Historical Capitalism* (London: Verso Press, 1983).

-------------------------, *The Politics of World-Economy: the State, the Movements and the Civilizations* (Cambridge: Cambridge University Press, 1984).

-------------------------, "The Relevance of the Concept of Semiperiphery to Southern Europe," in G. Arrighi, ed., *Semiperipheral Development: The Politics of Southern Europe in the Twentieth Century* (London: Sage Publications, 1985), pp. 31-39.

-------------------------, *Unthinking Social Science* (Philadelphia: Temple University Press, 2001).

-------------------------, "Europe: The Turning-Point," *Commentary*, No. 67 (2001), http://fbc.binghamton.edu/commentr.htm.

Warren, Bill, *Imperialism Pioneer of Capitalism* (New York: Verso, 1980).

Wason, M., "Theoretical Traditions in Global Political Economy." in J. Ravenhill, ed., *Global Political Economy* (New York: Oxford University Press, 2008), pp. 27-66.

Watson, Matthew, *Foundations of International Political Economy* (New York: Palgrave Macmillan, 2005).

Waylen, Georgina, "You Still Don't Understand: Why Troubled Engagements Continue Between Feminists and (Critical) IPE," *Review of International Studies.* Vol. 32 (2006), pp. 145-164.

Weiss, Linda and John M. Hobson, *States and Economic Development: A Comparative*

*Historical Analysis* (Cambridge: Polity Press, 1995).

Whitworth, Sandra, "Gender in the Inter-Paradigm Debate," *Millennium: Journal of International Studies.* Vol. 18, No. 2 (1989), pp. 265-272.

----------------------, *Feminism and International Relations: Towards a Political Economy of Gender in Interstate and Non-Governmnental Institutions* (London: Macmillan Press Ltd., 1997).

Widmaier, Wesley, "The Keynesian Bases of a Constructivist Theory of the International Political Economy," *Millennium: Journal of International Studies,* Vol. 32, No. 1 (2003), pp. 87-107.

Widmaire, Wesley, Mark Blyth and Leonard Seabrooke, "Exogenous Shocks or Endogenous Constructions? The Meanings of Wars and Crises," *International Studies Quarterly,* Vol. 51 (2007), pp. 747-759.

Worth, Owen, "Where Did the Critical Go?" *Journal of International Relations and Development,* Vol. 14, No. 3 (2011), pp. 358-365.

------------------, "Reclaiming Critical IPE from the 'British' School." in Stuart Shields, Ian Bruff and Huw Macartney, eds., *Critical International Political Economy—Dialogue, Debate and Dissensus* (New York: Palgrave Macmillan, 2011), pp. 117-131.

Wœver, Ole. "The Rise and Fall of the Inter-paradigm Debate," in Steve Smith and et al., eds., *International Theory: Positivism and Beyond* (Cambridge: Cambridge University Press, 1996), pp. 149-85.

Youngs, Gillian, "Feminist International Relations: A Contradiction in Terms or Why Women and Gender are Essential to Understanding the World 'We' Live in," *International Affairs,* Vol. 80, No. 1 (2004), pp. 75-87.

國家圖書館出版品預行編目資料

新國際政治經濟學：批判的觀點／曾怡仁、李
政鴻、余家哲著. 一 初版. 一 臺北市：五
南, 2015.01
　　面；　　公分.
ISBN 978-957-11-7911-7（平裝）

1.國際政治經濟學

552.1　　　　　　　　　　　103022738

1PAF

# 新國際政治經濟學：
# 批判的觀點

作　　　者 ― 曾怡仁（279.8）、李政鴻、余家哲

發 行 人 ― 楊榮川

總 編 輯 ― 王翠華

主　　　編 ― 劉靜芬

封面設計 ― P.Design視覺企劃

出 版 者 ― 五南圖書出版股份有限公司

地　　　址：106台北市大安區和平東路二段339號4樓

電　　　話：(02)2705-5066　　傳　　真：(02)2706-6100

網　　　址：http://www.wunan.com.tw

電子郵件：wunan@wunan.com.tw

劃撥帳號：01068953

戶　　　名：五南圖書出版股份有限公司

台中市駐區辦公室/台中市中區中山路6號

電　　　話：(04)2223-0891　　傳　　真：(04)2223-3549

高雄市駐區辦公室/高雄市新興區中山一路290號

電　　　話：(07)2358-702　　傳　　真：(07)2350-236

法律顧問　林勝安律師事務所　林勝安律師

出版日期　2015年1月初版一刷

定　　　價　新臺幣380元